泰州市名镇名村志
TAI ZHOU SHI MING ZHEN MING CUN ZHI

陶庄镇志

兴化市陶庄镇志编纂委员会 编

南京出版传媒集团
南京出版社

图书在版编目（CIP）数据

陶庄镇志 / 兴化市陶庄镇志编纂委员会编. -- 南京：南京出版社, 2024. 10. -- ISBN 978-7-5533-4866-7

Ⅰ. K295.35

中国国家版本馆CIP数据核字第2024KW6016号

书　　名　陶庄镇志
作　　者　兴化市陶庄镇志编纂委员会
出版发行　南京出版传媒集团
　　　　　南 京 出 版 社

社址：南京市太平门街53号　　邮编：210016
网址：http://www.njcbs.cn　　电子信箱：njcbs1988@163.com
联系电话：025-83283893、83283864（营销）　025-83112257（编务）

出 版 人　项晓宁
出 品 人　卢海鸣
责任编辑　杨传兵
责任印制　杨福彬
装帧设计　孙睿静

制版印刷　南京凯德印刷有限公司
开　　本　787毫米×1092毫米1/16
印　　张　24.5
字　　数　413千字
版　　次　2024年10月第1版
印　　次　2024年10月第1次印刷
书　　号　ISBN 978-7-5533-4866-7
定　　价　120.00元

用微信或京东APP扫码购书

用淘宝APP扫码购书

总序

泰州因海而生，大江大海激荡交汇，渐次成陆。泰州也因海而兴，唐时“两淮盐税，泰州居半”，“海陵红粟，仓储之积靡穷”。肥沃的土地、丰饶的物产吸引着历朝历代南迁或北渡的移民在此落地生根，吴楚之韵江淮之风氤氲交融，涵养成雄秀并蓄的胸襟和气度。千百年袅袅炊烟，耕读传家，生生不息。

尚文重教的泰州，古往今来阡陌街巷“弦诵相闻，蔚然有文雅之风”。南腔北调的泰州，里下河地区、高沙土地区和沿江地区，农事劳作、衣食住行、人生礼仪、岁时节庆有着些许差异，一方水土一方风情。风起云涌的泰州，民主革命前仆后继，建设发展筚路蓝缕，改革开放奋勇向前。漫漫岁月中，无数变迁里的因缘际会、绝续兴替，凝练起厚重的历史积淀和深远的人文情怀。

历史的车轮走到今天，我们正经历着史上规模最大、速度最快的城镇化进程，沉稳矜持的乡村驶入发展快车道，安土重迁的农民走南闯北逐梦他乡，乡镇在合并，村落在减少，人口在迁徙，社会在重构，聒碎乡心梦不成，归来何处是故乡。那些令人无比温馨、饱含尊崇敬畏、具有不同特点的传统习俗日趋式微，多元的现代文明、价值观念不断翻新。一些曾经津津乐道、引以为豪的历史记忆似乎正在淡出视线，逐渐成为模糊的背影。

振兴乡村，文化为魂。盛世修志，志以问道。志书是中华民族记录历史、传承文明的独特载体。镇村志全面、系统、真实反映乡村传统与变迁，在服务科学决策、完善社会治理、激发爱乡情怀、养成健康风尚等方面有着独到的作用。在市及市区二轮志书编纂工作全面完成之际，我们适时启动镇村志和街道社区志的编修，选择部分具有一定特色的镇（街道）、村（社区），其中有的以历史文化见长，有的以生态环境闻名，有的以经济发展见著，对行将湮灭的自然风貌、历史遗存、经济业态、民俗风情、传统精神等进行抢救性征集整理，对自强不息、逐梦前行、砥砺奋斗事迹进行客观记述。

一镇一风格，一村一风情，一志一特色。泰州市名镇名村志不但记录乡村巨变，展示乡风民俗，系住乡音乡愁，还在着力彰显地方特色上下功夫。各部志书针对镇情村情订纲立目、征集史料、访寻掌故，力求文约事丰、图文并茂，让读者用不长的时间了解到主要的内容，获得较大的信息量。

他乡纵有当头月，不如故乡一盏灯。镇村志犹如一盏盏明灯，光芒虽不十分耀眼，但散发出淡淡田园诗意和故土温情，能够为游子照亮故乡小桥流水、街头巷尾、田塍篱角的万种风情，为后辈指引缅怀先贤、传承乡愁、寻根问祖的清晰路径。镇村志也是一扇对外展示的窗口，让更多的人从文字中品味泰州文化底蕴，触摸泰州精神气质，感受泰州乡村魅力。

有组织地编纂镇村志，在泰州历史上还是第一次。我们期待有更多的有识之士关注、支持镇村志事业，一起把这一厚植文化根脉、垒筑精神家园、服务乡村振兴的文章做好。

泰州市名镇（街道）名村（社区）志编纂委员会

序

编史修志，古来传之，志载盛世，沿袭相传。《陶庄乡志》成书于1999年。22年过去，亟待填充新的元素。欣逢省、市组织开展名镇名村志编纂工作，乃重修《陶庄镇志》。

据史料记载，明洪武年间，数十万江南人从苏州阊门迁到苏北扬州、泰州等地。有陶姓兄弟到“陶庄”落户，辛勤劳作，繁衍生息，进而将落户地定名为“陶家庄”，2000年4月撤乡建镇为“陶庄镇”。

陶庄镇位于兴化市东部，与东台市接壤。地形南北长约13.5千米，东西宽处约7.8千米。水陆交通便利。水路三横一纵，南临蚌蜒河，北依车路河，梓辛河从中部穿越而过，更有幸福河沿中轴线贯穿南北，自然形成“王”者水系。陆路交通与水路交通并行，北有车路河公路，中部有344国道（东连沈海高速，西接盐靖高速），203县道（南接启扬高速）穿境而过。

陶庄镇主产农作物有籼稻、粳稻、糯稻、小麦、大麦、玉米、油菜、大豆等。20世纪80年代，皮棉总产在扬州市各乡镇列为榜首，分别获“金杯”和“金牌”，获农业部棉花丰收三等奖。

陶庄人务农踏实，经商有成。改革开放以来，一度呈现出“南水北坊中船”局面。梓辛河向南，开辟水上运输致富之路；梓辛河以北，开创以磨料磨具为主的家庭作坊致富途径。中部依托梓辛河办起一家家水泥造船厂，在陶庄镇掀起一股造船浪潮，90年代幸福河两岸船厂林立，钢质船取代水泥船。人们通过饲养、屠宰、加工等方式，打造“正宗陶庄水牛肉”品牌，举办“陶庄牛羊肉美食节”活动，让“陶庄牛羊宴”吸引四面八方游客。新长铁路、京沪高铁、北沿江高铁、扬泰机场等助力更多的人，走出去创业，回家乡奉献，带村民致富。工业园区聚集“科威嘉尼”“融汇钢管”“红阳玻璃”“华普金属”“锐锋磨料磨具”“永盛包装”“华海抛磨”等由在外创业人员回乡兴办的优质企业。

陶庄人民崇文重教，曾经的大顾中学、仲家小学名闻乡里。优秀学子遍布四海，建功立业，遍地开花。新农村建设让人民生活富裕而美好，通村公路四通八达，连环相扣，让出行更方便；硬化、亮化、绿化、美化等工程让环境更宜居；村村皆有百姓大舞台，舞蹈队、民乐队、舞龙队，处处展现人们的靓姿倩影。

新修《陶庄镇志》，在泰州、兴化市党史办的大力支持和具体指导下，历经两年，编写人员通力合作、反复推敲，终于编纂成书，出版问世。

《陶庄镇志》记录着陶庄人民的奋斗历程和辉煌业绩，彰显浓郁的地方特色。全书包含镇情概览、镇村建设、文物古迹、磨具磨料产业、牛羊肉产业、物产美食、精神文明、风土人情、人物等9个篇目，为读者全面了解陶庄，提供丰富而具体的历史资料。

站在历史的新起点，愿《陶庄镇志》以高度的政治站位，鲜明的责任担当，确凿的史实记载，引领陶庄人民继续依托丰富的文化和自然资源优势，奋力谱写陶庄强富美高新篇章。

中共兴化市陶庄镇委员会书记

兴化市陶庄镇人民政府镇长

2023年12月

泰州名镇（街道）名村（社区）志编纂委员会

主　任　张士林

副主任　吉　森

成　员　徐常青　殷　建　冯鸿灿　刘社林　邵釜明

钱厚亮　顾　伟　王　卉

《陶庄镇志》编纂委员会

（2022年6月）

主　　任　罗国瑞

余星光

副 主 任　丁　坚　王益兰　周　颢

委　　员　张耀民　汤华林　赵益华　韩雅倩　胡勇兵

王浩天　瞿海荣　陆中来

《陶庄镇志》编纂委员会

（2023年8月）

主　　任　王　军

王书东

副 主 任　丁　坚　王益兰　周　颢

委　　员　汤华林　赵益华　韩雅倩　王浩天　瞿海荣

孙　艺　花　垚　陆中来

《陶庄镇志》编辑部

主　　编　周　颢

副 主 编　王浩天

执行主编　陆中来

编辑人员　王道生　刘源茂　戴伯均　陶长松

编务人员　朱宝清　陶俊峰　夏永才　朱文骁　郝长震　高小波
沈　霞　刘　锟　许开泰　王　强　武丙春　姜　伟
陈宝干　韩明松　杨存伟　姜华伟　严根平　黄余华
杨　洋　曹礼方　李　军　柯庆斌　范荣宗　赵纯武
冯亚仲　顾春红　许文才　裴小勇　武银进　王　建
葛长勇　陆志俊　解晓丽

摄　　影　赵　春

《陶庄镇志》审稿验收

终审单位　兴化市党史方志办公室

终审人员　吉　森　顾　伟　王　卉　陈　莉　陈　辉　贺益梅

验收单位　泰州市党史方志办公室

验收人员　吉　森　顾　伟　王　卉　陈　辉　贺益梅

《陶庄镇志》批准出版

批准单位　中共兴化市陶庄镇委员会
兴化市陶庄镇人民政府

凡例

一、以马克思列宁主义、毛泽东思想、邓小平理论、“三个代表”重要思想、科学发展观、习近平新时代中国特色社会主义思想为指导，坚持辩证唯物主义和历史唯物主义，存真求实，客观记述陶庄镇发展的历史与现状。

二、记述上限溯及事物发端，下限至2021年12月，大事记及有关主要领导人人事任免下延至2023年12月，记述内容详今明古，侧重反映时代特色和地方特点，体现陶庄镇的“名”与“特”。

三、采用纲目体，设类目、分目、条目三个层次。运用述、记、志、传、图、表、录等体裁，以志为主。除引用文字和附录文献资料外，统一使用规范的现代语体文和第三人称记述，行文朴实、严谨、简洁、流畅。表格统一编排序号。

四、人物传略记载已故人物，人物简介收录本籍有重要事迹、影响和贡献的在世人物。名人履痕收录有影响的客籍人物在本地的活动片段。人物名录收录部分在外名人、先进模范人物以及烈士名录。均按生卒排序。

五、清及以前的纪年使用朝代年号纪年，括注公元年份；1921年1月1日起采用公元纪年。

六、计量单位和数字的使用，执行国家新闻出版有关规定。原则上使用法定计量单位，亩、公斤等仍按社会习惯沿用旧制，不作换算。

七、数据以国家统计部门发布的为准。统计部门未提供的，以相关部门的数据为准。

八、资料主要来自档案、史料、地方志、图书及有关单位提供，部分为知情人口述，限于篇幅，不再一一注明出处。

陶庄镇在江苏省的位置图

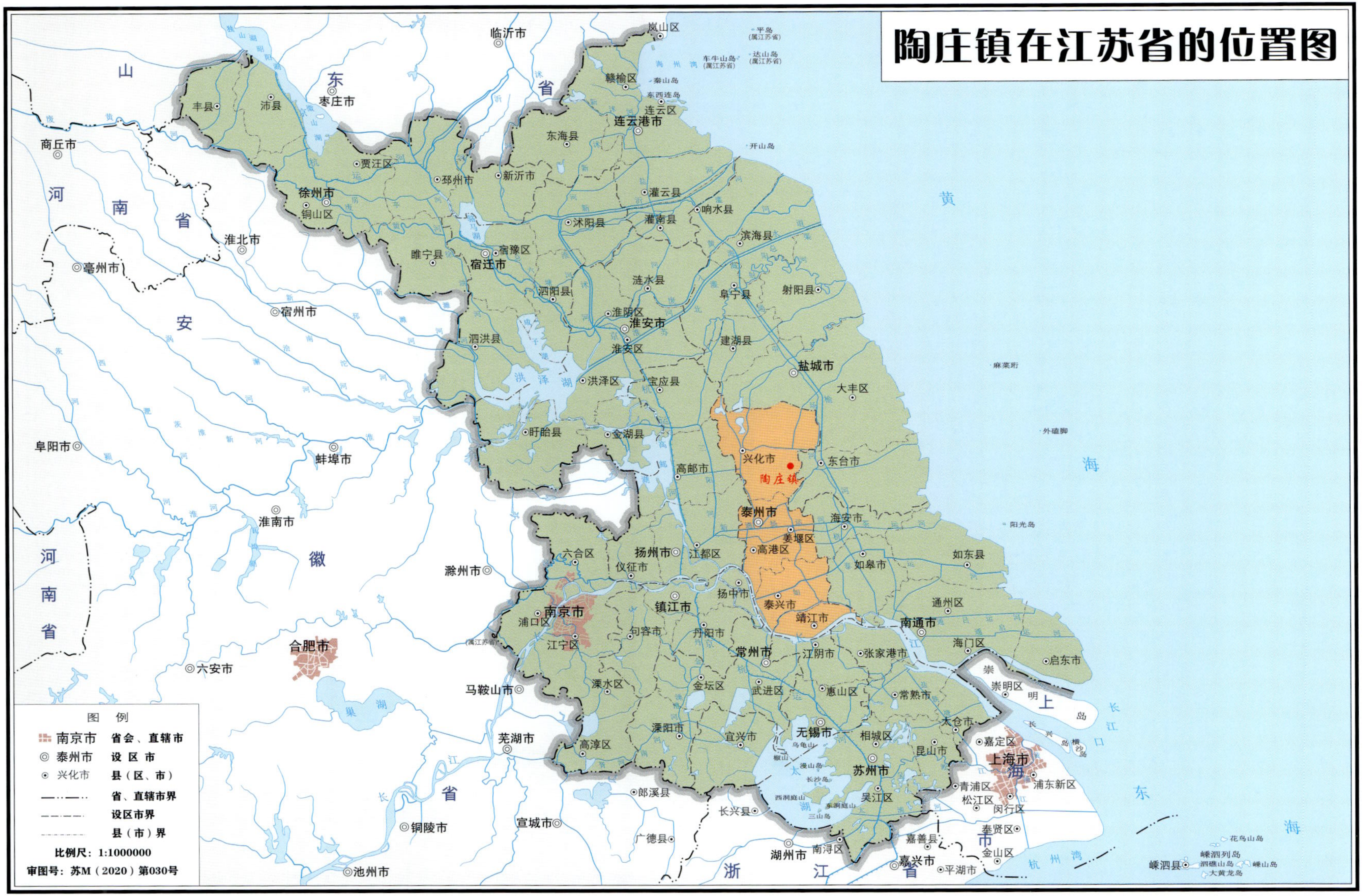

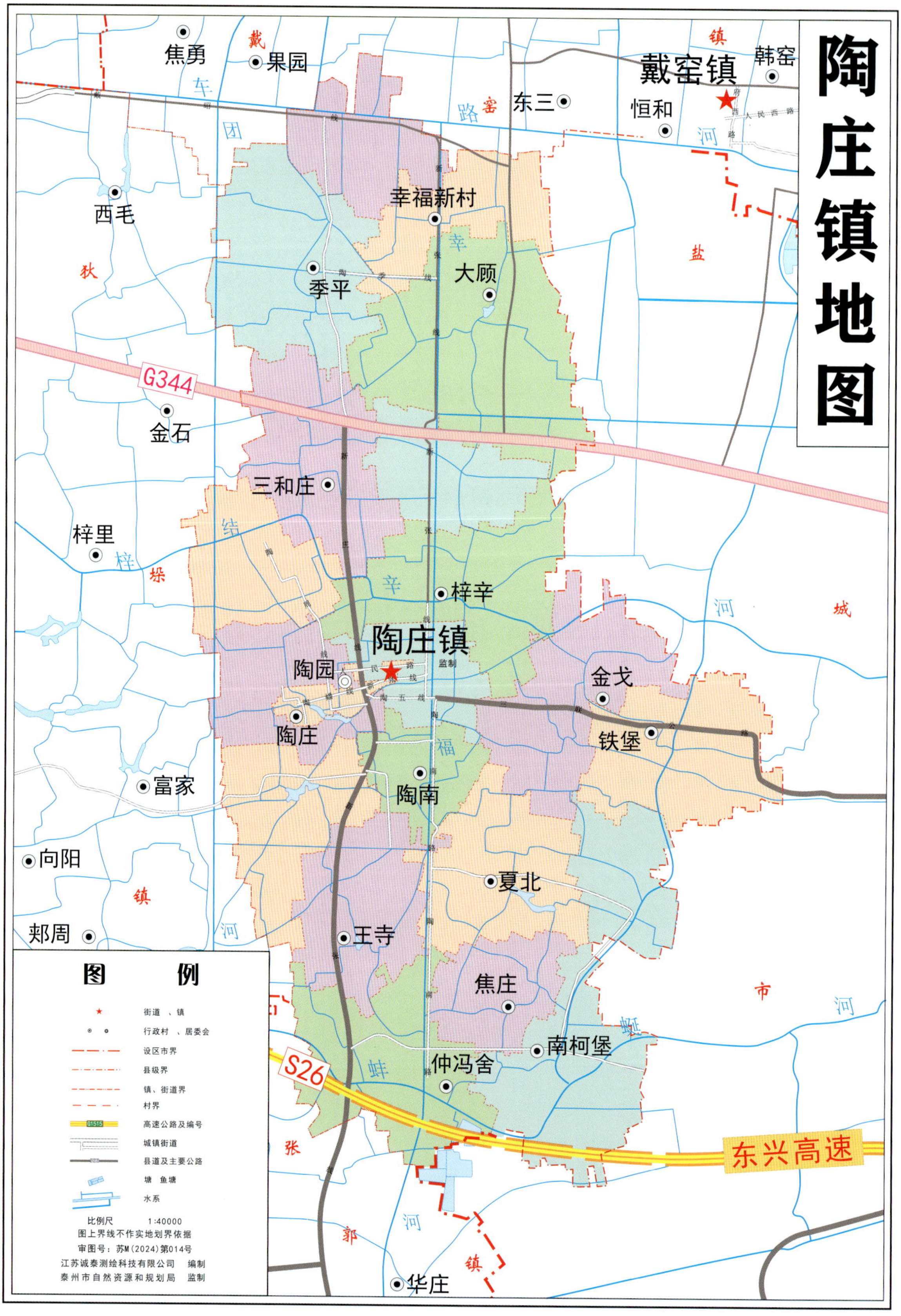
陶庄镇地图
戴窑镇
焦勇
果园
东三
恒和
韩窑
西毛
幸福新村
季平
大顾
G344
金石
三和庄
梓里
梓辛
陶庄镇
陶园
金戈
铁堡
陶庄
陶南
富家
向阳
夏北
郑周
王寺
焦庄
南柯堡
仲冯舍
S26
东兴高速
华庄
图例
街道、镇
行政村、居委会
设区市界
县级界
镇、街道界
村界
G1515
高速公路及编号
城镇街道
县道及主要公路
塘 鱼塘
水系
比例尺 1:40000
图上界线不作实地划界依据
审图号：苏M(2024)第014号
江苏诚泰测绘科技有限公司 编制
泰州市自然资源和规划局 监制

陶庄镇区中心位置

镇村建设
社会主义核心价值观

陶庄镇区风貌

镇村建设

金戈村村民新居

大顾村民别墅

季平村别墅群

南柯堡福星桥

北戈大会堂

三姓欣觉禅寺

南柯堡懿德亭

自然风光

陶庄田园风光

自然风光

陶庄中心校俯瞰图

陶庄田园景色

陶庄牛羊肉美食节

陶庄镇首届牛羊肉美食文化周

陶庄镇首届牛羊肉美食文化周启动

陶庄美食文化周文艺演出

陶庄健身活动

百姓生活

小朋友剪纸

童趣

小朋友逛超市

打太极拳

工业发展

工业园区

科威嘉尼集团

华普金属部分产品

工业发展

红阳玻璃车间

恒昌粮油企业一角

目　录

概　述

陶庄镇位于兴化市东部，地处北纬32°49′—32°55′，东经120°07′—120°11′。东与东台市五烈镇接壤，南与戴南镇交界，西与荻垛镇毗邻，北与戴窑镇隔车路河相望。政区南北间最大距离13.5千米，东西间最大距离7.8千米。从空中鸟瞰，陶庄镇如一片

树叶，舒展在兴化与东台的交界处。344国道、203县道穿境而过，车路河、幸福河、梓辛河、蚌蜒河、团结河、窑头河等省市级航道纵横陶庄镇。

2021年末，陶庄镇总面积69.63平方千米，耕地面积4296公顷。总户数13887户，户籍人口44145人。辖14个行政村、1个社区，实现地区生产总值10.43亿元，公共财政预算收入2855万元，农民人均纯收入22475元。

革命传统　名贤辈出

民国初期，境内分为大顾、周刘、双保、王寺、蚌蜒5个乡。1928年，大顾乡青年徐开基参加中国共产党，从事党的工运、学运活动，多次被捕而英勇不屈，后在东北抗日战场壮烈牺牲。境内早期加入中共组织的有潘从生、章长华、朱济和、刘锡和、赵有宝、王长乐等。1934年，梓辛河以北隶属兴化县第四区的仁渠、西洋、潘洋、从周、还远5乡。1942年6月，仁渠乡改称由之乡，12月又更名为车南乡，是年，车南乡率先建立党支部。广大人民群众在党的领导下，相继建立工、农、青、妇、儿童、僧人等抗日民众团体和民兵组织，配合人民武装开展游击战争。抗日战争胜利后，在党的领导下，惩办汉奸，开展土地改革运动，进行民主政权建设。1946年秋，国民党撕毁停战协定，大举进攻解放区，乡境成为兴化解放区的中心地带。陶庄人民在“保田、保命、保家乡”的口号下，踊跃参军参战，仅在1947年、1948年就有400多名优秀青年参加解放军和地方武装。1949年春，出动258名民工支援新四军渡江作战。中华人民共和国成立后，钟灵毓秀的水土名贤辈出，一大批学识渊博、造诣精深的名家学者，带着深深的眷念从家乡走向全国乃至世界。到2021年底，有3856名毕业生先后走上祖国建设岗位。金戈村王存玉，美国国家医学院院士、中国工程院外籍院士、美国加州大学终身讲席教授，是为数不多的“双籍院士”；中国牧工商（集团）总公司董事长薛廷武；南京农业大学副校长丁艳峰；省市场监管局处长王金九都生于斯长于斯，在不同领域颇有建树，成为家乡的骄傲。

农业大镇　贡献显然

1950年，彻底废除封建土地所有制，解放生产力。陶庄人民在党的领导下，走互助合作的道路，农副业生产均有发展。1961年后，贯彻中共中央一系列政策、指示，纠正工作中错误，加上农田水利基本建设，农副业生产走上正常发展轨道。

1978年，陶庄公社党委贯彻“调整、改革、整顿、提高”的新八字方针，按照兴化县委提出的目标，明确三年内全社“农业要继续稳上，经济作物和多种经营要猛上，社队工业要大上，农村建设要紧紧跟上”的任务要求，大力发展农副工业生产，起步良好。1979年，夏粮比上年增产440万斤，油料增产17万斤，早稻单产超历史，亩产829斤，比上年上升近两成。1980年开始，党委大力推行联产到劳承包制，先后在焦庄和卞堡大队实行“联产到组”“联产到劳”的联产承包责任制试点工作。20世纪80年代，皮棉总产获农业部棉花丰收三等奖。1981年，贯彻“决不放松粮食生产，积极发展多种经营”的方针，逐步调整产业结构，利用乡内水土资源，大力开展植树造林、水产养殖、畜禽饲养，支持农民在农闲时间运用自己的特长，从事农副业生产。1998年，植树造林2850亩，绿化覆盖率4.7%，其中梨、桃、苹果、葡萄等果树95亩，果品产量150多吨。河沟养鱼13170亩，其中精养鱼塘1100亩，水产品总量1859吨。在特种水产养殖方面，围田育蟹苗366亩，河沟鱼蟹混养3630亩。此外还利用河沟、池塘、稻田养殖牛蛙、甲鱼、贝类及虾类等水产品产量154吨。2013年9月落户的华康农牧科技有限公司规模养羊，年产肉羊1.5万头，当年销售额2000多万元；2014年建成的焦庄大型果园场丰成农庄，占地210亩，年产30万斤左右，当年网络销售3万斤左右，接待游客千人次。

21世纪以来，粮食产量再创新高，大米品牌名扬四海，是“兴化大米”品牌的永久种植基地。年产稻谷3.2万吨，麦子2.1万吨。境内恒昌粮油有限公司，利用当地优质水稻基地的稻谷，生产出“水润”“天笙香”等品牌优质大米，畅销省内外。家庭农场渐成规模，生态景点聚集人气，2021年12月，获“江苏省味稻小镇（培育）”称号。

工业悠久　焕发新机

中华人民共和国成立前，境内仅有为数不多的手工作坊，20世纪40年代出现油米厂。50年代，陶庄始设铁木竹生产合作社，出现社办工业。60年代中期，利用土地资源办起砖瓦厂。70年代，社办有磨具、纽扣、兽药、五金、农机修配等厂，队办有砖瓦、粮饲加工、中草药、水泥制品、纺织、缝纫、磷肥等厂。

1980年，陶庄公社有工厂40家，产值363.78万元。1985年，以抓老产品为基础、抓大产品为依托、开发新产品为目标，盘活小企业为抓手，以农药厂、兽药三厂、有机化工厂为主，新上规模乡办工业企业10家，各村新办村办企业不少于1家。1992年起，境内工业重点骨干企业有农药厂和造船厂，农药厂经化工部和省化工厅批准农药的品种11个，产品远销山东、河南、湖北、湖南、安徽，其中甲胺磷、1605原油出口巴基斯坦。1994年，乌金、袁荡、东汉、西汉、焦舍、裴舍、大顾等村上马钢质船制造；1996年，陶庄乡被市政府命名为“兴化市工业排头兵”。1997年，农药厂产值2280万元，销售1982万元，创利税138.5万元。1998年1月农药厂改制，由承包集团承包。

1998年，国家加大基础设施的投入，东方、永生造船厂生产100—600吨位的钢质船，到1999年4月又改变为集体承包。村办和户办水泥造船厂有50多家。2000年，钢质船厂发展迅速，2001年陶庄镇钢质船生产单位16家，生产船台194座；2002年钢质船生产企业23家，生产船台330座，当年最大的永生船厂实现产值3000万元，利润60万元，被兴化市委、市政府授予“兴化百强企业”；2004年造船企业38家，最大的可造3000吨位，产值1.6亿元，占陶庄镇工业生产总产值的60%以上，素有“水乡造船第一乡”美誉。

2010年5月，在新张线王寺段建设工业园区，以金属制品产业拉动陶庄镇工业发展，科威嘉尼、泰州广奥等企业落户陶庄。至2021年，陶庄镇实现工业增加值2.12亿元，固定资产9909万元，有工业企业45家，其中规上企业5家，营业收入2.53亿元。

牛羊文化　名闻乡里

陶庄屠宰牛羊肉自1921年开始，境内夏北村袁荡陈姓家庭成为第一个杀牛户，以家族形式相传，成为远近闻名的“牛肉汤”村。陶庄人宰杀牛羊技艺利落，烧制有其传承秘诀。形成了南（北戚、袁荡）、北（大顾）、中（陶庄）三足鼎立的牛羊肉销售点。特别是陶庄水牛肉，质地纯正，味道鲜美，颜色清丽，深受消费者青睐。21世纪尤其到2005年后牛羊肉产销兴盛，陶庄牛羊肉销售逐步发展到兴化城及友邻乡镇，成为方圆几百千米内远近闻名的抢手货。东台、泰州等市县菜市场有专卖点，省城南京和经济发达的苏、锡、常等许多菜市场都有“陶庄正宗水牛肉”专销点，年均销售牛肉50万千克左右，羊肉3.5万千克左右。牛羊肉产业在境内不断传承，不仅对外销售，在美食及美食文化上有了新的发展，2014—2018年大顾村柳学斌和顾种云先后建起牛羊肉馆。2020年起，陶庄镇政府在立冬时节举办“牛羊肉美食节”，放大牛羊肉产业文化，成为享誉省内外“牛羊肉之乡”。2021年1月，经国家商标局注册“陶庄牛羊肉”商标。到2021年底，陶庄镇屠宰牛6000多头、屠宰羊3000多只，销售牛肉70多万千克，羊肉4.5万千克，供羊肉汤3.5万碗，从业人员180人，项目经济总收入名列兴化首位。

陶庄传统美食大放异彩，以陶庄牛羊肉加工销售名闻遐迩，年销量逾万头。陶庄四季皆有鲜牛羊肉供应，每月都有牛羊佳肴品尝。尤其是在冰天雪地的寒冬季节，土山羊羊肉汤更加鲜美诱人，全牛席色香味独特迷人，吸引着无数的食客纷至沓来。

社会事业　亮点频现

民国时期，境内大部分村庄只有私塾。光绪三十一年（1905）大顾庄设立小学堂。中华人民共和国成立后，陶庄镇大力发展文化教育事业，境内公办学校逐步增多，办学条件不断改善，教育质量普遍提高。1950年，陶庄初级小学成立。1959年6月，县人民委员会批准在大顾庄创立初级中学，1959年11月，《新华日报》《人民日报》先后以《民办学校的一面红旗》为题报道仲家小学的先进事迹。1965—1966年，大顾初级中学附设耕读班。1969年，增设高中部，规模为双轨。1974年，在兴化县率先实现“无盲乡”。1978年，陶庄建立中心幼儿园。1985年，大顾中学由县属中学转为乡属中学。1986年，建立陶庄中心中学；1987年9月，建立陶庄乡成人教育中心学校。1988年以来，各村相继设立幼儿班。1995年，中心中学发展为四轨，大顾、南柯堡均为双轨。2004年，撤销大顾中学。2008年，陶庄中心中学更名为陶庄镇初级中学。2020年，陶庄中心幼儿园获“江苏省优质幼儿园”称号。

中华人民共和国成立后，医疗卫生事业得到党和政府的重视，各种流行病、常见病逐步得到有效控制。1988年，根据兴化市人民政府及市卫生局要求，经过整顿，各村卫生室恢复集体办医，35个村均设有村卫生室。2021年底，镇有卫生院1家、村卫生诊所19家，医疗保险率99.8%，具有乡村医生资格的乡村医生77人，陶庄卫生院设门诊部、住院部和预防保健所三大部分，集医疗、预防、保健、康复、健康教育于一体的“一级甲等综合医院”，为人民群众提供优质服务。

基础设施步伐加快。1975年，由2万多劳力开挖，建成全长13.43千米的幸福河。2013年7月，幸福河二次改造，实施河道整治疏浚16千米，驳岸墙8.56千米，河道堤防加固6.68千米，跨河桥梁、河道驳岸、排涝闸站同步建成。2020年，幸福河被纳入兴化样板河打造工程，投入200多万元对幸福河两岸驳坡，以全新的面貌展现在人们面前。

交通运输业得到发展。20世纪80年代以来，陶庄至徐舍、陶庄至五烈公路相继建成通车。境内有营运客车12辆，货车56辆，有班车开往兴化、东台、镇江、苏州、上海等地，改变了交通闭塞，“非舟楫莫渡”的历史。按照“八统一”（统一打包招标，统一专业设计、统一组织审查、统一环境评价、统一组织监管、统一规章制度、统一交工验收、统一资金拨付）要求，建成高标准的“四好农村公路”（建好、管好、护好、运营好）。从2019年起，公交车正常运行，覆盖陶庄镇14个行政村和1个社区，方便出行。

改革开放以来，在党和政府的正确领导下，陶庄人勤劳勇敢、自强不息，人民生活水平显著提高，对农村户厕进行改造，新建垃圾中转站和污水处理厂，各村建起文化广场，百姓大舞台，增添体育器材，新张线顺利开通，并实施陶西北环线延伸，2020年底完成路灯安装工程，在集镇新张线段设有2处红绿灯，提升人民群众的安全感。2021年底，创成“江苏省卫生镇”“江苏省生态文明建设示范镇”“泰州市文明镇”等称号。

“长风破浪会有时，直挂云帆济沧海”。4.4万名勤劳智慧的陶庄人民，紧抓历史赋予的机遇，在党的方针政策指引下，充分利用资源优势，扬长避短，奋进不止，坚持高标准大力发展市场经济，努力实现农业现代化，为振兴陶庄，增添鱼米之乡的新姿，作出更大贡献。陶庄，天蓝水清，丽日和风。伴着新时代强劲节拍，陶庄，正以真诚的热情、开放的姿态、宽广的胸襟，共同拥抱激情澎湃的新浪潮，创造灿烂美好的新时代。

政府大楼

大事记

宋

北宋天圣元年（1023）

◆范仲淹主修捍海堰，堤成后，到陶庄境内定居者日多。

南宋咸淳七年（1271）

◆南宋末，顾氏先人因避元军自江南迁兴，子孙繁衍，其中一支迁至境内，定居地得名大顾庄。

明

洪武年间（1368—1398）

◆一批江南人口迁入。旋有河南、安徽逃荒者到陶庄境内落户。

◆南柯堡永宁庵建成。

清

康熙年间（1662—1722）

◆袁姓农户至境内东南低洼苇荡地区落户开荒，该地遂得名袁家荡。

咸丰元年（1851）

◆8月18日　狂风骤雨，海潮涨溢，决范公堤，初二启中坝。

光绪三十一年（1905）

◆秋　废科举，办学堂。大顾庄利用文昌祠开办启明学堂。1915年改为国民学校。

宣统元年（1909）

◆10月27日　地大震。

中华民国

1928年

◆冬　大顾乡徐开基加入中国共产党，是境内最早的中共党员。

1929年

◆秋　东台县公安局在柯家堡设立公安分局，半年后撤销。

◆是年　豆子庄利用华严庵创办初级小学。

1931年

◆8月25日　狂风暴雨，运河大堤崩溃20余处，一昼夜全境淹没，水位最高时4.6米。

1935年

◆秋　大顾庄徐保和、王寺庄朱瑞恒，相继购买24匹和48匹马力柴油机开办油米厂，成为乡内兴办工业的先行者。

◆是年　新洋（塌扒洋）、周刘庄分别利用如意庵、静居庵创办小学。

1938年

◆5月26日　日军侵犯大顾庄，烧毁房屋247户653间，烧死小孩、老人7人，烧毁粮食2000余担，百姓受害惨重。

1940年

◆春　国民党江苏省常备第六旅教导营驻柯家堡前庙，半年后离境。

1941年

◆2月23日凌晨　兴化县抗日民主政府遭日军袭击，县长朱廉贻偕警卫员由陆家庄、大顾庄转移至横津河附近河沟隐蔽时溺水牺牲。

◆2月　新四军民运工作人员深入乡境北部，发动群众，筹建抗日民主政权。

1942年

◆4月　兴化县独立团第三营在营长张镇率领下，活动于梓辛河北部地区。

◆8月　中共兴化县委在戴窑成立后，由于革命形势复杂，先后辗转于陶庄、大顾庄。民运工作人员宣传减租减息，秘密发展党员。

◆秋　境内最早的中共基层组织——车南乡党支部成立，朱鉴民（女）兼书记。

1943年

◆春　民主政府废除保甲制，实行新乡制。境内相继建立工、农、青、妇、商、僧、儿童等抗日民众团体和民兵组织。

◆4月　大顾庄400多人步行30多里，至兴化县抗日民主政府驻地徐杨庄请愿，要求民主政府派兵把时常到梓辛河北抢掠骚扰的国民党保安第三旅（简称“保三旅”）赶走。县长蔡公杰亲自接见请愿群众。

◆5月19日　兴化县抗日民主政府第九区区署在大顾小学礼堂召开成立大会。

◆6月　兴化县利民公司大盛商店在大顾庄开业，同时筹建大顾供销合作社。

◆7月　兴化县财粮局在大顾庄设立税务所。

◆9月　苏中二分区堤西办事处在豆子庄召开千人大会、欢迎苏中军区新编第七纵队（简称“新七纵”）。

◆10月19日　“新七纵”从西汉出发，配合兴化县独立团奇袭穆家堡，全歼“保三旅”残部。

◆11月　“新七纵”发扬南泥湾精神，走自力更生道路，在谢家庄建立修械所，在陆家庄建立军服厂，在大顾庄东首“大家荒”田中开河挖沟，开展大生产运动。

◆12月　中共苏中区委决定将堤西办事处改为兴东行署，境内分属圩北、梓辛两个区。

◆是年　中共兴化县委在大顾庄设立交通联络站。

1944年

◆5月　中共苏中区委和苏中行政公署决定撤销兴东行署，成立兴东县，机关驻地窦子庄、陶庄等地，境内圩北、梓辛两区合并为廉贻区。

◆6月　日军侵华时南柯堡永宁庵被毁。

◆11月　中共苏中区委决定将兴东县与兴化县合并。乡境隶属兴化县梓辛区。

◆11月　新四军一师副师长叶飞和二分区政委章蕴（女）率部队驻大顾庄周围整训练兵。

1945年

◆4月　兴化县文教科在大顾庄设立民众教育馆。

◆10月10日　廉贻区署在乌金垛北首梓辛河畔兴建的纪念亭落成，各界人士隆重召开抗日将士追悼大会。

◆10月底　廉贻区改名梓辛区。中共苏中区第一地委决定成立兴化县兴南办事处，次月撤销，改建溱潼县。乡境隶属溱潼县梓辛区。

◆11月　兴化县抗日民主政府将柯堡乡更名为邦华乡。

1946年

◆3月8日　溱潼县交通局在陶庄召开支局联席会议，讨论报刊发行工作，大顾、陶庄两地设代销处，10月20日改为陶庄邮政代办所。

◆8月下旬　国民党军大举进攻苏北解放区。溱潼县县长兼独立团团长陈飞白在大顾庄台子堂召开军民大会，分析对敌斗争形势。

◆10月上旬　华中解放军后方医院转移至大顾庄，半月后北撤。

◆11月4日凌晨　溱潼县政府进驻谢家庄时，遭国民党主力部队突然袭击。县独立团一连指导员季平率部阻击敌人，掩护机关人员转移，后因木桥倒塌，溺水牺牲。

1947年

◆4月下旬至5月初　兴化县开展群众性的参军立功运动。梓辛区有107名青年参加县独立团。

◆7月　梓辛区委书记陈锦笙在西汉进行土改复查试点。

◆7月16日　东台县保安大队和“还乡团”500余人在卞家堡抢掠后，封车船回防途中被溱潼县独立团的两个连截击，大部就歼。

◆8月　溱潼县公安局配合对敌斗争，并在大顾庄设立派出所。

◆10月11日　中共溱潼县委在大顾小学礼堂召开参军立功动员大会。会后全县各地掀起参军高潮，4天内有千余人参军。

◆12月　华中一分区《人民报》第668期报道大顾庄妇女识字班转变学习方法，认真学文化的经验。

1948年

◆3月　乡内25名进步青年入抗大式学校——溱潼中学学习。

1949年

◆3月15日　陶庄境内出动干部、民工250余人，带大小船50余艘，粮食3千余担，支援渡江战役。

◆6月　中共梓辛区委增设新民主主义青年团工作委员会，乡建团支部，村建团小组，发展团员。

◆7月　梓辛区妇女联合会成立，乡妇女会长改称妇联主任。

中华人民共和国

1950年

◆2月　筹建陶庄供销合作社。

◆7月　陶庄初级小学在陶家庄成立。

1951年

◆1月　梓辛区教师业余剧团成立。

◆5月20日　境内骤降冰雹，1.2万亩麦子受损。

◆9月　兴化县人民政府决定将陶庄初级小学改为梓辛区中心小学。

1952年

◆8月　在陶家庄成立联合诊所，占地230平方米。

1953年

◆2月　组织850名民工参加三河闸工程施工。

1954年

◆4月　大顾庄启明村在乡内率先成立初级农业生产合

作社。

1956年

◆3月　梓辛、大垛两区合并，撤销梓辛区，设立大垛区，境内为邦华、铁堡、季平3个乡。

◆3月　以大垛区在陶家庄设银行营业所、信用社，乡设信用站。

◆4月　境内全面实现高级农业合作社。

1958年

◆2月　撤销境内季平、铁堡、邦华3个乡，合并建立大顾乡，仍隶属大垛区。

◆5月　在陶家庄创建陶庄卫生院。

◆9月　中共兴化县委决定大顾与梓辛两乡合并，改称梓辛人民公社，驻地大顾。中共大顾乡第一次代表大会召开，选举党的委员会。

◆秋　梓辛人民公社在大顾建立文化站，并附设广播室。

1959年

◆5月　兴化县委决定将梓辛人民公社划分为陶庄、大顾、荻垛、西毛4个公社。境内梓辛河北为大顾公社，驻地大顾；河南为陶庄公社，驻地陶庄，属唐刘片管辖。

◆6月　兴化县教育局筹建大顾中学。同年9月开始招生。

1960年

◆3月　兴化县委决定将陶庄、大顾2公社合并为陶庄公社，驻地陶庄。从此，境域及行政体制基本稳定。

◆3月　中共陶庄公社委员会第二次代表大会召开，选举产生新的委员会。

◆3月　江苏省妇女联合会授予仲家幼儿园社会主义建设“三八”红旗集体。

◆4月　仲家幼儿园被江苏省省长惠浴宇授予“集体生活福利事业方面先进集体单位”称号。

◆5月12日　仲家民办小学仲长俊被授予“江苏省劳动模范”。

◆5月25日　仲家民办小学仲长俊出席全国文教群英大会。

◆是年　仲家小学被评为全国文教先进单位，《人民日报》为此发表短评。江苏人民出版社出版兴化县文教局编写的《民办小学的一面红旗》，介绍仲家小学办学经验。

◆11月　北戈大队妇女主任徐巧女被全国妇联授予三八红旗手奖章。

1963年

◆1月　中共陶庄公社第三次代表大会召开，选举产生新的委员会。

1964年

◆9月　舍王、南柯、陶庄、卞堡、裴舍相继在本地创办农业中学。

1965年

◆2月　中共陶庄公社第四次代表大会召开，选举产生新的委员会。

1966年

◆1月　陶庄公社在陶庄成立农业技术推广站。

1968年

◆秋冬　陶庄公社接受城市知识青年下乡114人（男61人，女53人），城镇居民55户共95人（男42人，女53人），分别到各生产队插队落户。

1969年

◆5月　各部门（单位）和生产大队相继建立革命委员会或革命领导小组。

◆9月　大顾中学开始增设高中部（学制二年，双轨）。

1970年

◆3月　南柯划出580亩、仲家划出230亩田块种植中草药。

1971年

◆2月　陶庄公社在周刘大队创办占地3.46万平方米的水产养殖场。

◆5月　南柯大队党支部书记周应存出席中共扬州地区第一次代表大会。

1973年

◆12月　中共陶庄公社第五次代表大会召开，选举产生新的委员会。

1974年

◆8月29日　《新华日报》发表《水乡卫生村》文章，介绍南柯大队开展爱国卫生运动的经验和取得的成果。

1975年

◆1月　兴化县文教局决定恢复陶庄公社文化站。

1976年

◆3月　在装舍大队成立陶庄电力管理站。

◆6月　中央新闻电影制片厂到南柯大队拍摄纪录片《水乡大寨花》。

◆10月　中共陶庄公社第六次代表大会召开，选举产生新的委员会。

1977年

◆11月30日　公社党委副书记、南柯大队党支部书记周应存出席中共江苏省第六次代表大会。

1978年

◆1月5日　兴化县革委会在南柯大队召开水利流动现场会，历时3天。与会代表参观公社农田水利建设现场。

◆5月　陶庄公社在装舍大队建立副业办公室。

◆7月　陶庄公社在陶庄成立陶庄食品站。

◆7月　公社团委副书记王兰英出席共青团江苏省第七次代表大会。

1979年

◆2月　公社增设司法科。

◆11月　大顾大队划分为顾东、顾南、顾西、顾北四个大队。

1980年

◆5月2日凌晨　卞堡大队第六生产队21名社员“拉渡”下田劳动，因渡船破旧且超载10人，至河心时沉没，21人全部落水，4人溺亡、3人重伤。

1981年

◆11月　大顾大队妇女主任徐春红被全国妇联授予三八红旗手。

◆12月　公社成立财政所。

1982年

◆3月　中共陶庄公社第七次代表大会召开，选举产生新的委员会。

◆3月　北戚大队党支部书记周东傲出席扬州市第一届人民

代表大会。

◆4月　公社成立水利管理站。

◆5月　周刘大队农民赵桂宝获“江苏省农业劳动模范”称号。

◆7月　夏志福被江苏省人民政府表彰为“农村科普先进工作者”。

1983年

◆8月　大顾中学停招高中新生。

◆9月　公社机关由原址陶庄迁至小东圩西首。

◆9月25日　14时30分，兴化、东台交界处发生3级地震，陶庄有震感。

◆10月　撤销公社管理委员会，恢复乡村制，改称陶庄乡。实行“两改三”（党委、政府、经济联合委员会）。取消大队名称，改为村民委员会。

1984年

◆9月　大顾西村妇代会主任徐春红出席中共扬州市第一次代表大会。

1985年

◆3月　撤销乡政府治保科，建立公安派出所。

◆11月　陶庄至徐舍公路泥结碎石路面铺筑工程开工，同时建造沿线公路桥梁。

1986年

◆1月　成立中共陶庄乡纪律检查委员会。撤销乡经济联合委员会。

◆4月　陶庄供销社综合贸易门市部开张营业。

◆9月　成立陶庄乡教育管理委员会。

◆秋　修筑陶庄至东台五烈公路路基，全长6.6千米，宽9米，完成土方20万立方米。

◆12月　中共陶庄乡第八次代表大会召开，选举产生新的委员会。

1987年

◆3月10日　共青团江苏省委副书记张艳、共青团扬州市委书记陈卫庆到陶庄乡调研共青团工作。

◆5月　乡团委书记陆中来被共青团江苏省委表彰为“优秀团干部”。

◆6月　成立陶庄乡商业社。

◆6月25日　乡团委书记陆中来出席共青团江苏省第九次代表大会。

◆8月　陶庄乡人大主席团设立常务主席。

◆9月　乡政府成立“户粮”办公室，对60年代下放的定量人进行调查摸底。于次年为626人就地办理“农转非”（由农村户口为城镇户口）。

◆11月　修筑裴舍至南柯公路土路基。

1988年

◆1月　乡工业公司经理吉鹏程出席扬州市第二届人民代表大会。

◆3月　陶庄至徐舍公路建成通车，与兴丁（溪）公路相衔接。

◆9月　乡人武部长朱德余被江苏省人民政府、省军区授予三等功、武装工作先进个人。

◆12月　陶庄至五烈公路正式通车，从陶庄乘汽车可达东台。

1990年

◆4月　中共陶庄乡第九次代表大会召开，选举产生新的委员会。

◆11月　陶庄卫生院被评为扬州市文明卫生院。

1991年

◆6月28日—7月15日　连续暴雨，最高水位达3.42米，造成百年未遇的洪涝灾害，直接经济损失3180余万元。

◆9月　兴化市下设9个区公所，陶庄属大垛区。

1992年

◆4月17日　江苏省农业科学院经济作物研究所、省棉麻公司、扬州市棉麻公司、兴化市农业局及供销合作社，联合委托陶庄乡作为探索棉花高产技术，完善服务体系的6个乡镇之一。

◆8月15日　陶庄供销社综合贸易服务部仓库汽油桶爆炸燃烧，直接经济损失近4万元。

◆12月　乡办纺织材料加工厂在西汉村建成投产。

◆12月　乌金、袁荡、东汉3村钢质造船厂建成投产。

1993年

◆5月　陶庄乡自来水厂在梓辛村西汉429号建成并投产供水。

◆10月31日　陶庄乡开始使用程控电话。

◆12月29日　扬州市委组织部副部长、人事局局长李福康等11名曾在陶庄公社插队务农的知青，到陶庄参加“第二故乡行”活动。

1994年

◆1月　中共陶庄乡第十次代表大会召开，选举产生新的委员会。

◆9月25日　陶庄乡实现村村通自来水。

1995年

◆3月8日　乡妇联主席王兰英出席泰州市第一次妇女代表

大会。

◆10月　陶庄卫生院被泰州市卫生局评为“一级甲等综合医院”。

1996年

◆10月1日　陶庄至南柯堡和袁庄公路10.6千米硬质路通车。

1997年

◆1月　中共陶庄乡第十一次代表大会召开，选举产生新的委员会。

◆10月7日　陶庄乡周刘村鞭炮厂发生特大爆炸事件，造成3死1伤，房屋受损，附近2.5千米均有震感。

◆11月　陶庄至徐舍沥青表面处治路面建成通车。

1998年

◆9月21日　陶庄乡妇联主席王兰英出席江苏省第九次妇女代表大会。

1999年

◆6月7日　泰州市委书记陈宝田在兴化市委书记陈骏骠等领导陪同下，到陶庄乡调研。

◆9月30日　经兴化市人民政府验收，陶庄乡建成9座防洪大联圩，圩口、河口全部建成防洪闸，实现“水利无坝乡”。

◆11月1日　《陶庄乡志》通过评审。

◆12月27日　中共陶庄乡第十二次代表大会召开。选举产生新的委员会。

2000年

◆4月　陶庄乡撤乡建镇，更名为陶庄镇，实行镇管村体制。

2001年

◆4月　兴化市第一部村志《东汉村志》通过评审。

◆4月19日　兴化市人民政府兴政发〔2001〕99号批准陶庄镇行政村合并，全镇38个自然村合并为20个行政村，1个梓辛居委会。

◆5月20日　按新合并的村撤销原党支部，组建合并后的20个村党支部。

2002年

◆12月　江苏英特福生态农业有限公司投资500万元在三和庄村（高兴东公路边）建成标准化猪场。

2003年

◆3月20日　中共陶庄镇第十三次代表大会召开，选举产生新的委员会。

◆4月20日　陶庄镇自来水厂实行产权制度改革，更名为新源自来水厂。

2004年

◆1月　陶庄镇被兴化市委、市政府评为劳动力转移先进单位二等奖。

2005年

◆2月　陶庄镇被兴化市委、市政府表彰为劳务输出先进单位二等奖。

◆是年　陶南、陶五、北戚、袁荡、周冯路完成水泥硬质化建设，投入资金120万元拓宽陶庄至高兴东公路。

2006年

◆5月28日　中共陶庄镇第十四次代表大会召开，选举产生新的委员会。

2007年

◆6月　筹建集镇拆迁工程指挥部。

◆6月　江苏英特福生态农业有限公司与上海邦成生物科技有限公司合作在陶庄镇建成，注册资本1500万元、建筑面积25000平方米。

◆7月　经兴化市交通部门批准在陶庄集镇新张线和陶庄路南交汇处重建陶庄汽车站。

◆11月1日　仲冯舍村被江苏省依法治省领导小组命名为第三批省级民主法治示范村。

2008年

◆10月8日　陶庄食品站改制为陶庄镇生猪办公室，实行集体经营公开招标。

◆11月3日　兴化市政府召开区域供水暨农村饮水安全动员大会，陶庄等10个乡镇饮水安全工程基本完工，新建增压站1座，境内工程投资近500万元。

2009年

◆4月　陶庄司法所被江苏省司法厅表彰为江苏省规范化司法所。

2010年

◆5月　工业集中区（王寺）筹备工作领导小组成立。

◆12月　“左氏正骨疗法”被泰州市人民政府列入第三批非物质文化遗产名录。

2011年

◆3月19日　中共陶庄镇第十五次代表大会召开，选举新的委员会。

◆10月17日　金戈村王存玉当选美国国家医学院院士。

2012年

◆4月　陶庄镇农科站站长许开泰被江苏省人民政府表彰为“全省粮食生产突出贡献农业科技人员”，享受省劳动模范待遇。

◆9月8日　成立上海陶庄同乡会。

2013年

◆3月1日　泰州市委书记张雷到陶庄调研“绿蛙”专业合作社“土地全程托管”模式。

◆3月29日　陶庄村被江苏省依法治省领导小组命名为第八批省级民主法治示范村。

◆9月　梓辛自来水厂改制为镇属企业，新设陶庄镇供水有限公司。

◆9月　在陶庄路236号重新建成农贸市场。

◆12月19日　金戈村王存玉当选中国工程院外籍院士。

2014年

◆5月　陶庄镇优质稻麦产业园被泰州市农业委员会批准为泰州市级农业产业园。

◆11月　陶庄镇绿蛙植保专业合作社获农业部等9部委评为“国家农民合作社示范社”。

2015年

◆6月　陶庄镇农牧科技产业园获“泰州市级农业产业园”。

2016年

◆2月—12月　自主实施陶五路提档升级工程，总里程6.67千米、桥梁6座，总投资约1300万元。

◆5月31日　中共陶庄镇第十六次代表大会召开，选举产生新的委员会。

◆12月　陶庄镇农民合作社联合社成立。

◆12月13日　兴化市委副书记、代市长黄红旗到陶庄镇调研绿蛙植保专业合作社农作物统防统治情况。

2017年

◆2月5日　陶庄镇获“目标管理综合先进乡镇和招商引资项目建设工作先进单位”称号。

◆3月2日　兴化市委书记李卫国到陶庄镇大顾村调研“一村一品”工作。

◆7月26日　全国供销合作总社党组成员、监事会主任宋璇涛、江苏省供销合作总社党组书记、理事会主任诸记录、监事会主任郭乃红、泰州市供销合作总社党组书记、主任周书清等一行10人到陶庄农民合作社联合社调研电子商务。

◆10月　泰州市委书记曲福田到陶庄镇农民合作联社考察。

◆12月6日　全国供销合作总社“海峡两岸农村金融交流会议”参会人员到陶庄镇农民合作社联社参观“土地托管”三位一体服务模式。

2018年

◆5月　大顾村被江苏省依法治省领导小组命名为第十三批省级民主法治示范村。

◆是年　“八统一”项目九条线总里程13.1千米、桥梁26座，总投资约5300万元。

2019年

◆4月6日　陶庄镇召开慈善会成立大会，收到捐款100多万元。同时举行乡贤能人恳谈会。

◆4月16日　兴化市委书记李卫国到陶庄镇卫生院调研。

◆5月23日　兴化市委书记李卫国到陶庄镇调研脱贫攻坚工作开展情况。

◆7月31日　中共兴化市第十二届委员会第七次全体会议参会人员到陶庄镇参观泰州广奥有限公司。

◆8月　陶庄镇承办兴化市“四好”农村路现场会。

◆10月　陶庄镇农业服务中心主任许开泰被兴化市委宣传部表彰为“最美兴化人”。

◆10月　村级机构调整合并，陶庄镇从原来的20个行政村合并为14个行政村，1个陶园社区。

◆12月　陶庄卫生院被江苏省卫健委表彰为江苏省示范乡镇卫生院。

2020年

◆1月19日　兴化市委书记叶冬华到腾源环境调研危废处置工作。

◆6月8日　兴化副市长、公安局长朱学林在党委书记罗国瑞、镇长刘广勇陪同下到陶庄镇调研指导扶贫工作。

◆6月　为期两个多月将腾源环保3988.87吨危废全部安全处置结束，泰州市第一家。

◆6月24日　工业信息化部装备工业发展中心、国家机动车质量监督检验中心以石建华为组长的专家组一行3人到陶庄镇泰州广奥金属制品有限公司进行现场技术能力准入审核。

◆8月21日　陶庄镇举行部门机构改革揭牌仪式。新成立“一办”“七局”“一中心”，即：党政办公室、党群工作局、政法和社会管理局、农业农村局（经济发展局）、建设和生态环境局、社会事业局、综合行政执法局、财政局、为民服务中心。

◆9月18日　陶庄镇党委书记罗国瑞、副书记、镇长余星光、人大主席仲旭升率领部分机关干部到盐城江苏奥新新能源汽车有限公司参观。

◆10月　焦庄村入选第二批江苏省传统村落名录。

◆11月7日　“美味牛羊、幸福陶庄”首届牛羊肉美食周启动。

◆12月16日　铁堡村、幸福新村被江苏省依法治省领导小组命名为第十四批省级民主法治示范村。

◆是年　“八统一”项目七条线，总里程7.59千米、桥梁12

座，总投资约3700万元；自主实施陶庄裴舍连接线（镇政府前）沥青路面工程，总里程1.4千米、桥闸各1座，总投资约1000万元。

2021年

◆1月　经国家商标局注册“陶庄牛羊肉”商标。

◆1月　泰州市爱国卫生运动委员会会公布陶庄镇获“泰州市卫生镇”，梓辛、焦庄、三和庄、幸福新村、陶南村为“泰州市卫生村”。

◆5月24—25日　中共陶庄镇第十七次代表大会召开，选举产生新的委员会。

◆5月28日　陶庄镇红歌合唱团获兴化市红色歌曲大合唱（乡镇组）第一名。

◆11月4日　成立陶庄镇商会。

◆12月　南柯堡村入选第五批江苏省传统村落名录。

◆12月20日　陶庄镇入选“江苏省味稻小镇（培育）”。

◆12月20日　陶庄镇经济发展局从原农业农村局划分单独设置，陶庄镇社会事业局调整至“为民服务中心”。

2022年

◆1月25日　陶庄镇被命名为第四批省级生态文明建设示范镇。

◆1月29日　陶庄镇被命名为江苏省卫生镇；南柯堡村、焦庄村、陶庄村、金戈村、梓辛村等5个村为2021年江苏省卫生村。

◆6月6日　陶庄镇成立《陶庄镇志》编纂委员会和编辑部，启动陶庄镇志编纂工作。

◆9月　党委副书记、镇长余星光调出，王书东任陶庄镇党委副书记、镇长候选人。

◆11月25日　兴化市群众文化活动之党的二十大宣讲“文艺轻骑兵”活动走进陶庄。

◆11月25—26日　举办2022年“幸福陶庄、美味牛羊”美食文化节。

2023年

◆1月7—8日　陶庄镇召开第二十届三次代表大会，选举王书东为人民政府镇长、孙艺为人民政府副镇长。

◆4月7日　梓辛村东汉村民刘子凡被江苏省人民政府认定为烈士，11月13日被授予“江苏省见义勇为英雄”。

◆7月25日　中共兴化市委决定王军任陶庄镇党委书记，罗国瑞调出。

◆9月28日　党委副书记王益兰调出、组织委员瞿海荣调出。

◆12月6日　南柯堡村被命名为“江苏省特色田园乡村”。

陶庄镇别墅区

第一篇　镇情概览

陶庄镇位于兴化市东部，西距兴化市区29千米，东距东台市区16千米，南距姜堰40千米，西南距泰州市区48千米，北距盐城59千米。有14个行政村（下辖38个自然村246个村民小组）、1个社区。境内土地肥沃、自然资源丰富、生态环境优美，是棉花、水稻、小麦、油菜的生产区，也是“牛羊肉美食之镇”。中华人民共和国成立后，陶庄镇农业结构调整步伐加快，工业经济焕发新机，第三产业发展兴旺，社会事业积极推进，先后创成“江苏省卫生镇”“江苏省省级生态文明建设示范镇”和“泰州市级文明镇”。

历史沿革

镇名由来

“洪武赶散期”，有陶丁、陶广兄弟在“陶庄”落户，开垦荒地。经百年辛勤劳作，繁衍生息，陶氏家族发展壮大，有良田千亩，台城有行、裆、馆、铺，形成以陶氏家族兴旺发达、人口最多的村庄，故以陶氏族长（陶丁、陶广）居住的地方定名为“陶家庄”。1934年实行保甲制，1943年实行新乡制，成立农业生产合作社，一直称陶家庄。1959年5月，将梓辛公社分为陶庄、大顾、获垛、西毛4公社。1960年2月，兴化县委决定将陶庄、大顾公社合并为陶庄公社。自1963年1月起，乡境一直属大垛区管辖。1983年10月恢复乡村制，改称“陶庄乡”，2000年4月，陶庄乡撤乡变镇，更名为陶庄镇。

境域和区划变迁

民国初期，境内分为大顾、周刘、双保、王寺、蚌蜓5个乡。1934年，乡境梓辛河南隶属东台县第一、八两区的博古、溪陶、柯堡、仲王、周卜5个乡，梓辛河以北隶属兴化县第四区的仁渠、西洋、潘洋、从周、还远5个乡。陶家庄以沈家圪巷路为界，巷南属东台县第八区，巷北属兴化县第四区。1941年2月，兴化县抗日民主政府成立，新四军民运工作人员深入北部地区，发动民众建立抗日民主根据地，筹建抗日民主政权；1942年6月，仁渠乡改称由之乡，12月又更名为车南乡。1943年5月，兴化抗日民主政府将乡境划属兴化县第九区。南柯堡一带为敌占区。1943年9月，苏中堤西办事处建立，10月，将九区改为梓辛区，乡境属之。12月，梓辛区划属兴东行署，并分为两个区，潘洋汉东西一线以南隶属圩北区、以北隶属梓辛区。圩北区机关活动在判刀庙一带，梓辛区机关驻地豆子庄、陶庄等地，1944年5月划属兴东县。境内分为谢陆、团结、陶判、袁戚、邦华5个乡，1944年11月撤销兴东县，廉贻区划归东台县，梓辛区划归兴化县。翌年10

月，在原兴东县境域设立溱潼县。乡境隶属溱潼县梓辛区。1946年10月，溱潼县将梓辛、廉贻2区合并为廉贻区（又称大廉贻区），翌年3月撤销，仍划为梓辛、廉贻两个区，机关活动在潘洋汉等地，后廉贻区划归东台县。1947年3月恢复梓辛区（乌金垛仍属廉贻区），改设季平、大顾、马罗、中心、陶判、铁堡、民主、邦华8个乡，隶属不变。乡境隶属溱潼县梓辛区。1949年5月19日，溱潼县并入兴化县，乡境划入兴化县初属梓辛区，1956年3月31日，撤销梓辛区，设立大垛区。境内裁并为季平、铁堡、邦华3个乡。1958年2月，撤销境内3个乡，合并建立大顾乡（驻地陶庄），仍隶属大垛区。1958年9月，大顾、梓辛合并成立梓辛人民公社。1959年5月，梓辛公社分大顾公社、陶庄公社，荻垛公社、西毛公社隶属唐刘片，1960年3月，大顾公社并入陶庄公社，1963年2月陶庄公社隶属大垛区，2000年4月撤销大垛区，直接归属兴化市。

1983年10月，陶庄境内设38个村委会。2001年4月，村级合并为20个行政村、1个梓辛居委会。2019年10月，村级再次合并为14个行政村、1个陶园社区。

1934—1942 年陶庄境内区划情况一览表

表 1

年代	县属	区属	乡名	管辖范围
1934.1—1942.5	东台	一区	博古	卞家堡、乌金垛、西博镇、扎垛、沙河湾、古庄（属东台市五烈镇）
		八区	溪陶	袁庄、北戚、袁荡、北戈、西汉、焦舍、裴舍、陶家庄（巷南）、判刀庙、范家伦、溪陈庄（属东台市五烈镇）
			柯堡	南柯家堡（韩家垛）、焦庄、谢家舍（属东台市五烈镇）
			仲王	仲家、冯家、舍王、王寺、三夏、东杏（属荻垛镇）
			周卜	戴家舍、郑周、何兴、墊墩、西周卜庄（属荻垛镇、戴南镇）
	兴化	四区	仁渠	大顾、小顾、娄家、徐舍、南佘舍、北佘舍、陈家舍、红毛舍（现属东台市五烈镇）
			潘洋	东汉、尤舍、罗家、野马、南石、北石（属荻垛镇）
			西洋	谢家、陆家（苟家舍）、十八河（袁家舍）塌扒洋、西毛庄（属荻垛镇）
			从周	周刘、杨思、豆子、冯湾、从卜林、万子里、福兴（属荻垛镇）
			还远	沈家圪（陶庄夹沟巷北）、溪梓里、郝家、傅家（属荻垛镇）

1942—1949 年陶庄境内区划情况一览表

表 2

年份	县属	区名	乡名	管辖范围
1942.6—1943.5	兴化	四区	由之	大顾、小顾、娄家、南余舍、徐舍、北余舍、红毛舍、陈家舍（属东台市五烈镇）
			车南	大顾、小顾、娄家、徐舍、南余舍、谢家、陆家（苟家舍）、十八河（袁家舍）、塌扒洋、陈家舍、北余舍、红毛舍（属东台市五烈镇）
1943.5—1943.10		九区	谢陆	大顾、小顾、娄家、徐舍、南余舍、谢家、陆家（苟家舍）塌扒洋、十八河（袁家舍）
			团结	周刘、杨思、豆子、冯湾、罗家、尤舍、野马、南石、北石（属荻垛镇）
1943.10—1943.12		梓辛区	陶判	陶庄、判刀庙、焦舍、裴舍、西汉、东汉及南舍、戴家舍
1943.12—1944.5	兴东行署		袁戚	乌金、下堡、北戈、袁庄、北戚、三夏、袁荡
			仲王	仲家、冯家、舍王、王寺
1944.5—1944.10	兴东		柯堡	柯家堡（韩家垛）
1944.10—1944.11		廉贻区	谢陆	大顾、小顾、娄家、徐舍、南余舍、谢家、陆家（苟家舍）塌扒洋、十八河（袁家舍）
1944.11—1945.11	东台		团结	周刘、杨思、豆子、冯湾、罗家、尤舍、野马、南石庄、北石庄（属荻垛镇）
			陶判	陶庄、判刀庙、焦舍、裴舍、西汉、东汉及南汉、戴家舍
	兴化	梓辛区	袁戚	乌金、下堡、北戈、袁庄、北戚、三夏、袁荡
1945.11—1946.10	溱潼		邦华	南柯家堡（韩家垛）、焦庄、仲家、冯家、舍王、王寺、张家舍、祁刘周、费家庄（属东台市五烈镇）

续表

年份	县属	区名	乡名	管辖范围
1946.10—1947.3	溱潼县	大廉贻区	季平	谢家、陆家(苟家舍)、十八河(袁家舍)、塌扒洋、大顾、小顾、娄家、徐舍、南余舍、陈家舍(属东台市五烈镇)
			团结	周刘、杨思、豆子、冯湾、罗家、尤舍、野马、南石、北石(属荻垛镇)
			袁戚	乌金、下堡、北戈、袁庄、北戚、三夏、袁荡
			陶判	陶庄、判刀庙、焦舍、裴舍、西汉、东汉及南舍、戴家舍
			邦华	南柯家堡(韩家垛)、张家舍、祁刘周、费家庄(属东台市五烈镇)
			翻身	王寺、三夏、北戚、袁荡
			民主	焦庄、仲家、冯家、舍王
1947.3—1949.5		梓辛区	季平	谢家、陆家(苟家舍)十八河(袁家舍)塌扒洋、小顾、徐家舍
			大顾	大顾、娄家、南余舍
			马罗	杨思、豆子、冯湾、罗家、尤舍、野马
			中心	裴舍、西汉、东汉、南汉
1949.5—1949.10	兴化县		陶判	陶庄、判刀庙、焦舍
			铁堡	下堡、乌金、北戈、袁庄
			民主	王寺、三夏、仲家、舍王、冯家
			邦华	南柯家堡(韩家垛)、焦庄、北戚、袁荡

中华人民共和国成立后陶庄乡境内区划变动情况一览表（一）

表 3

年份	县属	区名	乡名	管辖范围
1949.10—1956.2	兴化	梓辛区	季平	谢家、陆家（苟家舍）、十八河（袁家舍）、塌扒洋、小顾、徐舍
			大顾	大顾、娄家、南余舍
			马罗	杨思、豆子、冯湾、罗家、尤舍、野马
			中心	西汉、东汉、南汉、裴舍
			陶判	陶庄、判刀庙、焦舍
			铁堡	卞堡、袁庄、乌金、北戈
			民主	王寺、三夏、仲家、冯家、舍王
			邦华	南柯家堡（韩家垛）、焦庄、北戚、袁荡
1956.3—1958.2		大垛区	季平	谢家、陆家（苟家舍）十八河（袁家舍）、塌扒洋、徐家舍、大顾、小顾、娄家、罗家、南余舍、杨思、豆子、冯家、尤舍、野马
			铁堡	卞堡、乌金、北戈、袁庄、陶庄、焦舍、裴舍、西汉、东汉、南汉
			邦华	南柯家堡（韩家垛）焦庄、北戚、三夏、袁荡、王寺、仲家、冯家、舍王
1958.2—1958.9			大顾乡	南柯、焦庄、北戚、三夏、袁荡、王寺、仲家、冯家、舍王、卞堡、袁庄、乌金、北戈、陶庄、焦舍、潘联、三姓、裴舍、西汉、东汉、野马、罗家、大顾、小顾、娄家、徐舍、新洋（塌扒洋）、十八河、陆家、谢家、豆子、杨思、周刘、冯湾、尤舍

中华人民共和国成立后陶庄乡境内区划变动情况一览表（二）

表 4

<table>
<tr><th>年份</th><th>县属</th><th>区名</th><th>乡名</th><th>管辖范围</th></tr>
<tr><td>1958.9—1959.5</td><td rowspan="6">兴化</td><td>大垛区</td><td>梓辛公社</td><td>南柯、焦庄、北戚、三夏、袁荡、王寺、仲家、冯家、舍王、卞堡、袁庄、乌金、北戈、陶庄、焦舍、潘联、三姓、裴舍、西汉、东汉、野马、罗家、大顾、小顾、娄家、徐舍、新洋、十八河、陆家、谢家、豆子、杨思、周刘、冯湾、尤舍（获垛公社村名略）</td></tr>
<tr><td rowspan="2">1959.5—1960.3</td><td rowspan="3">唐刘片</td><td>大顾公社</td><td>东汉、野马、罗家、大顾、小顾、娄家、徐舍、新洋、十八河、陆家、谢家、豆子、杨思、周刘、冯湾、尤舍</td></tr>
<tr><td rowspan="3">陶庄公社</td><td>南柯、焦庄、北戚、三夏、袁荡、王寺、仲家、冯家、舍王、卞堡、袁庄、乌金、北戈、陶庄、焦舍、潘联、三姓、裴舍、西汉</td></tr>
<tr><td>1960.3—1963.1</td><td rowspan="3">南柯堡舍韩家垛、焦庄、北戚、三夏、袁荡、王寺、仲家庄、冯家庄、舍王庄、卞堡、袁庄、乌金（垛）、北戈（堡）、陶庄、焦舍、潘联（判刀庙）、三姓（戴家舍）、裴舍、西汉舍大河南、东汉、野马、罗家、顾东、顾南、顾西、顾北（含北、西、南3舍）、小顾、娄家、徐舍、新洋（塌扒洋）、十八河舍袁家舍、陆家舍荀家舍、谢家、豆子、杨思（垛）、周刘、冯湾、尤舍</td></tr>
<tr><td>1963.2—1983.9</td><td rowspan="2">大垛区</td></tr>
<tr><td>1983.10—2000.3</td><td>陶庄乡</td></tr>
</table>

2000年以后陶庄镇境内区划变动情况一览表

表5

年份	市属	镇名	管辖范围
2000.4—2001.4	兴化	陶庄镇	南柯堡、焦庄、北戚、三夏、袁荡、王寺、仲家、冯家、舍王、卞堡、袁庄、乌金、北戈、陶庄、焦舍、潘联、三姓、裴舍、西汉、东汉、野马、罗家、大顾、小顾、娄家、徐舍、新洋、十八河、陆家、谢家、豆子、杨思、周刘、冯湾、尤舍
2001.4—2019.10	兴化	陶庄镇	南柯堡、焦庄、夏北(北戚、三夏、袁荡)、王寺、仲冯舍(仲家庄、冯家舍、舍王庄)、卞堡、袁庄、金戈(乌金、北戈)、陶庄、焦舍、潘戴(潘联、三姓)、裴舍、潘洋汉(东汉、西汉)、罗马(罗家、野马)、三和庄(豆子、杨思、尤舍)、周冯(周刘、冯湾)、大顾(大顾东、大顾南、大顾西、娄家)、幸福(大顾北、小顾)、新徐(新洋、徐舍)、季平(谢家、陆家、十八河),设梓辛居委会
2019.10至今	兴化	陶庄镇	南柯堡、焦庄、夏北、王寺、仲冯舍、铁堡(卞堡、袁庄)、金戈、陶庄(陶庄、裴舍、周冯)、陶南(潘戴、焦舍)、梓辛(潘洋汉、罗马)、三和庄、大顾、幸福新(幸福、新徐)、季平,设陶园社区

所辖行政村（社区）简介

南柯堡村　位于陶庄镇东南边缘，蚌蜒河与窑头河交汇处，东与东台市五烈镇祁刘村毗邻，南与五烈镇双超村隔河相望，西与仲冯舍村接壤，西北接焦家村，北与夏北村交界，是传统的古村落之一。

1959—1979年，该村在爱国卫生运动中获得“江苏省农村（卫生）先进单位”称号，其经验分别刊载于《新华日报》和《体育报》；1989年，村办自来水厂成为全乡村民饮用自来水的先行村。工业有乡办的市兽药三厂、包装容器厂。1991年建成敬老院。设有供销站、棉花收购站、商店等。20世纪90年代初有运输专业户171户，机动运输船171艘，总吨位5535吨。一般运输户年纯收入少则1万元，多则几万元。2012年，村两委会多方筹措资金，投入40多万元在进村的桥下建起860平方米“党群服务中心”，配有“八室一超市”。

2019年,在村庄东建成600平方米的“百姓大舞台”，建成南柯堡牌坊、景观大道、民生广场、童趣园、龙尾池、龙口岛，实施低压线架空线路下埋项目。2020年在韩家垛建成三星级旅游公厕，村境内建有停车场6处，公厕6处、有路灯210盏。2021年入选江苏省传统村落名录。

南柯堡村

2021年，南柯堡村设党总支部，辖南柯、韩家垛、柯堡3个党支部，有党员74名，6个村民小组，896户，2869人，耕地面积3807.76亩，村集体经营性收入36万元，人均可支配收入26245元。先后获泰州市文明村、江苏省卫生村、江苏省传统村落。

焦庄村 坐落于陶庄镇东南方向，东与盐城东台市五烈镇张路村相连，西与仲冯舍相伴，南通蚌蜒河主干，北接窑头河支流。

1980年—1990年，焦庄村有近100户，200多人从事水上运输业，以15吨至50吨水泥船为主；1995年起，水泥船改成钢质铁板船，吨位从60吨至100吨，21世纪后，少数运输船吨位提升到1000吨，至2021年，全村有40户从事运输业，每户船舶吨位最小的600吨以上，最大吨位已近1500吨，年收入最多的近100万元。

2019年安装大臂路灯26盏，2020年投入153万元建设873平方米“党群服务中心”、308平方米的“百姓大舞台”，公厕11处，停车场4处；2020年10月入选江苏省传统村落名录。

2021年，焦庄村党支部有党员53名，10个村民小组，567户，1789人，耕地面积2320.14亩，村级集体经营性收入30.33万元，人均可支配收入21521元。

夏北村 位于境东南部，东与东台

焦庄村

市五烈镇相邻，南与焦庄村相伴，西与王寺村紧靠，北与金戈村相通。2001年4月由三夏、北戚、袁荡3个自然村合并而成。

1979年3月，江苏省革委会授予第二、四、五3个生产队“粮食增产超三成以上”奖状。袁荡村清康熙年间，这里原是一片低洼苇荡。有袁姓农民来此定居开荒，因而得名袁家荡。道光二十八年（1848），袁姓一家迁走，将北坪内的53亩土地卖给张姓，但人们仍习惯称为袁家荡。该村有几户村民以宰牛为业，故袁荡又称为“牛肉荡”，村内钢质船厂的规模和效益列陶庄镇之首。

2018—2021年建成停车场6处，公厕5座、800平方米的“党群服务中心”和865平方米的“百姓大舞台”。

2021年，夏北村设党总支部，辖北戚、夏袁两个自然村党支部，有党员57名，14个村民小组，738户，2585人，耕地面积3726.71亩，集体经营性收入33万元，人均可支配收入22137元。

王寺村 位于镇境中南部，东南与舍王庄，东北与三夏庄、西南与冯家庄毗邻，西北与三姓村、北与潘联交界。

相传，清初一王姓好善乐施者献地建庙，故称“王寺庄”。20世纪40年代，该村有油米加工厂6爿，小型油坊5爿，附近农民来此加工粮油者甚多。民国时期，有初级小学，中华人民共和国成立后设立完全小学，增设幼儿班。小学毕业生多数考入初中、高中。考取大专、中专

王寺村

的子弟人数在境内名列前茅，有卫生室、敬老院、商店。90年代工业项目有棉短绒打包、食用菌原料制造、水泥制品、石灰砂场、农机、农具和粮饲加工等。1998年有专业运输户38户，机动运输船38艘，总吨位1432吨。

2004年春，幸福河东圩启用硬化路面，因路面较窄，双车勉强会车。2012年村西新增新张线双车道柏油公路。与冯家北段至幸福河东硬质化路面衔接。2013年，王寺村河北部分农田被纳入“万顷良田”规模化统筹。河西部分农田被征用为工业园区用地。

2019年建成260平方米的“党群服务中心”和320平方米的“百姓大舞台”。2021年，王寺村党支部有党员47名，11个村民小组，590户，1947人，耕地面积3056.11亩，集体经营性收入34万元，人均可支配收入23003元。

仲冯舍村 东邻南柯堡村，南与戴南镇华庄、藕池村接壤，西与荻垛镇东兴庄隔蚌蜒河相望，北边王寺村、焦庄村相接；X201公路贯穿南北方向，水陆交通便利，地理位置优越。2001年4月由仲家庄、冯家庄、舍王庄3个自然村合并而成。

20世纪90年代，该村以运输业和工业为主，有专业运输户98户，机动运输船98艘，总吨位4853吨。工业项目有冲压件、酿酒、水泥制品、挂面、油坊、毛笔、塑料制品、船舶修造、粮食加工，有初级小学、幼儿班、卫生室、商店等。

仲冯舍村

该村以“四民主、两公开”为主要内容的“民主法治（示范）村”创建活动，2007年11月被省司法厅、省民政厅命名为“民主法治示范村”。

2018年10月—2021年8月建成高标准农田1500亩，2020年改建400平方米的“党群服务中心”和545平方米的“百姓大舞台”。

2021年，仲冯舍村设党总支部，辖仲家、冯家、舍王3个自然村党支部，有党员84名，13个村民小组，887户，2821人，耕地面积3460亩，集体经营性收入29万元，人均可支配收入20457元。

陶庄村　位于镇境中西部，镇政府所在地，东与金戈村相邻，南与陶南村毗邻，西与荻垛镇隔团结河相望，北与三和庄村交界。2001年4月，周刘与冯湾合并为周冯村，2019年10月，陶庄、裴舍、周冯合并而成。

20世纪60年代陶庄以陶焕才为第一家从事宰牛行业。20世纪90年代，陶庄村以运输业、工业和服务业为主，有专业运输户147户，机动运输船147艘，总吨位5074吨。工业项目有洗涤用品、小型化工、水泥预制、砂石、家具、鞭炮、门窗、酒坊、石灰膏场、液化气分装、粮食加工等。服务业项目品种齐全，街道两侧有各类商店、饮食店、旅社、理发店等，个体工商户160余户。该村重视抓好社会治理，2013年3月被省依法治省领导小组办公室、省司法厅、省民政厅命名第八批省级“民主法治示范村”。

陶庄村

2018—2019年建成高标准农田4293亩，建成370平方米的“党群服务中心”和310平方米的“百姓大舞台”。

2021年，陶庄村设党总支部，辖陶庄、周冯、裴舍3个自然村党支部，有150名党员，22个村民小组，1292户，4187人，耕地面积6408.95亩，集体经营性收入57万元，人均可支配收入23159元。

陶南村 位于陶庄镇南，东与金戈村相邻，南与王寺村接壤，西隔团结河与荻垛镇相望，北与陶庄村紧依。2001年4月由潘联、三姓两个自然村合并为潘戴村，2019年10月由原焦舍、潘戴村两个村合并而成。

20世纪90年代，陶南村有专业运输户115户，机动运输船115艘，总吨位4470吨。工业项目有煤球、水泥预制、滤芯器、农具厂、碾米、面粉和粮饲加工等。

2020年，建成高标准农田1500亩，建成公厕5处，停车场5处，安装路灯625盏；建成210平方米“党群服务中心”和500平方米“百姓大舞台”。

2021年，陶南村设党总支部，辖焦舍、潘戴两个自然村党支部，有党员75名，15个村民小组，1003户，3314人，耕地面积4846.86亩，集体经营性收入30万元，人均可支配收入19155元。

铁堡村 位于陶庄镇境东部，东与东台市五烈镇三联相邻，南与南柯堡村相接，西和北与金戈村紧靠。2019年10月由卞堡、袁庄两个自然村合并而成。

20世纪90年代，铁堡村以运输业和

铁堡村

工业为主，有专业运输户142户，机动运输船142艘，总吨位6284吨。工业项目有造船、油品、食品、酱品、绗缝被、砂轮、粮饲加工、水泥制品和合金材料。

该村重视社会治理，2020年12月被省司法厅、民政厅命名为第十四批省级“民主法治示范村”。

2016—2021年安装路灯551盏，改建450平方米“党群服务中心”，建成128平方米的“百姓大舞台”。

2021年，铁堡村设党总支部，辖下堡、袁庄两个自然村党支部，有党员116名，21个村民小组，1098户，3738人，耕地面积6169.74亩，集体经营性收入50万元，人均可支配收入21711元。

金戈村 位于陶庄镇东，东与铁堡村紧靠，南与夏北村相邻，西与陶庄村隔幸福河相望，北与梓辛村隔梓辛河相通。2001年4月由乌金、北戈两个自然村合并而成。

20世纪90年代，金戈村以发展运输业、家禽养殖、工业为主，有专业运输户63户，机动运输船63艘，总吨位2377吨。1984年乌金在陶庄乡首建水泥造船厂，一度发展到14家。制造60吨至120吨钢丝网水泥货驳，产品销往安徽、山东等地。1993年，村集体办钢质船厂，年产值近1200万元。工业项目有绣花、绗缝、酿酒、化工、水泥制品和粮食加工。村内有小学、幼儿班、卫生室、商店等。北戈有10多户村民贩卖陶器，逐步发展到120多户，常年在苏、浙一带做窑货生意，最多

金戈村

的一户有4条窑货船。21世纪，有蟹苗养殖基地100多亩，有5户利用河沟或大田（稻田）养蟹，有20户养殖专业户。

2016年改造建设300平方米“党群服务中心”，2019年建成200平方米“百姓大舞台”和公厕9处，是中国、美国双院士王存玉的家乡。

2021年，金戈村设党总支部，辖北戈、乌金和经济发展3个党支部，有党员99名，16个村民小组，685户，2274人，耕地面积4008.07亩，集体经营性收入32万元，人均可支配收入22641元。

梓辛村 位于陶庄镇东北，东与东台市五烈镇相邻，南与陶庄村相接，西与三和庄村紧靠，北与大顾村隔高兴东公路相通。2001年4月由东汉、西汉两个自然村合并为潘洋汉村，由罗家、野马两个自然村合并为罗马村。2019年10月由潘洋汉村和罗马村合并而成。

20世纪90年代，梓辛村有专业运输户159户，机动运输船159艘，总吨位6077吨。兴化市农药厂、自来水厂设在该村西汉段，工业项目有水泥制品、砂石场、胶砻米厂，石灰膏场、电焊维修厂、鱼粉、粮饲加工、水泥制品厂、家具厂、门窗装潢和液化气分装点。

中华人民共和国成立后设立完全小学。1959年，西汉小学发展到12个班。1969—1989年，举办初级中学，全村先后考上中专、大专、大学的有23人。有5户农民子女都考上高等学校。

2016年在东汉老学校操场建成455

梓辛村

平方米“百姓大舞台”，2021年建成460平方米“党群服务中心”。

2021年，梓辛村设党总支部，辖东汉、西汉、野马、罗家4个自然村党支部，有党员154名，26个村民小组，1168户，3890人，耕地面积6024.74亩，集体经营性收入62万元，人均可支配收入24883元。

三和庄村　位于高兴东公路边，东与梓辛村相连，南与陶庄村交界，西隔团结河与荻垛相望，北与季平村相通。2001年4月由豆子、杨思、尤舍3个自然村合并而成。

20世纪90年代，三和庄以运输业和小型工业为主，有专业运输户118户，机动运输船118艘，总吨位2863。工业项目有粉笔、铝合金门窗装潢、水泥制品、绣花、粮食加工、建材、家具等。

2015—2018年建成高标准农田820亩，停车场4处，安装路灯351盏，2016年建成260平方米“党群服务中心”和245平方米“百姓大舞台”。

2021年，三和庄村设党总支部，辖豆子、杨尤两个党支部，有党员56名，13个村民小组，653户，2208人，耕地面积3074.02亩，集体经营性收入26万元，人均可支配收入26462元。

大顾村　位于境内东北部，东与东台市五烈镇相连，南与梓辛村相通，西连幸福新村，北与戴窑镇隔车路河相望。南宋末，顾氏先人因避元军自江南迁兴，一支迁至乡境，定居地得名大顾

大顾村

庄。20世纪70年代划分为顾东、顾南、顾西、顾北四个行政村；2001年4月由大顾东、大顾南、大顾西和娄家4个自然村合并而成。大顾村交通便利，地理位置得天独厚，北有羊港直通车路河，南有小戴河、窑湾河，西靠幸福河，陆上有陶庄至徐舍公路接通兴丁公路。

20世纪80—90年代，大顾村以工业、服务业为主，工业项目有磨具、造船、建材、铸造、印刷、冷饮、粉坊、鞭炮、水泥预制、门窗装潢、石灰膏场、农机维修、家具、酿酒、紧固件和粮食加工等。90年代，村水产养殖场，有鱼种池20余亩，自繁自养，20多户从事渔业生产。

大顾村是境内人口最多的村庄，村内有大顾供销站和棉花收购站、陶庄信用站。有个体茶馆、商店、熟食、肉铺、鱼摊、青货及小百货摊点，旅社、浴室、理发、修理等服务行业齐全，市场比较活跃。

该村是镇内牛羊肉屠宰、加工、销售最大的村庄。该村重视基层社会治理，2018年5月，被省司法厅、民政厅命名为江苏省第十三批省级“民主法治示范村（社区）”。

21世纪初，大顾人经商办企业人数较多，至2021年，全村在昆山市玉山镇、巴城镇等地从事光伏销售86户，从业人员368人，务工人员206人。

2016—2021年，建设高标准农田1350亩，维修桥梁45座，建设公厕4座，停车场7处，安装路灯500盏，建成600平方米的“党群服务中心”和264平方米的“百姓大舞台”。

2021年，大顾村设党总支部，辖顾东、顾南、顾西、娄家4个自然村党支部，有党员108名，24个村民小组，1425户，4307人，耕地面积6050.67亩，集体经营性收入43万元，人均可支配收入18794元。

幸福新村 位于车路河畔，是陶庄镇的北首，东与大顾村相邻，南与三和庄村相通，西与季平村相连，北隔车路河与戴窑镇相望。2001年4月，由徐舍、新洋两个自然村合并为新徐村；由小顾、大顾北两个自然村合并为幸福庄村；2019年10月，由新徐村、幸福庄村合并而成。

新洋自然村在20世纪60年代，农民至云南边境地区以捕捉水獭为生。大多数村民从事工副业。农忙种田，农闲至长江、太湖等水域扒河蚌，每户年收入3000—5000元。70—90年代，新徐和小顾自然村从事磨具、磨料行业。还有造船、化妆品、抛光器、水泥预制、槽坊、粉坊、三轮车制造、水泥制品、砂石场和粮饲加工等。顾北自然村有集体梨园、桃园近20亩，村民家前屋后种植的梨、桃、苹果树，品种好，产量高，果实除自食外，还有部分上市出售。

该村重视社会治理，2020年12月被中共江苏省委依法治省委员会办公室、江苏省司法厅、江苏省民政厅命名表彰

幸福新村

为第十四批省级“民主法治示范村”。

2018—2021年，建设高标准农田800亩，2020年10月建成600平方米的“党群服务中心”，2021年5月建成300平方米的“百姓大舞台”。

2021年，幸福新村设党总支部，辖幸福、新徐两个党支部，有党员85名，21个村民小组，1018户，3256人，耕地面积4544.81亩，村级集体经营性收入51.8万元，人均可支配收入21822元。

季平村 位于陶庄镇北部，东邻幸福新村，南与三和庄村相通，西隔团结河与荻垛镇相望，北隔车路河与戴窑镇相连。2001年4月由谢家、陆家、十八河3个自然村合并而成。

季平村一直以服务业和工业为主，20世纪60年代，陆家、谢家自然村多数村民忙时在家种田，闲时外出“操商”，常年在苏锡常、昆山、扬州、泰州一带。工业项目有磨具、造船、造纸、铝合金门窗、油坊、酒坊、水泥制品、制香、酿酒、家具和粮食加工等。

2013—2021年建成停车场8处，建成高标准农田1200亩，建有公厕20座，停车场8个，安装太阳能路灯334盏，全村基础设施完好，十八河自然村接通污水管网。

2016年9月建成450平方米的“党群服务中心”，2019年5月建成380平方米的“百姓大舞台”。

季平村外出经商人员占三分之二，村民经济水平较高，楼房住户450户，占

季平村

全村总户数的50%，拥有汽车700部。

2021年，季平村设党总支部，辖谢家、陆家、十八河3个自然村党支部，有党员73名，18个村民小组，943户，3252人，耕地面积4544.81亩，2021年经营性收入48万元，人均纯收入25105元，

陶园社区　集镇居民委员会于2001年4月正式成立，名称为梓辛居委会，2019年10月，梓辛居委会更名为陶园社区，2021年底，社区924户，户籍人口1708人，下设一个党支部，2个网格，支部有党员25名，辖区面积1.65平方千米，社区内包含医院、为民服务中心（活动中心）、陶园广场、敬老院等4个服务场所。

自然环境

陶庄田园一角

地质地貌

地质　境内属高邮凹陷，吴堡低凸起。黑色黏土层1—8米，再下为灰色流沙。距地外壳约33千米。表土多属小粉浆土，土层2千米左右，下至岩石。厚层、岩石运动平缓，故为地震少发区。

地貌　南北长，东西短，周高中低。

原陶庄村的陶庄、裴舍、夏北村的三夏、北戚、袁荡、金戈村的北戈和陶南村的焦舍俗称“低洼七庄”。总体地势平坦起伏小。平均地面高程2.55米，最低2.1米，面积454亩。最高2.8米，面积2174亩。原裴舍的西南、焦舍的菜花沟为最低处。南柯堡、冯家垛子、大顾圩子、小顾河东等处最高。

气候物候

气候

境内属北亚热带湿润季风气候区、具有寒暑变化明显，境距黄海较近、受海洋气候影响，季风明显，温暖湿润。全年四季分明，春季冷暖多变，夏季炎热多雨，秋季天高气爽，冬季寒冷少雨。一般年份冬、夏稍长（冬季131天，夏季112天），春、秋稍短（春季60天，秋季62天），先后出现1954、1962、1965、1991年大涝。2021年气温偏高，降水偏多，日照偏少。

常年平均气温15.19℃，最高气温39.2℃（1953年8月24日），最低气温-14.9℃以下（1969年2月6日）。霜期一般在秋末至次年春初，无霜期常年平均为227天。有霜期年平均为58.39天。也有气候异常年份，对农作物生长造成影响。2013—2020境内年均气温16℃，年极端最高气温是2017年39.1℃，年极端最低气温为2021年-12℃，2021年境内平均气温16.5℃，较长年高0.9℃，除4月份、7月份、8月份、11月份偏低外，其余月份偏高，年最高气温37.5℃（6月8日），最低气温-12℃（1月9日）。

年平均日照数为2305.06小时，年日照百分率为52%，各月实照时数8月份最多，平均每天8小时以上，占可照时数的61%。4月份最少，平均每天5—6小时，占可照时数的48%。日照年际变化较大。日照时数最多年份2610小时，日照百分率59%（1978年）；最少年份1991小时，日照百分率45%（1972年）。年日照时数季分配：春季580.5小时，占25%；夏季672.7小时，占29%；秋季566小时，占25%；冬季486.4小时，占21%。2000—2020年平均日照2058.6小时，2021年日照时数1943.2小时，较常年偏少115.4小时，年日照百分率44%，其中1—2月份、11—12月份常年偏多，其他各月均较常年偏少。

春季　4月初入春，主要为过程性天气，气温逐渐回升。但气候多变，晴雨相间，时暖时冷，乍晴乍雨或阴湿多雨，年间也有差别，易出现倒春寒。季内东风偏多，风向多变，日平均气温稳定在12℃、15℃、18℃的时间分别在4月中下旬和5月上旬。季内雨日一般30天左右，降水量220毫米左右，约占全年雨量的20%。正常年景春季寒潮出现2次，2014年出现3次，分别是1月7—9日、2月1—3

日、5月4—5日；2017年出现3次，分别是1月19、29—31，2月16—18，2021年春季出现寒潮2次，分别是1月6—8日，2月15—16日。

夏季 6月中旬入夏，天气渐热，东南风偏多。季内易出现高温多雨天气。一般在6月中旬进入梅雨期，最早6月初，最晚7月初。梅雨期内阴雨连绵，并常伴有雷雨、暴雨或冰雹等灾害性天气。高温炎热期均在7月中旬至8月中旬，7、8两月平均气温在27.2℃—27.4℃之间，大于35℃的高温年平均5—6天，每年8月中旬至9月，时有台风过境，伴有暴雨，造成风、涝灾害，如1962、1965、1990年。季

陶园广场

内正常平均总降水量510毫米，约占全年总降水量的50%。1991年形成特大洪涝。2000—2020年年均降水量为1075.7毫米，最高的2016年为1639.7毫米，最低的2019年为693.1毫米，2021年降水量为833毫米。2000—2020年夏季气温最高的2017年39.1℃（7月23日），2021年最高温度37.2（6月7日）。

秋季 9月中旬入秋，天高气爽，气候宜人。中午前后较热，早晚凉爽。气温在10℃—22℃之间，其间多晴朗天气，降水量较少。白露后，气温逐渐下降，渐有秋意，有“白露不露身”之谚。早晨多雾，时有台风过境。季内东南风偏多。到10月中下旬，由于冷暖空气交汇于江淮之间，常出现秋雨连绵天气。如1958、1961、1965、1970、1974、1975等年份。其中，1970年连续阴雨29天。由于阴雨持续时间长，降水量较多，造成秋播困难。季内阴雨时间以9月最多，10月次之，11月很少。也有个别秋旱年份，如1971、1976年，连续两个月没下过透土雨。早期霜冻、寒潮均在本季出现。2021年出现寒潮5次，分别在11月7—8日、22—23日、29—30日、12月16—18日，25—29日。季内降水量一般为210毫米左右，约占全年总降水量的20%。2021年秋季降水量770.5毫米，占全年总降水量的65%。

冬季 12月初入冬。气温急剧下降，出现霜冻天气。寒冷少雨，是全年气温最低和降水最少的季节。12月22日前后冬至（俗称“进九”）后，天气一天冷过一天。1月份最冷，平均气温为1.6℃，有“三九搭四九，相逢不出手”的谚语。一年中低于-5℃的低温天气平均8—9天。2000—2021年最低气温是

2021年1月8日-12℃。

冬季气候干燥晴冷，北到西北风偏多，降水量约100毫米，占全年总降水量的10%，一般每年降雪1—2次，个别年份11—12次。降水量偏少的2010年仅为55.6毫米，2015年冬季降水量为197.2毫米，2021年冬季降雨量108.6毫米，比常年偏多。

物候

植物候 境内主要农作物候期如下：

小麦 10月中下旬到11月5日播种，次年2月中下旬返青，3月中下旬拔节，4月下旬到5月初齐穗，5月中下旬乳熟，6月初成熟收割（5月下旬预防干热风高温逼熟）。

杂交水稻 5月5—15日播种，6月15日前后移栽，7月20日前后拔节孕穗，8月20日前后齐穗，9月下旬至10月上旬成熟收割（9月上旬防台风倒伏造成瘪谷）。

油菜 9月上中旬播种，10月15至11月初移栽，次年3月上旬抽薹，3月下旬末开花，5月下旬成熟收割（2月底至3月初防倒春寒）。

棉花 3月底4月初播种育苗，5月25日前后移栽，6月底现蕾，7月上中旬开花，9月中下旬吐絮（9月末抢拾伏前桃防烂铃）。

动物候 境内常见动物候期如下：

蛇 3月上旬出洞，10月下旬冬眠。

青蛙 4月下旬始鸣，10月上旬绝鸣。

燕子 4月营巢，10月南迁。

杜鹃（布谷鸟） 6月5日始鸣。

蝉 7月中旬始鸣，8月下旬绝鸣。

麻雀 一年四季在此生存繁衍。

自然资源

植物

粮棉油作物类 籼稻、粳稻、糯稻、小麦、大麦、元麦（已淘汰）、玉米、甘薯（山芋）、棉花、白菜、油菜、芝麻、花生、向日葵、黄豆等。

瓜果类 梨子、桃子、枇杷、橘子、葡萄、柿子、桃、梨、葡萄、苹果、草莓、黄瓜、南瓜、菜瓜、丝瓜、冬瓜、香瓜、西瓜、苦瓜、稍瓜、水瓜、番瓜（瓦瓜）、甜瓜（撕皮烂）等。

豆菜类 蚕豆、豌豆、扁豆、豇豆、刀豆（四季豆）、红豆、绿豆等。青菜、韭菜、菠菜、包心菜、空心菜、黄芽菜（白菜）、甜菜、榨菜、苋菜、芫荽（俗称“香菜”“盐须”）雪里蕻、秋葵、大蒜、香葱、胡萝卜、萝卜、马铃薯、芋头、莴苣、茄子、番茄、辣椒、蘑菇、豆芽、药芹（芹菜）、茼蒿、冬菜等。

树木类 楝树、榆树、杨树、柳树、

2021 年陶庄镇主要林木（果树）候期一览表

表 6

品种	萌芽	展叶	开花	果实成熟	秋叶变色	落叶
意杨	4月上旬	4月中下旬	5月上旬	—	10月下旬	11月中旬
水杉	3月中下旬	4月上旬	—	—	10月底	11月下旬
楝树	4月上旬	4月下旬	5月上旬	—	11月中旬	11月下旬
刺槐	3月下旬	4月上旬	4月下旬	7月中下旬	—	11月下旬
泡桐	3月下旬	4月中旬	4月中旬	—	12月上旬	10月下旬
柳树	3月上旬	3月中旬	3月下旬	—	—	12月中旬
银杏	3月上旬	3月中旬	4月上旬	9月下旬	10月下旬	12月中旬
栾树	3月上旬	4月中旬	5月上旬	—	10月下旬	12月中旬
女贞	3月上旬	4月中旬	5月下旬	10月下旬	—	—
黄杨树	3月上旬	3月中旬	4月下旬	—	—	—
榆树	3月上旬	4月中旬	5月上旬	—	10月下旬	12月上旬
桃	2月上旬	2月中旬	3月中旬	6月中旬	10月下旬	11月中旬
梨	2月下旬	3月上旬	3月中旬	9月下旬	10月下旬	11月中旬
枇杷	3月下旬	4月上旬	4月中旬	11月下旬	次年2月上旬	次年3月上旬

桑树、槐树、泡桐、梧桐、松树、柏树、铁树、桑树、意大利杨、侧柏、桃树、梨树、苹果树、柿树、水杉、池杉、柳杉、石榴、银杏树、香椿树、香樟树、广玉兰、女贞树、梧桐、黄杨、竹等。

花卉类 月季、玫瑰、兰花、菊花、茶花、水仙、大理花、牡丹、芍药、茉莉、毛杉、凤仙、美人蕉、仙人掌、冬青、吉祥草、杜鹃、君子兰、一叶兰、荷花、长春花、如意草、万年青、海棠、蔷薇、菱花、桂花、珊瑚、含笑、夜来香、红枫、蜡梅等。

草本类 盐巴草、狗尾草、车前子、野菊花、繁芽头、野荸荠、蓼、藜、菊芋、地肤、醉仙桃、牵牛花（菟子苗）、三关草、四叶菜、烂叶草、菖蒲、芦苇、荞荞儿等。

水生植物 菱、藕、荸荠、茨菇等。

动物

猪、牛、羊、狗、猫、鼠、兔、黄狼、蝙蝠。

鸡、鸭、鹅、鹌鹑、鸽、布谷鸟、燕

子、喜鹊、山喜、乌鸦、鸬鹚、杜鹃、野鸡、野兔、野鸭、鹰、麻雀、山喜等。

鳊、鲳、鲤、鲫、青、草、鳗、鲢、鳙鱼、黑鱼（乌鳢）、泥鳅、黄鳝、虎头鲨、昂刺鱼、鬐鱼、刺猬（刺鱼）、鳜鱼（鯚花鱼）、胡子鲶、鳑鲏、罗汉鱼、沼虾、馋儿叮鱼等。

乌龟、甲鱼（鳖）、壁虎、水蛇、火赤练蛇、青草蛇、青蛙（田鸡）、蟾蜍（癞蛤蟆又称癞宝）、螃蟹、青虾、蚌、螺、蜗牛、蚯蚓、蚂蟥、蚬子、蚂蚁、壁虎、蜈蚣、苍蝇、女儿蛭、龙虾、蛞蝓（鼻涕虫）等。

蝙蝠、虱子、蚊子、稻飞虱、螟虫、红蜘蛛、蚜虫、棉铃虫、盲椿象、青菜虫、螺蛳、河蚌等。

水系河流

境内有东西向市级骨干河道3条流过：南为蚌蜒河、中为梓辛河、北为车路河。南北向河流3条：东为窑头河、中为幸福河、西为团结河。构成“田”字形水网，形成境内水系的主动脉。境内20世纪70—90年代开挖中心河、南北分圩河以及生产河，还有若干沟塘河汊，星罗棋布，纵横交错。

车路河　属里下河区域性市级河道，1983年全线整治后，西起卤汀河（又称南官河），向东在垛田芦洲与梓辛河源头合而为一，辟开得胜湖，流经荻垛、陶庄、戴窑等乡镇至串场河，全长42.5千米，是兴化腹部地区一条重要的调度河道。陶庄境内全长1.9千米，口宽60—75米，流经幸福新村，是一条东西向主要河道，东接戴窑车路河，沿线有圩口闸2座，排涝站1座。

梓辛河　位于车路河南，属市级河道，1983年车路河整治后，源头与车路河合而为一，西接荻垛梓辛河，东至东台，流经陶庄、三和庄、梓辛、金戈等村，在陶庄境内全长6.7千米，口宽50—60米，是一条东西向主要河道，沿线有圩口闸12座，排涝站8座。

蚌蜒河　位于梓辛河南，属市级河道，西起老阁，陶庄境内全长5.9千米，口宽50米—65米，底高-0.4米—1.2米，底宽20米—50米，流经仲冯舍、南柯堡等村，是一条东西向主要河道，西接荻垛蚌蜒河，东至东台境，其中支流有窑头河，沿线有圩口闸14座，排涝站1座，境内长38.5千米。

幸福河　1975年11月初，组织陶庄公社男女劳动力2万多人，集中力量开挖，南起蚌蜒河、北至车路河，全长13.43千米的南北大河，定名为幸福河。幸福河作为泰东河影响工程，向南延伸至泰东河，进行全线高标准整治，升格为市级骨干河道，作为兴化东部地区引水干河。由南至北贯通全境中部。底宽14米，河底高程-1.5米，坡比1∶2，两边青坎各5米，口宽30米，完成土方113.5万

幸福河

立方米。翌年投资17万元（国家支持12万元，集体投资5万元），在幸福河架设桥梁12座。1978年，在蚌蜒河南延伸0.73千米，完成土方6.5万立方米。陶庄境内全长12.65千米，口宽30米—35米，流经仲冯舍、王寺、夏北、陶南、陶庄、梓辛、大顾、幸福新等村，是一条南北向主要河道，南接戴南幸福河，北至车路河，其中支流有袁庄河、南分圩河、北戈河、陶庄河、小戴河、北分圩河，沿线有圩口闸16座，排涝站5座。2013年对幸福河两岸进行打造，清除两边违章建筑，2021年对幸福河实行“治污水、防洪水、排涝水、保供水、抓节水”（简称“五水共治”），幸福河两岸环境得到改观，绿树成荫。

团结河　1977年1月，按照兴化水系调整规划，发动群众按规划组织实施，由荻垛、陶庄公社联手新开车路河至蚌蜒河段12公里的团结河，河口宽30米，底宽8米，河底高程-1.5米，挖土方128万立方米，竣工后配套桥梁8座，涉及陶庄境内6.35千米。

窑头河　位于陶庄镇东部，是境内自然河道，与东台交界，南至南柯堡村从蚌蜒河入口，北至车路河、东台市五烈镇博镇河至戴窑，全长14.50千米，在陶庄境内长6.65千米，涉及南柯堡村、铁堡村，河道弯曲，河面口宽25米—65米之间，河面河底宽度不一，较宽的卞堡段河面宽65米，较窄的南柯堡段河面宽25米，河底宽10米—12米，河底高程-2米—-2.5米。

小戴河 1991年冬开挖，东接东台市廉贻乡，西至幸福河，全长2.3公里，底宽5米，河底高程-1.5米，口宽20米—25米，完成土方11万立方米。建防洪闸5座，跨河桥梁4座。涉及陶庄境内2.3千米。

南分圩河 1977年11月开挖，东至幸福河、西至团结河，途经陶南村、王寺村，全长2.9千米，口宽16米—20米，底宽6米，河底高程-1米，完成土方46万立方米。

北分圩河 1977年11月开挖，东至幸福河、西至团结河，途经季平村陆家、谢家，幸福新村小顾段，全长2.98千米，口宽18米，底宽6米，河底高程-1米，完成土方46万立方米。

陶庄河 1987年开挖，东至幸福河、西至粮站，总长2.97千米。东部1.1千米由农民开挖，西1.87千米为自然形成。

自然灾害

对境内影响较大的灾害性天气主要有：寒流、冰雹、暴雨、台风、龙卷风和雷击。

寒流 1952年12月寒流袭击，气温在-12℃左右。河面封冻，船只停航近半月，雪后屋檐冰箸长尺余，境内2.3万亩麦子受冻。

冰雹 1951年5月20日，境内骤降冰雹，大如鸡蛋，1.2万亩麦子受损。1956年5月，境内北部地区冰雹成灾，1150亩三麦、油菜及水稻秧苗受损。

暴雨 是境内主要自然灾害、平均每年有4—5次较大暴雨。暴雨灾害主要发生在梅雨季节的6月下旬至7月份。1931年7月11日 暴雨成灾，8月3—5日，邮南车逻、南关大坝及新坝齐开，境内多数庐舍被淹。8月25日 狂风暴雨，运河大堤崩溃20余处，一昼夜全境淹没，水位最高时4.6米。1938年秋，大水，启车逻坝、新坝秋熟作物受淹，损失3成，房屋倒塌410间。1956年7月，8号台风过境，伴有暴雨，房屋倒塌350间，8500亩农作物受灾，减产3成。1962年7月下旬和9月上旬出现连续暴雨，雨量为193毫米。1965年7月连续降雨4天，河水猛涨至2.88米，农作物严重受淹，造成减产。1988年6月28日，遭暴雨袭击，雨量175—192毫米，内涝严重，境内1.3万亩农田受灾围水。1989年2月22日，连日大风雪，气温骤降，水陆交通受阻，公社召开紧急会议，做好防冻、防止交通事故和安排人民生活等工作。有的年份因大范围连降暴雨，形成客水压境的局面，除1991年特大洪灾后，2003、2006、2007年分别发生洪涝灾害，境内水位分别为2.68、3.01、3.13米，由于防洪设施具备，先后启动排涝设备，农作物受损较轻。2013—2020年降水量最大的是2016年，年降水量1639.7毫米，2021年出现暴雨4次，分别在7月5日（122.3毫米）、7月16－17日（95.6毫米）、7月26－27日（113毫米）、7月28日（109.5毫米）。

附：1991年洪涝灾害

1991年7月陶庄遭遇百年未遇的特大洪涝灾害，暴雨从6月28日夜里起至7月15日上午，其中连降暴雨，大暴雨8昼夜，最高水位3.42米，超过警戒水位1.62米，洪水冲垮圩堤王寺圩、焦庄圩、陶庄南圩、北戈北圩，涌进村庄，陶庄乡一片汪洋。有6000多户村庄民家中进水，16000人转移，低洼七庄的农田水深1米以上，船行无阻，其中袁荡村150户，有120户家中进水，农船可以开到家门口。直接经济损失3180万元，其中：农业经济损失1800万元，副业经济损失230万元，乡村企业损失480万元，群众财产损失225万元，单位部门损失105万元，其他损失340万元。投入抗洪排涝的资金600万元。7月14日雨止后，组织抗灾自救，加高基圩，抢排涝水，抢在立秋前复种晚秋作物，其中：水稻育秧移栽0.3万亩，水稻直播0.5万亩，种绿豆1.3万亩，秧苕0.7万亩，荞麦0.7万亩，萝卜1万亩，玉米0.5万亩，蔬菜0.17万亩，复种4.76万亩。由于秋季温度高，日照充足，除荞麦不适应土壤外，其他作物都获得好收成。20世纪70年代，陶庄乡建筑10座联圩，由于标准不高，闸站不全，1991年特大洪水时未能发挥作用，1991年冬陶庄乡政府组织掀起修筑大联圩的高潮，按照四三式的标准，新筑成大联圩11座和与外乡接壤的小联圩11座，全长120千米，完成土方70万立方米，机关干部、单位部门人人都有施工任务，每天投入劳力1.45万人。1997年、1998年联圩又按照四五四式的标准加高加宽，防洪闸、排涝站全面建成。

至2010年，对全镇101千米的九大联圩进行加修，新建、维修圩口闸133座，新建、维修排涝站38座，防洪抗洪能力得到加强。

台风　台风活动主要在8—10月份，伴随台风而来的是暴雨，甚至特大暴雨，台风伴随雨水，造成水稻和棉花大面积倒伏。也有的年份虽有台风过境，但因风力小、降雨少，农作物基本不受影响。1936年8月台风过境。最大风力9级以上，连续5天暴风雨不停，大树连根拔起，房屋倒塌250间，境内南柯堡、王寺庄、三夏、北戚庄受损较重。1962年9月1—2日，13号台风过境，大雨倾盆，日降雨量209毫米，水位猛涨至2.91米，1.3万亩农田受淹，造成粮棉严重减产，旱谷基本无收。

龙卷风 2000年7月13日冯湾自然村遭受龙卷风袭击，3人受伤，倒塌房屋67户156间，直接经济损失45万元。龙卷风同时袭击梓辛村东汉，64户村民房屋受损，7组场上老虎头脱粒机被台风抛出百米，直接经济损失30万元。2014年8月24日下午6时，龙卷风袭击周冯村（冯万自然村）、三和庄村（尤舍自然村）、罗马（野马自然村）3个村，无人员伤亡，受损41户，其中房屋及附属房屋严重受损的有28户，水稻、棉花受损10公顷，养殖业、树木、车辆、船舶受到不同程度的损坏，导致跳闸，致使夏北、王寺、仲冯舍、潘洋汉、裴舍等6个村停电2小时。

雷击 每年7、8月份，境内常有雷阵雨。20世纪70年代，因生产队大批人员在田间劳动，雷阵雨来临之时，人们来不及躲避，时有雷电击伤甚至致人畜死亡事件发生。1973年6月，南柯堡青年柯某某赶牛往大丰，途中被雷击而死；1979年6月，夏北村北戚袁某某之妻去娘家，途中被雷击身亡。2003年7月21日，金戈村遭受龙卷风袭击，冰雹和雷击，一名女青年许某遭雷击死亡。2007年6月28日6时，王寺村61岁的张某某在下田作业的路上遭雷击身亡。

区位面积

区位

陶庄镇地处江淮之间、苏北里下河腹部、泰州市东北部、兴化市最东部地区。344国道、203县道穿境而过，车路河、梓辛河、蚌蜒河、团结河、幸福河、窑头河纵横全镇。东与东台市五烈镇相邻，南与戴南镇相依，西与荻垛镇相近，北与戴窑镇隔河相望。

陶庄集镇西距兴化市区29千米，兴东公路、新张线从境内通过，东距东台市区16千米，南距姜堰40千米，北距盐城59千米。

“四好农村路”

陶西北环线公路建设一角

面积

2021年底，陶庄镇境东西间距长7.8千米，南北间距长13.5千米。总面积69.63平方千米（104446亩），其中陆地面积53.49平方千米，占76.83%；水域面积16.14平方千，占23.17%。

境内土地开发较充分，滩涂及荒地面积为零，耕地后备资源不足。土地改革时，人均耕地2.23亩，因人口增加、农田水利、公路建造及村镇发展，至2021年底，全镇耕地总面积6.44万亩，人均1.46亩。

人口民族

人口总量

1949年，境内有24535人。1953年，全国第一次人口普查时总人口26025人。1958年增加到34418人。1959—1964年人口负增长。1964年全国第二次人口普查，陶庄公社有30531人，负增长率11.29%。1982年全国第三次人口普查，境内有44652人，增长率46.25%。1990年全国第四次人口普查，有47492人，增长率为6.36%；2000年全国第五次人口普查，有总户数15301户，48434人，增长率为1.98%。2010年全国第六次人口普查，有总户数14900户，46112人，负增长4.79%。2015年人口年报总户数14385户，47106人，2020年人口年报总户数13821户、总人口44812人，负增长率2.82%。2021年年末核查13887户，44145人。2010—2021年，人口出生率下降，负增长率4.27%。陶庄镇人口稠密，2021年统计数据每平方千米634人。

人口机械变动方面，中华人民共和国成立后多数年份迁进迁出基本平衡。正常迁移原因为工作调动、婚进婚出、入伍退伍、复员安置、学生入学、毕业分配等。改革开放以后，本镇境内部分村（居）民陆续外出打工、运输或经商，在中等以上城市购房，加上户口迁出，居住人口相应减少。2021年陶庄镇人口比1990年减少3347人，负增长率7.05%。

人口构成

民族 1980年以前，境内人口均为汉族，1990年第四次人口普查，有壮族、布依族2个少数民族，人口8人。2000年第五次人口普查统计，少数民族较前增加5个，为藏族、哈尼族、土族、傈僳族、苗族，少数民族人口89人。2021年底，少数民族有20个，较前增加白族、朝鲜族、穿青人、傣族、侗族、回族、拉祜族、满族、土家族、佤族、彝族、瑶族等，少数民族人口165人，主要是婚进陶庄。

姓氏 2021年，陶庄镇常住人口

13887户、44145人，姓氏有239个。前13位的主要姓氏分别是：王姓4933人、顾姓2644人、张姓2572人、周姓2494人、徐姓1964人、陈姓1875人、许姓1441人、赵姓1350人、焦姓1196人、刘姓1077人、朱姓1039人、冯姓1012人、夏姓1001人，800—990人的姓氏有曹、陆、杨，601—800人的姓氏有李、陶、柯、丁、仲，501—600人的姓氏有潘、沈、孙、吴、娄、姜、黄，301—500人的姓氏有吕、谢、戴、高、袁、景、韩，201—300人的姓氏有贾、马、郏、季，101—200人的姓氏有武、郑、彭、纪、葛、郝、圣、余、严、苟、仇，其余姓氏均不足百人，有何、卞、花、钱、储、从、崔、代、单、邓、独、获、刁、董、段、安、白、班、包、鲍、毕、卜、蔡、曾、常、超、成、程、韦、豆、窦、凡、樊、堵、范、方、耿、房、费、伏、甲、郜、谭、言、符、封、付、傅、谈、狄、龚、勾、谷、苏、覃、嵇、管、郭、杭、粟、聂、吉、贺、洪、侯、汪、牛、平、计、胡、户、扈、华、欧、庞、浦、戚、祭、简、江、蒋、祁、乔、谯、解、金、景、锦、唐、汤、秦、邱、赛、敬、居、鞠、开、田、裘、屈、趋、康、蒯、郎、乐、雷、仝、瞿、全、冉、黎、励、练、梁、屠、桑、沙、尚、廖、林、蔺、凌、万、邵、申、盛、柳、龙、楼、卢、岳、史、诗、舒、毛、茅、梅、蒙、孟、苗、树、司、宋、明、缪、莫、沐、娜、魏、温、文、翁、巫、吴、颜、晏、羊、荀、宣、薛、鄢、萧、校、虞、伊、鲜、咸、易、郁、向、肖、喻、懈、殷、邢、熊、雍、连、竺、祝、于、鱼、俞、征、纵、郑、邹、佐、左。

性别　2021年陶庄镇44145人中，城镇5895人，农村38250人，男性23685人，女性20460人，性别比为115.76∶100。

年龄　2021年陶庄镇44145人，其中0—17岁6154人，18—34岁8542人，35—59岁17393人，60岁以上12056人。

文化　2021年陶庄镇44145人中，文盲1766人，幼儿3532人，小学13685人，初中12802人，高中7504人，大专以上4856人。

婚姻　2021年陶庄镇44145人中，已婚29869人，离婚759人，丧偶1921人，未婚11596人。

职业　1958年以前，境内劳动力基本以务农为主，只有少数农户利用农闲搞一些家庭纺织等手工副业。人民公社化后，有少数劳动力向工、副业生产。随着农村经济的发展和改革开放的深入，劳动力由单一的农业生产不断转向其他多种行业。多数劳动力田间劳动，有的在乡、村企业做工，有的从事个体工业、手工业企业，有的从事建筑、运输、经商、服务等行业，有的饲养畜禽。改革开放后，随着产业结构的变化，农村部分劳动力向二、三产业转移，形成北部以外出经商为主，中部以从事水产为主，南部以运输为主，更有不少人到苏、锡、常、上海、浙江等经济发达地区从事工、商、运输和建筑等行业；集镇人口逐步离开集体单位，从事个体经营。1998年全镇23745从业人员中，务农14003人，占58.97%，务工667人，占2.81%，副业1252人，占5.27%，运输3365人，占14.17%，建筑1162人，占4.9%，经商1072人，占4.51%，服务行业1032人，占4.35%，家务及其他1192人，占5.02%。

在2005年从业20636人中，从事农业8739人，其中种植业7968人，从事工业1992人，从事建筑业1620人，从事运输业2786人，从事批零贸易及餐饮业1038人，从事金融房地产323人，其他劳动力4138人。

2010年，随着经济快速发展，外出人员逐渐回乡创业，乡村从业人员18525人，从事农业5860人，从事工业3563人，从事建筑业1847人，从事交通运输1964人，从事餐饮业854人，从事金融保险业30人，从事房地产管理服务566人，其他劳动力3841人。

2021年，从业12275人中，有各类职业198类，从事农业2029人，其中种植业1771人，从事工业3167人，从事建筑业1445人，从事交通运输1633人，从事信息和计算机服务和软件业343人，从事批发与零售1083人，从事住宿和餐饮业588人，从事金融保险业98人，从事房地产、社会服务业138人，从事卫生体育和社会福利业156人，从事教育文化和广播电视事业110人，其他1485人。

附：

2021年陶庄镇90岁以上老人名录（176人）

表7

姓名	性别	出生年月	行政村(社区)
刘大忙	女	1916/12/13	陶庄村
张扣女	女	1922/1/26	铁堡村
陶五喜	女	1922/6/12	陶庄村
王兰珍	女	1923/2/10	王寺村
汤导女	女	1923/3/10	铁堡村
王细桂	女	1923/10/31	季平村
马春杏	男	1924/1/30	梓辛村
杭粉寿	女	1924/2/14	南柯堡村
景日乐	男	1924/5/24	铁堡村
焦四寿	女	1924/7/4	铁堡村

续表

姓名	性别	出生年月	行政村(社区)
顾旦女	女	1924/9/15	陶庄村
柯汝寿	男	1924/10/24	南柯堡村
顾书增	男	1924/11/4	铁堡村
丁忙珍	女	1925/1/13	三和庄村
徐小细	女	1925/2/11	仲冯舍村
赵彩忠	男	1925/2/18	南柯堡村
戴存女	女	1925/7/30	王寺村
景安兴	男	1925/10/2	铁堡村
王巧云	女	1925/10/12	三和庄村
丁加祥	男	1925/11/24	南柯堡村
刘爱林	女	1926/1/2	南柯堡村
郑登高	男	1926/4/24	季平村
陈粉宝	女	1926/4/26	南柯堡村
茍粉年	女	1926/5/30	季平村
周洪生	男	1926/7/18	陶庄村
顾种利	男	1926/7/28	幸福新村
吴五英	女	1926/9/22	夏北村
周如兰	女	1926/11/14	铁堡村
潘才元	男	1926/12/29	大顾村
裴年英	女	1927/2/1	梓辛村
孙圣根	男	1927/3/1	季平村
陈粉林	女	1927/3/22	铁堡村
陈小根	女	1927/5/28	季平村
周桂女	女	1927/6/29	大顾村
田春英	女	1927/7/27	王寺村
孙登宜	男	1927/8/4	梓辛村
朱八小	女	1927/10/18	大顾村
刘去珍	女	1927/12/24	梓辛村
马金林	男	1928/1/5	梓辛村
周巧所	男	1928/1/18	大顾村

续表

姓名	性别	出生年月	行政村(社区)
陆宝银	女	1928/1/26	季平村
张林子	男	1928/2/7	幸福新村
王书林	男	1928/2/24	梓辛村
姜宝银	男	1928/3/5	梓辛村
潘从善	男	1928/3/7	大顾村
陈永头	女	1928/3/20	金戈村
姜书红	女	1928/4/2	王寺村
张恒友	男	1928/5/13	金戈村
张根女	女	1928/6/3	铁堡村
张恒龙	男	1928/6/14	金戈村
王林宝	女	1928/6/17	幸福新村
吴绍叶	男	1928/6/24	王寺村
姜成帮	男	1928/7/11	梓辛村
陶粉头	女	1928/8/5	梓辛村
王素珍	女	1928/9/10	陶庄村
徐如英	女	1928/9/25	三和庄村
翟宝才	男	1928/10/3	南柯堡村
朱福荣	男	1928/10/5	大顾村
曹兰英	女	1928/10/13	金戈村
解倪碗	女	1928/11/9	三和庄村
杨枝英	女	1928/11/27	大顾村
焦扣存	女	1928/12/1	陶南村
朱六寿	女	1928/12/15	南柯堡村
刘福余	男	1928/12/16	陶南村
王龙头	女	1929/1/11	陶南村
赵年珍	女	1929/2/14	陶庄村
夏粉头	女	1929/2/21	陶南村
戴桂宝	女	1929/2/28	陶庄村
杨扣娣	女	1929/3/30	幸福新村
沈学志	男	1929/5/5	大顾村

续表

姓名	性别	出生年月	行政村(社区)
孙兰林	女	1929/5/8	大顾村
邵春香	女	1929/5/18	铁堡村
戴步清	男	1929/5/21	陶南村
陈响年	女	1929/5/28	梓辛村
朱玉罗	女	1929/6/14	焦庄村
吕道成	男	1929/6/17	陶南村
朱志元	男	1929/6/18	王寺村
陶红女	女	1929/7/17	陶庄村
顾粉子	女	1929/10/30	幸福新村
邵桂喜	女	1929/11/5	陶庄村
武茂圣	男	1929/11/7	陶南村
朱爱年	女	1929/11/11	大顾村
宗明珠	男	1929/11/15	陶庄村
顾粉庄	女	1929/11/15	大顾村
黄怀仁	男	1929/12/5	陶庄社区
冯党子	男	1929/12/28	梓辛村
吕加林	男	1930/1/5	陶南村
陈炳志	男	1930/1/11	陶庄村
马宏小	女	1930/1/11	大顾村
唐胞娣	女	1930/1/12	大顾村
季徐头	女	1930/1/25	陶南村
徐粉扣	女	1930/1/28	梓辛村
孙往珍	男	1930/2/1	夏北村
叶兰玉	女	1930/2/1	梓辛村
孙文会	男	1930/2/19	陶南村
周小达	女	1930/3/16	南柯堡村
朱粉根	男	1930/3/17	仲冯舍村
陆艮网	女	1930/3/19	梓辛村
杨桂女	女	1930/4/18	大顾村
王正女	女	1930/4/21	三和庄村

续表

姓名	性别	出生年月	行政村（社区）
陆文礼	男	1930/4/28	季平村
娄秧根	女	1930/6/5	季平村
周存头	女	1930/6/15	南柯堡村
张加句	男	1930/7/7	王寺村
孙桂兰	女	1930/9/16	金戈村
胡巧年	女	1930/9/28	季平村
冯明	男	1930/10/6	仲冯舍村
赵俊秀	男	1930/10/16	南柯堡村
王当英	女	1930/10/17	大顾村
王付寿	男	1930/10/23	仲冯舍村
仇金洪	男	1930/10/28	陶南村
许和意	女	1930/11/12	梓辛村
娄桂儒	女	1930/12/3	大顾村
高如女	女	1931/1/4	夏北村
王仕俊	男	1931/1/4	梓辛村
柯德兴	男	1931/1/17	南柯堡村
徐长高	男	1931/2/2	大顾村
王往女	女	1931/2/6	仲冯舍村
王鹤巧	女	1931/2/8	梓辛村
顾粉红	女	1931/2/19	大顾村
刘小年	女	1931/3/13	南柯堡村
圣爱田	女	1931/3/24	梓辛村
王明星	男	1931/3/25	幸福新村
刘巧英	女	1931/3/28	南柯堡村
陈良兵	男	1931/4/1	铁堡村
王存山	男	1931/4/4	铁堡村
盛正生	男	1931/4/18	梓辛村
董扣女	女	1931/4/20	季平村
许小居	女	1931/4/23	陶南村
丁应壁	男	1931/4/28	三和庄村

续表

姓名	性别	出生年月	行政村(社区)
芦银女	女	1931/5/16	大顾村
吴兆桂	男	1931/5/28	三和庄村
刘去妻	女	1931/6/1	陶庄村
曹巧林	女	1931/6/1	幸福新村
姜金女	女	1931/6/5	梓辛村
王国兴	男	1931/6/19	南柯堡村
阮还弟	女	1931/6/19	陶南村
仇春香	女	1931/7/15	陶南村
潘粉林	女	1931/7/19	仲冯舍村
姜三头	女	1931/7/20	王寺村
娄粉女	女	1931/7/21	三和庄村
戴粉珍	女	1931/7/25	陶庄村
华桂林	女	1931/7/29	仲冯舍村
黄三五	女	1931/8/4	三和庄村
郏日旭	男	1931/8/10	陶南村
陶扣提	女	1931/8/14	大顾村
万翠艮	女	1931/8/15	幸福新村
仲扣粉	男	1931/8/23	铁堡村
谢安兴	男	1931/8/25	梓辛村
李金巧	女	1931/8/28	铁堡村
郭巧女	女	1931/8/28	季平村
顾银娣	女	1931/9/4	陶南村
顾文堂	男	1931/9/13	三和庄村
冯兰珍	女	1931/9/19	焦庄村
张山凤	男	1931/9/25	铁堡村
居元章	女	1931/9/25	铁堡村
温洪有	男	1931/10/4	夏北村
唐巧女	女	1931/10/24	季平村
翟宝寿	男	1931/11/4	南柯堡村
顾如英	女	1931/11/5	大顾村

续表

姓名	性别	出生年月	行政村(社区)
顾牛良	女	1931/11/8	三和庄村
焦扣云	女	1931/11/14	陶南村
赵全泉	男	1931/11/24	南柯堡村
孙广连	女	1931/11/29	梓辛村
柯德怀	男	1931/12/1	南柯堡村
王志宏	男	1931/12/8	仲冯舍村
王进生	男	1931/12/18	大顾村
吴德保	男	1931/12/19	金戈村
曹冬喜	女	1931/12/20	金戈村
张生祥	男	1931/12/20	季平村
焦巧珍	女	1931/12/25	焦庄村
唐阿女	女	1931/12/26	铁堡村
柯存英	女	1931/12/27	南柯堡村
姜田粉	女	1931/12/28	梓辛村
杨兰女	女	1931/12/30	铁堡村
焦碗女	女	1931/12/31	季平村

经济发展

经济总量与结构

1996年，陶庄镇国内生产总值13904万元，其中第一产业8470万元，第二产业2934万元，第三产业2500万元。2002年，陶庄镇经济保持高质量稳步发展，综合实力不断增强，国内生产总值22529万元，其中第一产业10001万元，第二产业4895万元，第三产业7633万元。21世纪以来，陶庄镇第三产业发展势头较好，主要产业是交通运输、批发零售、住宿餐饮、房地产业转型升级。到2005年，国内生产总值为29142万元，其中第一产业11890万元，第二产业6562万元，第三产业10690万元。2010年，国内生产总值48192万元，其中第一产业16916万元，第二产业11277万元，第三产业19999万元。2014年，实现地区生产总值7.27亿元；2016年，实现地区生产总值8.25亿元；2018年，实现地区生产总值9.84亿元；2021年，实现地区生产总值10.43亿元。其中第一产业4.14亿元，第二产业2.12亿元，第三产业4.17亿元，分别占地区生产总值的39.69%、20.33%、39.98%，第三产业首次超过第一产业比重，预算内财政收入2855万元，工业开票销售收入4.9亿元，农民人均纯收入22475元，年末储蓄余额17.25亿元。

产业经济

农业

陶庄镇在种植粮食、棉花、油料等农作物的基础上，重视发展多种经营，截至2021年底，有提水养殖 1.75万亩，从事养殖农户320户。有农业专业合作社25 个（其中从事果蔬种植2个、粮食种植2个、家禽饲养13个、农机服务4个、生猪养殖1个、水产养殖3个），家庭农场171个（其中从事粮食种植 121个、家禽养殖4个、水产养殖30个、果蔬种植8个、山羊养殖4个、生猪养殖4个），从业人数1.35万人。2020年9月获“江苏省绿色优质农产品基地”，2021年12月获“江苏省味稻小镇（培育）”，江苏恒昌粮油有限公司获“泰州市龙头企业”称号。陶庄镇农民专业合作社有1家受国家表彰、5家受江苏省表彰、8家受泰州市表彰，9家受兴化市表彰为“五好”合作社。

种植业

境内为单一的粮食种植，是传统农业大镇，水旱田多数每年麦、稻种两熟，少数种杂谷，沤田只种一熟水稻。从中华人民共和国成立初期到20世纪60年代前，以小麦、水稻、棉花、油菜种植为主，经济结构单一；1962年，陶庄公社夏粮4.65万亩，单产75.5千克，总产3076吨；水稻4.82万亩，单产100.5千克，总产1823吨；1966年1月，陶庄公社在陶庄成立农业技术推广站。

1977年8月，陶庄公社农科站大面积推广从海南岛引进培育的水稻良种——南优获得成功，增产效果明显。1978年，在裴舍大队第五生产队建办公用房8间，并将五队划归农科站，定名为陶庄公社良种繁育场，简称良种场。种子繁育基地200亩，每年繁育稻麦良种5万千克左右，供各生产队换购。良种场实行单独核算。陶庄公社栽杂交水稻“南优二号”1.05万亩，平均亩产450千克，育杂交稻种33.89万千克。1979年农村普遍推行家庭联产承包责任制。夏粮比上年增产440千克，油料增产17千克，早稻单产829斤；1980年5月，公社农科站引进的小麦新品种扬麦四号在境内大面积种植，增

产一成左右。同时推广除草醚、绿麦隆和二甲四六等除草剂，植保效益较好，深受农民欢迎。

1981年以生产队为单位，按劳力分给责任田；1984年秋，实行大包干责任制，仍以村民小组为单位，按劳力、按人口各半重新分给责任田，统一安排种植计划粮棉经济上交任务，统一农机作业收费标准，承包户在完成上交任务后自负盈亏；1986年，陶庄乡2.34万亩棉田，平均亩产皮棉87千克，总产1956吨，是历史最多的一年。80年代后期，开展“双百棉”丰产杯竞赛，陶庄乡有1688户参加，促进大面积平衡增产。

1987年、1988年，皮棉总产在扬州市各乡镇均列榜首，分别获“金杯”和“金牌”。乡农技站获扬州市“优质服务先进单位”称号，并获国家农业部棉花丰收三等奖。1990年，陶庄镇产粮35587吨，皮棉1505吨，油料656吨；1991年起，停止杂交稻制种。桂朝2号、二六八、兴籼1号等中熟常规稻一直占有很大比例。

1991年因特大洪涝灾害，棉花淹没严重，陶庄乡棉花面积仅成活2234亩，总产21吨；农业生产大包干以后，家庭分散经营，在生产过程中为及时向农户传播生产技术，农科站创新向各村发放生产技术指导的录音磁带，由各村用大喇叭向农户播放，每次20分钟，得到广大农户的欢迎，受到市政府的表彰。1992年7月7日扬州日报刊登“陶庄乡用现代科技手段指导农业生产，38盘磁带增产小麦300万千克的报道”。7月10日北京新华社发表“一盘磁带增产小麦300万千克的消息”。并获国家农业部棉花丰收三等奖。是年，完善土地承包制，实行“两田制”，即按劳力分责任田，按人口分给口粮田，每人0.4亩，国家订购的粮、农业税按责任田上交。当年种植啤酒大麦5249亩，甘蓝型油菜8188亩；当年棉花面积再度回升，种植2.36万亩，总产1382吨；1996年开始第二轮土地承包，为稳定土地承包责任制，市政府向农户发放一定30年不变的土地承包使用证。人分口粮田0.5亩，离农经营二、三产业的人员，可以少分或不分责任田，是年，粮食作物总产量46924吨，棉花总产量1120吨。1997年国家取消粮、棉、油定购任务，陶庄镇棉花种植12614亩，棉花总产量908吨；水稻种植面积43095亩，其中晚粳品种2.5万亩，杂交稻0.6万亩，成为兴化市播种新品种先进乡。

1998年完成第二轮土地承包，农业生产力加快发展，种植业、养殖业齐头并进，畜禽养殖、提水养殖遍地开花，境内传统农业以小麦、水稻、棉花、油菜种植为主，当年，全乡棉田面积减至8418亩，总产量741吨。

2005年，全镇夏粮面积4.86万亩，总产量2.18万吨，秋粮水稻5.07万亩，总产量2.48万吨，棉花0.62万亩，总产量

127吨；2010年，陶庄镇夏粮面积5.25万亩，总产量2.08万吨，棉花0.53万亩，总产量561吨；依靠科技发展农业，建设优质基地，陶庄镇水稻面积5.15万亩，总产量3.13万吨。夏粮4.44万亩，其中小麦40384亩、大麦4013亩，棉花3650亩，总产308吨。

2012年，率先在潘戴村、焦舍村、王寺村实施“万顷良田建设工程”，建设面积9930亩。2014年4月，兴化市绿蛙植保专业合作社获评“国家农民合作示范社”称号，2015年6月，陶庄镇农牧科技产业园获“泰州市级农业产业园”，2017年后不再种棉花。陶庄镇农业向生产集约化发展，土地向种田大户、水产养殖大户集中，节约种植成本，提高农业经济效益。

2021年，陶庄镇夏粮面积4.89万亩，总产量2.45万吨，水稻面积5.72万亩，总产量3.72万吨。创建成泰州市特色农机示范基地1家，泰州市农业龙头企业1家，四星级农业产业园区1家，省级绿色优质农产品基地4.6万亩。陶庄镇14个行政村建成省级绿色优质农产品基地。主要有农民合作社联合社、绿蛙植保专业合作社、憨农粮食种植家庭农场和丰成果蔬种植家庭农场和。至2021年底，累计投入1.13亿元，建成高标准农田4.59万亩。

附：陶庄镇部分农业合作社和家庭农场简介

兴化市绿蛙植保专业合作社 位于人民路东首，2009年5月成立，合作社立足为农服务，由农户将水稻、小麦两季的

绿蛙植保专业合作社

生产和管理，全程托付给专业合作社种植管理，合作社负责从耕作、播种、肥水管理、病虫草害防治、机械收割到烘晒、保管期间全部管理和费用，收获后根据农户选择结算钱、粮，合作社确保农户每亩水稻1200斤、小麦800斤的收益；农户按测算标准适时付给合作社种植管理费。托管后，去除托管费农民亩纯收益取得显著提高，土地全程托管模式深受农民欢迎，2011年，被农业部命名为“全国农作物病虫害专业化统防统治示范组织”，2012年，被省植保站表彰为“十佳服务组织”，2014年11月，被9部委（农业部、国家发展和改革委员会、财政部、水利部、国家税务总局、国家工商行政管理总局、国家林业局、中国银行业监督管理委员会、中华全国供销合作总社）命名为“国家农民专业合作社示范社”。2021年合作社种植面积2510亩，统防统治1.23万亩，年创收40万元，同时带动农民增收。

兴化市憨农粮食种植家庭农场 位于铁堡村，成立于2015年10月，集谷物种植、销售，大米加工、销售，农药、化肥销售于一体的新型家庭农场，农场占地500平方米。全程无人机打药，播撒肥料。承包流转土地1625亩，投资300万左右的现代化机械种植流水线，年出产水稻600吨，小麦400吨，加工销售大米200多吨，年销售额270万元，年利润70万元。“南梗9108”具有色泽透明、口感具有软、粘、清香等特点，注册商标“一捧金”稻米畅销大中城市，憨农粮食种植家庭农场以家庭成员为主要劳动力，从事农业规模化、集约化、商品化生产经营，以农业收入为家庭主要收入来源的新型农业经营主体。2021年，获兴化市“示范家庭农场”的称号。

兴化市陶庄镇农民合作社联合社 位于新张路陶庄段东侧，成立于2016年12月，有单位社员42个，个人社员17个，其中合作社4家，家庭农场32家，农技、农资经营3家，土地流转规模化种植面积1.24万亩，全程托管3860亩，社会化服务面积3.6万亩次，有收割机8台、高速插秧机46台、烘干机15台、无人机10台；有机食品认证1个，绿色食品认证5个，注册商标8个，设计包装12个；年加工销售能力5000吨以上，建设粮食仓库1000平方米，烘干中心500平方米，农机具库1000平方米，晒场4000平方米，加工车间1200平方米。通过统一品种、统一技术、统一物资供应、统一生产服务，统一质量标准、统一加工销售“六统一”服务；社员亩增收200元以上，2021年产品品牌效益进一步提升，联社整合后有有机食品认证1个、绿色食品认证5个，注册商标8个，设计包装12个，年加工销售能力5000吨以上。

兴化市丰成果蔬种植家庭农场 位于陶庄镇焦庄村，成立于2014年11月，占地210亩，投资500万元，拥有翠冠梨园

丰成农场

60亩，皇冠梨园40亩，秋月梨园60亩，苏翠一号梨20亩，桃园30亩。农场水利设施、道路、农田电网等农田基础设施配套齐全。丰成果蔬以全程机械化、智能化生产为目标，先后购进各类果园机具13台套，其中割草机具2台、遥控割草机、座式割草机、背负式割草机3台，四轮拖拉、遥控履带拖拉机耕田机具2台，无人植保农业车1台，电动车、升降平台车、冷藏运输车、三轮拖拉机等运输车6台，多功能分选机2台，容量200立方米冷库3座。至2021年底，农场拥有遥控割草机、座式割草机、四轮拖拉机、无人植保车、果园升降平台车、履带搬运车、叉车装载机、微型挖掘机、遥控履带拖拉机、电动修剪机、背负式剪枝机、背负式电动割草机各1台、水果分选机、背负式割草机各2台，实现水肥一体化。2021年12月被兴化市农业农村局、市关工委授予“青年农民创业之星”。

养殖业

生猪　中华人民共和国前，农民由于生活贫困，养猪不多。中华人民共和国后，养猪事业不断发展。1958年，公社大办养猪场，后因饲料不足和管理不善而停办。20世纪60年代中期，养猪业逐步恢复和发展，1963年生猪存栏4660头。70年代初，实行“两条腿走路”，集体办养猪场，每个生产队养猪多至上百头，少则几十头；个人养猪，集体分给饲料地或饲料粮予以支持。90%的农户年养猪2—3头。

1979年，陶庄乡生猪存栏量19904头。80—90年代，由集体养猪全面转向个体养猪。年末生猪存栏数保持在1.5万—1.7万头之间。1990年生猪出栏2.47万头，年末存栏1.51万头；1991年，因洪涝灾害，年末生猪存栏8900头。此后几年，乡内养猪业处于徘徊状态，1998年，陶庄乡有养猪专业户48户，生猪存栏14000头，出栏19000头。2002年12月，江苏英特福生态农业有限公司投资500万元在三和庄村（高兴东公路边）建成标准化猪场。2002年生猪下降，陶庄镇存栏仅8230头，2005年存栏6150头，2016年陶庄镇又出现10户养猪专业户，2017年存栏1.28万头，2020年存栏5855头；到2021年全年生猪饲养量3.3万头、生猪栏存6117头，重点分布在10户专业养猪户，家庭不再零散饲养。

附：江苏英特福生态农业有限公司

公司于2002年12月由张少华个人合资兴建，坐落在三和庄村（高兴东公路南侧）占地11亩，注册资本500万元，设计标准为万头瘦肉型猪场，采取公司+农户的模式，集畜禽饲养、销售，饲料生产、加工、销售一条龙。2004年，公司将猪粪进沼气池发酵后变沼气、沼液，并将沼渣作为有机肥料肥田，形成“猪-沼-食”的循环经济发展模式得到江苏省和泰州市专家组认定。2007年6月，公司与上邦成科技有限公司签订合作协议；2013年后，公司转让给马卫杰，2021年底饲养生猪2550头。

耕牛　土改前，境内只有富裕农户饲养耕牛。土改后，农民分得土地，养牛户逐渐增多。60年代，集体从外地购进一批耕牛，也有的生产队自繁自养，增加一批牛犊，耕牛逐渐增多，1963年养牛649头，1969年1043头，是历史最多的一年。70年代，机耕逐渐代替牛耕，耕牛相对减少，1975年耕牛760头，1979年耕牛587头。1985年，机耕完全代替牛耕，耕牛45头。1990年，耕牛29头，1994年耕牛20头，1998年，仅剩耕牛10头，2000年后家庭不再饲养耕牛。

山羊　60年代中期，部分农户开始养羊，品种以山羊居多，1967年山羊存栏1004只。70年代，养羊户逐渐增多。1976年，陶庄乡存栏3883只，出栏610只；80年代，羊肉在市场上畅销不衰，羊皮、羊油供外贸出口，农民视养羊为致富的好副业。1984年，山羊存栏5147只，出栏3179只，1988年养羊发展到203户，当年存栏10155只，出栏12859只，最多的1990年山羊存栏10631只，出栏14263只。1998年，陶庄乡山羊存栏数2.24万只，出栏数2.8万只，比1980年分别增长7.5倍和32.21倍，比1990年分别增长111.32%和95.8%。2000年后，境内家庭养羊人数逐渐减少，2013年戴南李爱军投资到陶庄办起养羊场。2015年羊存栏8530只，2017年栏存5046只，其中绵羊2500只、山羊2116只，波尔430只；2020年栏存6086只，其中绵羊4000只，山羊2086只；2021年底，陶庄镇羊栏存5720只，其中绵羊5000只，山羊720只，重点是3家养羊大户，分别为5000只、500只、160只。

家兔 境内农民原无养兔习惯。60年代有部分社员养兔获利，1967年陶庄乡养兔687只，70年代后期兔毛收购价每市斤100多元，出现“养兔热”。1978年，养兔2455只，由于境内兔肉销量较小，养兔业的起伏取决于兔毛价格的升降。1991年洪涝灾害后，养兔量连续下降，1992年养兔400只。1994年后，养兔户有所增加，当年养兔1200只，最多的1997年陶庄乡养兔3800只，饲养方式毛兔为笼养，肉兔多圈养。2000年后，境内养兔逐年减少，年均养兔800只，2010年家庭不再养兔，2015—2021年，陶庄养兔专业户仅有幸福新村季发汝，年饲养长毛兔1500只左右。

家禽 农家素有饲养鸡鸭的习惯。一户养几只，投资小，饲养容易，食用方便。20世纪六七十年代实行“两条腿走路”，集体养趟鸭，一趟几百只，农户家庭散养鸡。1963年家禽圈存16865只，1979年后，由集体饲养转为个体饲养。由于科学知识的普及、配合饲料的推广，鸡的饲养由零星分散逐步向群养发展，出

王寺村河鸭

现一批饲养家禽的专业户。引进罗斯鸡、罗曼鸡、北京鸭、康贝尔、高邮鸭、贝尔鹅等优良品种。1990年，家禽圈存15.35万只，出栏25.1万只，产蛋623吨。1991年后，家禽养殖逐年增多，1993年圈存25.5万只，出栏25万只，1996年圈存103万只，出栏85万只，1998年，有各类养禽专业户65户，家禽饲养量111.7万只，年内圈存98.3万只，上市80.2万只，良种覆盖率80%以上。2000年后，养鸡专业户逐步推开，2005年，鸡存栏67.43万只，2010年存栏30.65万只，出栏35.5万只，2015年存栏29.62万只，2017年存栏31.28万只，罗马一个村养殖20万只，2020年，出现6户养殖大户，生长快，每一批次3万—6万只，年出栏6批，到2021年底，家禽饲养量111.7万羽，出栏80.2万羽，栏存58.55万只，蛋鸡49.18万只、肉鸡7万只，鸭2.37万只。

附：罗马养鸡第一村

梓辛村原罗马自然村蛋鸡养殖从1983年开始，当时陶庄乡从事养鸡专业户也仅有8户人家，每户存栏量也只有200—300只，1986年罗马大队主办会计史学高带头养鸡，在他的影响下新发展3户。1988年全大队养殖6户，存栏量不超过2000只。1996年在市委扶贫工作组的扶持下，全大队养殖业得到迅速发展。到1997年底存栏量由过去的2000只增加到3万只左右。2007年，罗马村有专业养鸡户17户，每天可向市场提供鲜蛋5吨。村两委会通过走出去请进来的方式，组织养殖户经常到东台、“禽蛋之乡”海安等地参观学习，拓宽视野，主动与泰州牧校的领导联系请求技术帮扶，帮扶挂靠单位，提供技术服务，定期委派教授、技术员免费提供技术培训服务，为养殖户提供鸡病预防与治疗、食品安全、饲料的科学搭配等措施；村里帮助养殖户解决资金不足、交通不畅、粪便无害化处理等问题。2016年底全村养殖户23户，存栏量峰值20万只，从业人员100人左右，年净收入超350万元，是远近闻名的蛋鸡养殖专业村，2017年被兴化市政府授予“一村一品”特色村和“养鸡第一村”。2018年后规范养殖秩序，净化环境，到2021年底，罗马自然村养殖户18户，存栏量26万只，从业人员115人。

特种养殖　1987年，野马村孙丙中等三人箍池养蟹；1989年，野马村李传玉在陶庄建立兴化市特种生物研究所，饲养美国王鸽、七彩山鸡、野鸡、荷兰猪、七彩龟、美国牛蛙，2005年停养。

水产养殖　1954年，大顾庄率先建立养殖场，开挖鱼塘17个。1955年养鱼23.62亩，被命名为“兴化县第二养殖场”。1957年，拦河打坝，以沟代塘，增辟鱼塘4个。1962年，引长江鱼花培育鱼苗。1971年，公社在周刘大队创办水产养殖场，占地3.46万平方米，是年，在公社南大片放养多种规格的杂鱼，当年捕捞万余斤。1972年，在陶庄公社打栏46个簖口，当年捕捞各种成鱼6万余千克。1978年，进行鱼蟹混养、国家支持蟹苗57箱240万只。是年秋天，陶庄公社境内设捕蟹罾缆53处。螃蟹最高年产量5.5吨，鱼产量超过200吨。1979—1984年，落实分户承包制，渔民基本上以放养为主，鱼的品种有青、草、鲢、鳙、鲤、鲫、鳊等。实行分层混养，提高效益，年产量280吨。1989年，实行水面招标，全年养殖产量突破700吨，1990年水产品产量1065吨。1991年因洪涝灾害，鱼产量比上年下降31%。1998年，陶庄乡养鱼承包户345户，养殖水面13170亩，其中精养1100亩，水产品产量1859吨。2010年，全镇提水养殖面积达8000亩，重点是养蟹、虾、泥鳅，水产品总量3002吨。2021年，陶庄镇水面2.92万亩，养鱼承包户420户，精养1.6万亩，水产品产量5670吨；养蟹310户，面积1.5万亩，养蟹产量1275吨。

鸬鹚

附：兴化市张杰水产养殖专业合作社

位于幸福新村，成立于2013年，规模养殖面积500亩，是一家集成品蟹、蟹苗养殖、饲料、冰鲜鱼销售及技术服务为一体的示范养殖公司，2019年8月14日公司经国家知识产权局注册“苏润美”牌商标，有贝壳类动物、甲壳类动物、活螃蟹等。该公司通过运用绿色环保、生态养殖等科学手段，“苏润美”产品远销北京、天津、上海、河北、广西、安徽及本省的南京、苏锡常等地。2021年，合作社拥有养殖面积369亩，其中用于商品蟹养殖面积299亩，培育蟹苗养殖面积70亩。年养殖的商品蟹亩产170斤，亩产值8000元。套养青虾、鳜鱼亩收入1100元，商品蟹养殖收入减去田亩租金、蟹苗、饲料、药品、人工等费用，实际亩收益2960元。2021年养殖总收入406.76万元，支出271.35万元，净收益135.41万元。

家养乌龟　20世纪70年代初期，境内陶南村焦舍常年有人在外扒乌龟，一般农户都会养在淘米水缸里；进入80年代，乌龟逐年减少；90年代后，偶尔发现乌龟便作为家养动物，或养在水缸里，或专门砌个池子家养，也有极个别爱好者利用河沟养殖。至2021年底，家庭乌龟养殖520户，养殖存量4000—5000只。

陶庄家养乌龟

工业

1956年，陶庄铁木竹生产合作社（农具厂）成立之后、公社相继办起造纸、药品、砖瓦、纽扣、磨具、农修、五金、酱品、油泵油嘴、粮饲加工和水泥制品等厂。20世纪50年代末至60年代后，社办工业有砖瓦厂、农机修配厂及磨具、纽扣等厂，1968年，境内徐舍、新洋两大队联合创办陶庄磨具厂，生产油石和砂轮，各类产品畅销全国，尤其是东北三省享有盛誉。70年代村办工业陆续兴起，南柯堡率先办起砖瓦厂、综合厂，各大队相继办起粮饲、砖瓦、服装、磨具等厂。

1976年公社成立工业办公室。1979年以来，农村进行经济体制改革，社队工业有较快发展。20世纪80年代，陶庄乡工业焕发新的生机，得到较快发展。有化工、医药、食品、工艺、造船、磨具、家具等。党委稳定发展社办五金厂、农具厂、粮油加工厂、水泥制品厂、砖瓦厂。将化工四厂转变为农药厂，丝锥厂转变为标准件厂，板牙厂转变为油嘴油泵厂，农机厂转改为农机修造厂、小型粮食加工厂转为酿酒厂，把增强企业管理作为工业调整的重要环节来抓，在社队工业中总结推广定产值、定销售、定利税、定投入、定上交、超产奖励的“五定一奖”责任制。1980年，有工厂43家，其中乡办8家，村办32家。1981年，除将兽药厂与南柯村中草药厂合并为兽药三厂外，还先后办起日用塑料厂、包装容器厂、鳗鱼饲料厂。主要生产各种农具，1982年村（大队）办工厂32—40家，增加纺织、绣花、榨油、拼铁、广播器材、服装加工等项目。

1984年成立陶庄乡工业公司。乡兽药厂与南柯中草药厂合并，称兴化县兽药三厂；自1985年起，个体工业异军突起；1986年6月，先后办起东汉小学塑料厂、陶庄教育工艺美术品厂和金兰纸品公司。1989年，村办工业发展到75家，新增项目有造船、电器、鞭炮、磷肥、造纸、印刷、家具、塑料制品、铝合金加工等。

个人办的工厂40家，有煤球、磨具、造船、印刷、鞭炮、塑料制品、粮饲加工等项目，规模较大的是潘联村王甫贤办的煤球厂，年产值400万元左右。1993年，新办工艺品厂、多彩涂料厂和兴东纺织材料厂，将有机化工厂改为五星食品厂。是年，兽药三厂技改投入20万元，增设鳗鱼饲料生产车间，后改制为公转民营企业，生产30多种兽药，销往江苏各地和滇、黔、川陕甘、豫、皖、赣、辽、吉等省和宁夏、内蒙古、自治区。兽药三厂建筑面积1490平方米。固定资产原值102.7万元。1994—1995年办起造船厂、铜镍合金厂。

90年代中期，乌金村新建金山化工厂。1995年，乡办工业产值6407万元，为陶庄乡最高的一年。1996年8月更名为陶庄乡企业管理服务站，当年创产值5915.2万元，利税265.6万元。1997年，工业企业进行改革，率先将鳗鱼饲料厂转为民营；1998年，工业企业125家，其中乡办9家、职工285人，固定资产原值1592.2万元，产值3250万元，上缴税金72.2万元，村办11家、产值3908.5万元，利税135.7万元。新增磨具磨料、钢质船、化妆用品、铝合金装潢、不锈钢加工等厂。年末，有个体、私营企业105家，项目20多个，年创产值5250.8万元，占陶庄乡工业产值的46%，主要项目有化工、医药、建材、造船、磨具、服装、造纸、印刷及粮食、煤球加工等。工业总产值1.22亿元，创利税262万元。

2000年，陶庄镇钢质船厂发展迅速，2002年钢质船厂23家，有船台330座，年产值1亿元；2004年10月江苏梅兰服饰有限公司成立，公司注册资本1006万元，占地面积25000平方米，现代化标准厂房20000平方米，员工1000余人，年产职业装160万套。公司通过ISO9001：2000质量管理体系认证、ISO14001：2004环境管理体系认证和ISO9001：2000职业健康安全管理体系认证，获得国家安监局颁发的《特种劳动防护安全标志证书》和国家质检总局颁发的《全国工业产品生产许可证》，成立“泰州市职业装设计工程技术研究中心”。被评为省级文明单位、资信AAA单位、重合同守信用单位、诚信单位、突出贡献企业等称号。凭借大规模生产的行业领先优势，梅兰服饰在与国际知名服装品牌的长期合作中汲取和积累宝贵的经验，提升生产国际化水平，以高质量高标准的服务赢得客户的信任与赞誉。2004年造船企业38家，实现造船业产值1.6亿元，占工业生产总产值的60%以上。2006年，永生、东方造船销售收入7000万元，华海抛磨销售1000万元。2009年，工业企业有农药化工、服装针织、钢质船、琉璃瓦、电瓶、太阳能热水器、磨具磨料、氧化锌等企业。

2010年5月，成立工业集中区（王寺）筹备工作领导小组，建立“工业集中区”。2013年，工业集中区六个重大项目开工，分别是江苏九一金属制品有限公司、科威嘉尼（北京）科技有限公司、华普金属（泰州）有限公司、江苏荣阳金属制品有限公司、永发机械（泰州）有限公司、江苏腾源环保有限公司、江苏建鑫房地产建设有限公司；2014年江苏梅兰服饰有限公司年产值1.03亿元，利税750万元；2016年招引盐城国投投资3亿元新上车体项目；2018年，泰州广奥技改项目、兴化市红阳玻璃制品有限公司和江苏融汇钢管落户陶庄工业园区。

2021年，陶庄镇工业企业118家，其中规上企业7家，工业增加值2.12亿元，工业销售收入4.9亿元，利税总额1124万元。

附：

“水乡造船第一乡”发展概况 境内造船行业在乌金村1974年开办小型水泥预制厂，主要生产农房构件——三筋板、过窗板、水泥桁条，还有钢筋混凝土桥板等。1984年兴办水泥造船厂，开始只有2副船台，生产20吨、25吨钢丝网水泥船，由于产品质量好，销售很畅。1985年发展到3爿造船厂，12副船台，全年生产水泥船84艘，产值47.3万元。1986年春发展到7爿厂，船台由小改大，年产水泥船186艘，产值105.2万元。1987年，该村与兴化造船厂联营，签订技术协作合同，并选拔15名技术工人分别到兴化、扬州、南京等地造船厂家进行培训。是年，造船厂发展到14家，生产水泥船419艘，产值298.7万元。1988—1989年，经市船检部门批准，将14家造船厂并为10家，有船台56副，其中40—120吨的37副。配有洗砂机、拌浆机、调直机、发电机组、砂浆调度仪、试压试模和40—120吨的各套硬样板，将滚翻下水改为铁轨滑道下水，经江苏省、扬州市及兴化市船检部门验收合格，发给生产许可证。

1990年由于政策调控，水泥船生产一度处于停滞状态，1991年秋开始好转，1992年除启动水泥船生产外，还增设钢质造船厂1家，当年底，有造船厂9家、57副船台，其中水泥船台43副，钢质船台14副，有职工375人，固定资产91万元，全年产值1150万元，利润92万元，缴纳国家税金6万元。自此陶庄乡造船业十分兴旺，闻名遐迩，被称为“水乡造船第一乡”。由于乡内有蚌蜒河、梓辛河、车路河和幸福河纵横，具有得天独厚的地理条件，加上党委政府的支持扶持，1993年水泥造船厂发展至57家，最大吨位200吨。而后，随着国家交通部门对水泥船装载的限制和改造规定的施行，从1994年春天起，乌金、袁荡、东汉、焦舍、西汉、裴舍、大顾等村迅速上马钢质船的制造，1998年，国家加大基础设施的投入，使造船业再度升温，东方造船厂（十八河丁志山）、永生造船厂（十八河丁永明）生产100—600吨位的钢质船，年产值600万元。此外，袁荡村私人拥有6台变压器，7家船厂拥有船台74副，当年实现产值960万元。

2000年，陶庄镇钢质船厂发展迅速，2001年，钢质船生产单位16家，生产船台194座，全年产值6450万元，实现利税1973万元；2002年，钢质生产企业23家，生产船台330座，全年产值1亿元，当年最大的永生船厂全年实现产值3000万元，利润60万元，被兴化市委市政府授予“兴化百强企业”；2004年，造船企业38家，最大的可造3000吨位，永生造船厂年销售3665万元，利税80万元，东方造船厂销售收入1562万元，利税30万元，全年造船业完成产值1.6亿元，占工业生产总产值的60%以上。2007年，永生造船厂年产值2680万元，利税67万元；到2021年底，钢质船企业仅有5家，分别是王友勤、沈俊宏、王书俊、王达宏、朱明安等造船厂。

附：陶庄镇骨干企业及工业园区简介

兴化市农药厂 20世纪60年代吉日泉（1926—2001）在徐舍村办起“油石磨具加工厂”，生产“氯化硫酰、乙苯胺”农药中间体。1976年，公社投资将坐落在大顾幸福河西的磨具厂改为化工厂，生产化工原料乙苯胺、氯化硫铣，供不应求，畅销省内外。1980年改为兴化县化工四厂，开发新产品杀虫脒农药。1984年将厂房迁至西汉幸福河畔，厂名改为兴化县农药厂。1986年开始生产稻胺磷，次年，40%稻胺磷乳剂被列为江苏省定点产品。1988年初改为兴化市农药厂。生产25%甲基1505水面漂浮剂、利胺磷等产品，得到江苏省计委和石化厅的支持。由财政贷款20万元，农业部专项技改贷款60万元，国家计委补助80万元。

1990年3月，甲胺磷正式投产，填补苏北地区农药生产的空白。当年生产农药1391吨，其中杀虫脒457吨，甲胺磷463吨，稻胺磷471吨，产值1672.78万元，实现利润65万元，缴纳税金40.6万元，为江苏省石化厅定点厂。1991年新上“扑虱灵”杀虫剂，代加工“异丙隆（麦道）”、除草剂、“杀虫丹”杀虫剂等。1992年以来，经化工部和省化工厅批准农药的品种11个，产品远销山东、河南、湖北、安徽，其中甲胺磷、1605原油出口巴基斯坦。1995年，农药厂被兴化市委、市政府评为“明星企业”。1996年，被市政府命名为“兴化市工业排头兵”企业。1997年对工业企业进行改革，乡办企业按改制要求逐步实行兼并、租赁、拍卖。1998年农药厂实行资产集团承包。到1999年4月又改变为集体承包，因生产、经营管理措施缺失，造成企业污损，又因农药生产对空气和水面污染，最终停产。

江苏恒昌粮油有限公司 成立于1998年，位于陶庄幸福河畔，占地1万平方米，是一家集烘干、仓储、加工、销售为一体的粮食加工、输出的现代化企业。公司以市场为导向，积极探索公司加农户的经营模式。“水润”品牌和“天筀香”品牌分别于2016年10月28日和2017年5月21日经国家工商行政管理总局商标局注册，大米畅销上海、浙江、江苏等大中城市，深受消费者的厚爱。公司拥有日产300吨、日烘干300吨大米的现代化生产流水线，具备良好的生产能力、技术水平、质量监控措施。2019年，“水润”牌系列产品（大米）被评为“江苏省消费者放心满意十大品牌（大米）”；2020年，公司被评为“江苏省明星企业”“江苏省粮油行业5A级诚信企业”，公司产

恒昌粮油

品获得"中国好米榜"活动金奖，"水润"牌大米被评为"江苏省名牌农产品"；2021年公司成为江苏省绿色食品协会会员单位，2021年销售1.2亿元。

华普金属制品泰州有限公司　成立于2012年，是一家专注于锁具、铰链、拉手、柜锁附件等系列产品研究、开发、生产及销售的企业。公司位于陶庄镇工

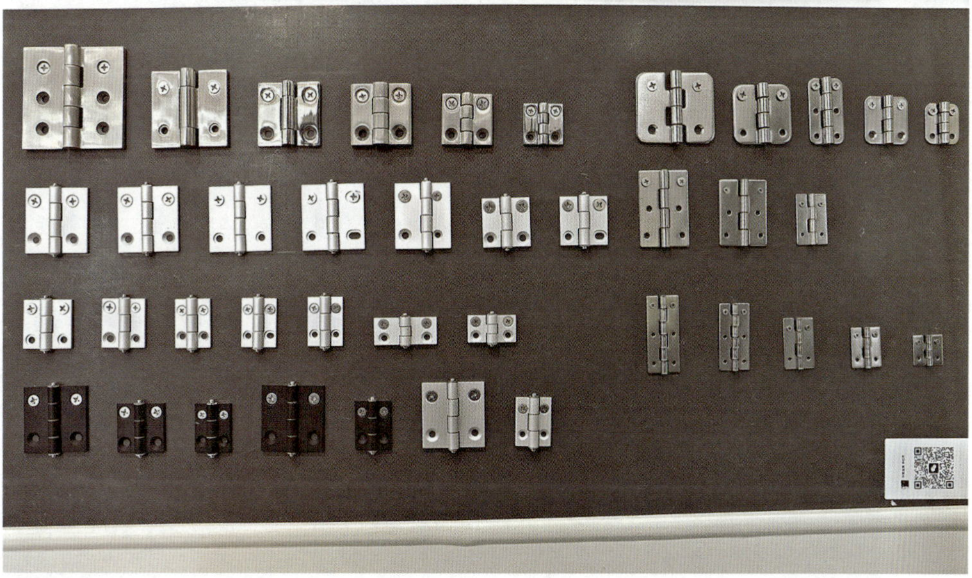
华普金属产品（部分）

业园区，总占地面积12000平方米，其中车间占地面积7000平方米。公司有专业的研发团队，致力于新产品的设计与开发，有20多款产品获得专利。从产品开发、模具制作、产品铸造、冲制、表面处理到检验装配，都进行严格的管理和控制。公司有职工28人，技术人员5人，高级工程师2人，经过多年探索与经营，从ISO9001：2015到ISO14001：2015，再到ISO45001：2018，公司建立质量体系和产品标准。2021年，销售2500万元，利税80万元。

科威嘉尼（北京）科技有限公司 于2013年落户陶庄，是一家研发、生产、销售为一体的高新技术企业，主要从事速冻设备的研究、开发、制造、销售。该系列产品采用最新的液氮分散技术、加热解冻技术、控温技术，采用程控降温、升温、恒温各过程均匀稳定。以-196℃液氮为制冷剂，满足降温及环保要求。产品有卧式、立式、隧道式、圆柱形等多种规格，并可按客户要求设计和制造，可用于机械工程、遗传工程、医药、食品加工、医学研究、航空航天、畜牧等领域，该系列产品广泛应用于国内外众多行业。2021年，公司产值1亿元，税收120万元以上。申请专利12个，已领专利证书5个。

兴化市红阳玻璃制品有限公司 前身为浙江慈溪红阳玻璃制品有限公司。2018年2月，通过镇招商引资搬迁至陶庄镇工业园区，占地35亩，厂房10000平方

科威嘉尼生产的速冻设备

红阳玻璃制品

米，注册资本1000万元，总投资2000万元，是兴化市境内玻璃制品生产与销售规模最大的企业。2019年被杭州匡氏纺织有限公司授予“优秀供应商”称号，同年被确定为兴化市就业创业扶贫基地，2020年，公司总经理吕加谷被评为兴化市十佳创业明星。2021年，公司有职工34人，解决就业人员80多人，并优先安排残疾人、建档立卡贫困人员就业。公司重视知识产权管理工作，下设知识产权部，积极申请专利保护，已获得授权专利14件。技术人员6人，高级工程师2人，年销售5414万元，利税160万元。

江苏融汇钢管有限公司　成立于2018年8月31日，注册资本1000万元，由自然人王日真独立出资，主要从事不锈钢焊管制造加工，生产不锈钢供水管道及连接件，年生产量2.6万吨。公司在不锈钢供水管道及连接件的开发研制领域有着丰富的经验和先进的生产工艺技术。2021年，公司产值1.5亿元以上，销售4860万元，利税119.1万元。申请专利20个，已领专利证书5个。

陶庄工业园区　2005年，新张线开通后，2010年5月在王寺村设立工业集中区，2013年6月举行剪彩仪式，工业集中区以金属制品产业园为依托，2019年工业集中区升级为工业园区，截至2021年底，有各类企业11家。工业园区主要企业有：科威嘉尼（北京）科技有限公司、江苏融汇钢管有限公司、兴化市红阳玻璃制品有限公司、华普金属泰州制品泰州有限公司等。主要产品有不锈钢制品、玻璃珠、速冻产品，实现工业增加值15583万元。

商贸服务业

清咸丰、同治年间，以运输业发展一方经济，起初，柯家堡、焦家庄、仲家庄、袁庄有木船在南通、马塘、姜堰、曲塘、海安、溱潼、高邮、宝应等地经营粮食运输。民国初年，境内有运输船200余艘，平均载重7—10吨。1941年，南柯、袁庄等大队有大驳子经营运输户。20世纪80年代初，陶庄水上运输业起步发展，村民陆续购置30吨左右的水泥船在长江以南从事水上运输。90年代，运输业进入鼎盛时期，有大小运输船只1200多条，总吨位5万多吨，钢质船舶占一定比例，遍布于上海、浙江、苏锡常一带，从事砖块、水泥、石沙等建材的水上运输。

1998年，有水上运输户1529户，水泥及钢质运输船1579艘，船舶总吨位61365吨。2000年有水上运输户306户，钢质运输船306艘，船舶总吨位67320吨。2005年水上运输户382户，钢质运输船382艘，船舶总吨位84040吨。2010年，有水上运输户458户，钢质运输船458艘，船舶总吨位105798吨。2010—2015年，在昆山、苏锡常一带从事餐饮行业47户，服务人数85人，2015年陶庄镇有水上运输户496户，钢质运输船496艘，船舶总吨位114576吨。住宿餐饮、房地产业等人员增多，服务人员155人。2019年，第三产业增加值4.54亿元，陶庄镇从事个体运输2492人，运输业总收入3.12亿元。2021年陶庄镇有水上运输户511户，钢质运输船511艘，船舶总吨位123662吨。

到2021年，集镇各类商业店铺305家，超市5家，服饰专卖店15家，通信器材5家，水暖器材6家，商店26家，烟酒专卖店13家，饭店餐饮23家，有6个村建起阳光餐厅，供居民举办各类喜事。陶庄镇个体工商户430家，从业人员1150人，陶庄镇有5家列为规上服务业，交通运输业增加值1.59亿元，批发零售增加值6507万元，住宿餐饮业增加值5126万元。

居民生活

农家菜园

收入与支出

收入 中华人民共和国成立前，多数农民无土地或少地，主要靠租种地主的土地或为地主富农当长工打短工，收入微薄，一旦遇到天灾人祸，不仅债台高筑，甚至家庭破产，妻离子散。土改以后，无地少地的农民分得土地，大多数收入增加，生活有所改善。但个别贫雇农因家底太薄，如遇特殊情况，被迫将分得的土地典出或出卖。

1963年，人均收入53.5元，到1978年人均纯收入86元，15年净增32.5元；1979年以来，农村改革不断深入，自1984年起，实行家庭联产承包责任制，农村生产力得到进一步解放，粮棉产量迅速提高，农民温饱问题得到基本解决。同时，国家提高农、副产品收购价格，使农民得到实惠，农民除从集体分得现金和口粮外，还从自留地和家庭副业中获得部分粮食和现金收入。

1989年农民人均纯收入761元；1993年，人均收入950元，比1963年增长16.76倍，比1978年增长10.05倍。1998年，人均收入2749元，比1978年增长30.97倍。随着农村经济的发展，农民收入持续上升。

改革开放后，鼓励农民创业致富，经济发生重大变化，水产养殖、规模种植、家庭农场、外出经商创业成为农民致富的来源。2000年人均纯收入3133元，2005年4239元，2010年7188元，2015年13108元，2020年20544元，2021年人均纯收入22475元，是1989年的28.53倍。

支出　20世纪70年代，境域居民穿着消费支出较少，人们多购买布匹请裁缝或自行量体裁剪缝制衣服，一件新衣穿旧缝缝补补再穿。90年代，居民的穿着消费日益增加，人们多购买成衣（时装）穿着，衣服式样日益丰富，农民穿衣服跟城里人没有什么两样，市场流行什么就穿什么。2021年，随着居民生活的不断提高，境内居民消费观念发生新的变化。品牌名目繁多，款式多样，农民想穿什么服装就买什么款式，家家像个小商场。

70年代，居民饮食结构比较单调，以谷物、蔬菜为主，肉类较少，进入90年代，居民饮食消费支出占日常消费支出的比重逐步降低，居民的饮食结构渐趋多样化，肉类所占比重增多。2021年，随着保健知识的普及，人们的饮食逐步追求特色，天然、健康，消费结构趋于多样化。饮食不再追求大鱼大肉，更讲究食物的营养搭配。饮食消费习惯也有所变化，尤其是饮酒有下降趋势，除在家中日常饭菜外，节假日还时常一家人或约上亲朋好友到农家乐欢聚一堂。

50—60年代，村民建房多以泥砖盖瓦，一般是3架梁、5架梁和7架梁，所建房屋平均每套建筑面积约为40—60平方米。70—80年代，多数村民开始建楼房，多以青砖作墙，一般为7架梁和9架梁，上下两层。消费水平也不断提高。1982—1998年，农户新建或翻建住房7313户、建筑面积72.61万平方米，总投资3.02亿元。21世纪后越来越多的居民自行建房或购买商品房，人均住房面积大幅度增加，村民新建楼房都在两层以上，水泥钢筋结构，并用马赛克、瓷片、花岗岩石材等高档材料装修。2021年，村（居）民建造平房或别墅，以每套200—290平方米预算，包括装修费用，需资金50万—85万元，造价更高120多万元。有的村民除保留原有住宅外，还到苏州、昆山、无锡、常州、南京、上海等经济发达城市购置商品房。

70年代，境域居民生活燃料主要依靠植物秸秆。80年代中期，电力、煤气、太阳能进入居民家庭，用上微波炉、煤气灶、电饭锅的农户逐年增多。2021年，境内铺设天然气中压管线10千米，低压管线15千米。

80年代，境内居民出行方式多为步行，部分人家或以自行车代步。90年代，居民在交通方面的消费支出开始增多，人们出行多以摩托车或公交车代步，21世纪初期，在外经商从事第三产业的人员开始购买小汽车，乘坐出租车出行的人越来越多。2006年，电动车开始进入市场、并迅速发展，成为主流代步工具。2021年，轿车成居民上下班的常见交通工具。

60年代，境内居民家庭设施只有木桌、木凳、竹床或木板床、木柜等。少数富裕人家有皮箱、樟木箱。70年代，用自家生长的杂树做成“八仙桌”，三门橱、椅子、小圆门床等。80年代，居民（家庭）拥有的耐用消费品主要有收（录）音机、电风扇、黑白电视机、洗衣机、电饭锅、照相机等。90年代，彩电、冰箱、空调、微波炉等家用电器在居民（家庭）中越来越普及，许多家庭中的家居产品从基本满足生活需求走向个性化、智能化。2021年，陶庄镇居民从安装固定电话向安装宽带转变，平均成人有一部手机。

社会保障

21世纪以后，社会保障事业得到较快发展，确立以创业富民、就业利民、重视民生、服务民生为工作理念，以创新创业政策、开发创业载体、加大创业培训、宣传创业典型为关键举措，形成鼓励创业、支持创业、促进创业的良好局面。2020年，参加新农保人数22721人；参加农村新型合作医疗人数为42990人，参加企业养老保险480人，361名五保老人中66人集中供养。2021年参加养老保险人数30261人，参加农村新型合作医疗人数29673人，享受居民最低生活保障人数409人，城乡居民养老待遇领取人数11238人。特困412人，集中供养10人，供养标准962元。低保340户，523人。

教育

私塾 1912年前，境内以私塾教育为主，有3种形式：

一为“蒙馆”（村学），由塾师自设学馆，招收学童，或由数名家长联合聘请塾师执教。束脩一年一付或分春秋二季支付，少数客籍塾师由学生家长轮流供膳。有的还订立“关书”，明确教学年限与报酬。教材以《三字经》《百家姓》《千字文》以及四书（《大学》《中庸》《论语》《孟子》）、《幼学琼林》等为主。学生启蒙时要裹粽子、买糕，寓意为“高中”，还在孔子牌位前焚香，放鞭炮，磕头拜师，换书送早茶。每逢端午、中秋、春节要给老师馈赠礼品。塾师设塾任教谓“坐馆”，“蒙馆先生”收入不菲。

二是少数乡绅、富户将子第送至“经馆先生”（大都是秀才或落第书生）那里读五经（《诗》《书》《易》《礼记》《春秋》），学骈文，吟诗作对，个别女生入塾必读《女儿经》。

三是极少数大姓、大户所设的“家塾”。每所私塾只有一名塾师，学童十余人至三四十人不等。习惯上称“经七”“蒙八”（经馆塾师教学七个月，蒙馆为八个月）。

数学方法以个别口授为主，强调死记硬背。不求甚解。境内小的村庄大致一村1所，以蒙馆为多。大的村庄有1—2所，经馆多设大顾庄、南柯堡、焦家庄、王寺庄、卞家堡、陶家庄等村庄。民国初期，提倡“新学”，明令取缔私塾，但禁而不止。自1943年起，抗日民主政府对境内私塾采取“积极推进、逐步转化”的方针，由区、乡政府派文教干部对塾师进行审查，组织塾师学习政治、文化、业务，提倡使用新教材。逐步将一些好的“改良私塾”转为民办小学。将一些思想进步，业务水平较高的塾师吸收为民办教师。

幼儿教育 中华人民共和国成立初期，少数小学开设半年级，招收不满7足岁的儿童入学，进行学前教育。1958年，人民公社成立后，为解放妇女劳动，大队和生产队在农忙季节开办幼儿班、托儿所。一般设备简陋，由稍有文化的青年妇女负责照管幼儿，防止发生意外事故。随着农村经济的发展，有的逐步转为常年幼儿班。1960年3月，江苏省妇女联合会授予仲家大队幼儿园社会主义建设“三八”红旗集体、福利事业先进集体称号。1960年4月，由省长惠浴宇签署，江苏省人民委员会授予仲家大队幼儿园集体生活福利事业方面先进单位称号。

1978年，陶庄建立中心幼儿园。1988年以来，各村相继设立幼儿班。1998年有幼儿园36所，45个班，在园幼儿1194人，幼儿教师52人，其中男4人，女48人，均受过专业培训，取得合格证书。2008年后，为规范幼儿园办园行为，村级办园点逐渐撤并到镇中心幼儿园。2014年陶庄镇中心幼儿园被评为“江苏省优质幼儿园”。至2016年，村级办园点全部撤销。2019年被授予“兴化市学前教育课程游戏化建设基地”，2020年通过“江苏省优质幼儿园”复审。先后多

陶庄中心幼儿园

次被评为兴化市“学前教育先进单位”。2021年秋，陶庄镇有中心幼儿园1所，设有12个班，在园幼儿375人，教师23人。

小学教育 清光绪三十一年（1905），大顾庄始创初级小学，原名启明学堂，地点文昌祠。首任校长刘寅官，字咸宾，竹泓人。该校早期毕业生潘德均、顾养元（浩然）、潘德山等先后考取江苏省第师范学校（扬州中学前身）。1915年，启明学堂改称国民学校。1924年改为第四学区第二小学。1929年，豆子庄创立初小，地点华严庵。1935年，新洋（塌扒洋）、周刘庄相继创立初小。1941年初，日伪军大举进攻苏中地区，兴化、东台县城相继沦陷，教育经费无着落。小学教职员相继离职他就，学校设施散失殆尽。加之敌伪不断下乡“扫荡”，群众纷纷流亡，不少儿童失学。1949年秋，成立大顾庄、陶家庄、柯家堡、王寺庄、卞家堡5所公办学校，其余各庄舍均为改良私塾。尔后政府教育部门经过登记检验，合格者分别转为民办小学。1950年7月，在陶家庄成立陶庄初级小学。1951年9月，兴化县人民政府决定将陶庄初级小学改为梓辛区中心小学。

20世纪50年代中期，部分民办小学逐步转为公办。1959年11月17日、27日，《新华日报》《人民日报》先后以《民办学校的一面红旗》为题报导仲家小学的先进事迹。1960年6月，该校负责人仲长俊赴京出席全国教育和文化、卫生、体育、新闻方面社会主义建设先进单位和先进工作者代表大会（简称“文教群英会”）。1978年，陶庄乡普及小学教育。经上主管部门组织的验收，普及率、入学率、巩固率、合格率“四率”达标。

1990年，陶庄乡有29所学校，131个班，4027名学生，教职工200人。1991年底，六年义务教育经兴化市教育局验收合格。1992年，兴化市教育系统在陶庄进行“四制”（校长选任制，教师招聘制，目标责任制，结构工资制）试点。主要在20所完小实行校长选任制，校长任期三年，届满后，经乡教代会代表通过无记名投票选举产生新的校长。

1992—2003年，按照教育事业布局，对村小逐年进行调整，至2003年，中心小学容纳50%以上学生。2005年获得兴化市教育教学管理奖，2007年被表彰为兴化市“党建工作示范点”，2008年被授予“中国少年报社小学生记者站”。学校是陶行知研究协会基地学校，2009年，承办兴化市陶行知教学研究现场活动。2010年陶庄中心小学撤销，并入同年成立的陶庄中心校。

中学教育 中华人民共和国成立前，境内只有少数小学毕业生赴兴化、东台、南通、盐城等地上中学，膳宿在校，费用较大，非经济优裕之家无力就读。50年代，境内小学毕业生多往兴化、安丰、竹泓等地读中学。1959年6月，县人民委员会批准在大顾庄创立初级中学，筹办人范俊达、董安吉，首任校长赵京陵。1964年9月，舍王、南柯、陶庄、卞堡、裴舍在本地创办农业中学。1965—1966年，大顾初级中学曾附设耕读班。1969年，大顾中学增设高中部，规模为双轨。1972年以来，境内小学戴初中“帽子”的有南柯、卞堡、北戈、西汉、十八河。陶庄、舍王、杨思3所初中一度设高中班。1979年秋，贯彻扬州地区教育处在陶庄召开的各市县教育行政负责人流动现场会精神，继续调整初中布局，先后撤销杨思、舍王、西汉、十八河初级中学，保留大顾、陶庄、南柯、卞堡、袁庄5所初级中学。1982年，大顾中学的高中部停止招生。1969—1983年，大顾中学高中部先后8届毕业生420余人，其中考取中专、大专及本科的100余人。1985年，大顾中学由县属中学转为乡属中学。

1986年，建立陶庄中心中学，1990年，陶庄乡有5所初中、28个班、1438名学生、教职工289人。1991—1993年与中心小学分设，1994年，撤销卞堡、袁庄中学。1995年，陶庄中心中学发展为四轨，大顾、南柯均为双轨。2002年，撤销南柯中学、大顾中学。2008年，陶庄中心中学设为独立法人单位，更名为陶庄镇初级中学。2010年，陶庄镇初级中学撤销，并入陶庄中心校。

自1993年以来，陶庄初级中学的教育质量在全市农村中学中一直名列前茅。大顾中学陈林祥1994年被评为扬州市劳动模范，1994年7月被中共兴化市委授予1993-1994年度“十佳”模范共产党员，1995年6月被评为扬州市“十佳教师”，1996年7月《江苏教育报》以题为《我是上海籍的兴化人》报道陈林祥的事迹。2004年教师徐淑萍被表彰为江苏省优秀教育工作者。学校先后获“全国作文教学先进学校”“全国公民道德教育先进学校”称号。

成人教育 1943年冬，抗日民主政府在大顾庄创办识字班，对农民进行抗日形势教育和识字明理教育。1951年，成立区乡扫盲协会，各村办冬学，开始扫盲活动。1952年春，马罗乡妇联主任顾素珍出席苏北行政公署召开的办学、教学、学习模范代表大会。1963年，境内部分冬学转为常年民校。1974年，陶庄公社在全县率实现“无盲乡”，获扬州地区革命委员会表彰。1984年冬，陶庄乡实行“双三包”（即乡村干部包组织发动、包学员入学、包经费落实，学校教师包教、包学、包脱盲）。1987年5月，非文盲率由原来69.7%上升至85.3%，基本上扫除青壮年文盲。经市人民政府验收，符合基本扫盲单位的标准。同年9月，建立陶庄乡成人教育中心。至1988年5月，经市人民政府组织有关部门联合验收，符合标准，发给合格证。至1990年5月，全乡扫除文盲5200人，非文盲率为96.2%，达到国家标准。

1986—1988年，成人教育中心举办各类实用技术培训班65期，培训4250人次。经扬州市教育局批准，从1996年起增办成人中专班，招收经济管理专业学员62人，1997年招收经济管理专业学员33人，1998年招收微机财务专业学员45人，至1998年末毕业2届92人，2007年，成教职能划归当地初中。2008年，镇建立社区教育中心。基层党校、远程教育站、实用技术培训学校、人口学校、农村劳动力转移培训、文化体育活动中心等各类培训机构合署到社区教育中心办公。2009年，陶庄成教中心搬至镇文化站。当年陶庄镇社区教育中心创建成省级社区教育中心。利用社区教育中心进行成人学历教育，也在陶庄镇试点，依靠社区教育中心办学资源，开办农村成人中专班，招收学员142人。2021年，成人教育中心有工作人员8名，兼职教师12名。

附：兴化市陶庄中心校

2010年8月，兴化市陶庄中心小学、兴化市陶庄初级中学两个独立法人单位合并成立九年一贯制学校——兴化市陶庄中心校。2012年，在原陶庄中心小学西侧新建陶庄中心校小学部。2019年，村小、教学点全部撤销。至2021年秋，在校学生1415人，其中小学班级23个，学生967人，初中班级9个学生448人。在编在岗教师145人，其中高级教师32人，本科学历教师134人。兴化市级以上骨干教师15人，兴化市名师工作室成员5人，二级名师工作室基地1个。

学校多次被表彰为江苏省“青少年科技教育先进学校”，兴化市“文明单位”，兴化市教育系统“综合先进单

陶庄中心校

位”“巾帼文明岗”；先后被表彰为江苏省“优秀家长学校”、泰州市“教育系统创先争优先进集体”“学习型党组织示范点”，兴化市“德育工作先进单位”“社会治安综合先进单位”“党建工作示范学校”“陶庄镇综合先进单位”“陶庄镇先进基层党组织”。2010年创建泰州市平安校园，2012年创建泰州市“诵读特色学校”，2014年创建教育现代化学校，2014年创建江苏省绿色学校，2016年被表彰为兴化市“体艺工作先进单位”，同年被授予“兴化中学优质生源基地”学校，2020年创建泰州市法治校园，2021年创建江苏省智慧校园。

卫生

中华人民共和国前，境内缺医少药，农民患病一般用土方草药或找江湖游医治疗，大的病痛才找医生治疗。民国时期，有潘善之、马良伯、马鹏展、毛济美、王华庭、景攸仙、侯少培、游德甫、陈子云、任伯衡、焦永兴等中医在境内挂牌行医，也有少数塾师附带行医。还有游医郎中走村串巷，为人治病。如患重病或疑难杂症，则必须到外地或集镇求医。祖传14世仲家庄中医吉华亭，擅治精神病，有江苏各地及浙、皖一带的患者前来就医。

20世纪50年代，培训各村新法接生员。1952年8月在陶家庄成立联合诊所，1958年创建陶庄卫生院，1959年，公社发动群众学习南柯堡村，广泛开展爱国卫生运动的做法。陶庄公社有干部分管，各大队明确专人负责，生产队配备清洁员、饮水消毒员、粪管员。同时，狠抓卫生基本建设，管好进口（饮水消毒）和出口（建圆顶密封蓄粪池和土圆灰舍），定期进行“搬家式”大扫除。做到经常与突击相结合，室内与室外相结合。1969年，各大队配备女赤脚医生，兼接生员。孕妇临产分娩，接生员随喊随到，不分昼夜，服务周到。也有部分预产期将临的妇女到卫生院待产。

1972年，陶庄乡卫生院先后选派25人次到外地培训、进修，能进行阑尾切除、剖腹产及男扎、女扎等节育手术。采用“请进来”的方法，做过胃切除、胆囊切除等上腹部手术。1973年春，改为社队联办。1974年以来，先后举办“赤脚医生”培训班、提高班，提倡中西医结合，采用土方、草药和新医疗法。至1979年，有17个大队爱国卫生工作参照“南柯化”模式，形成人人讲卫生、户户爱清洁的新风尚。

由于对合作医疗互助互济，防止因病致贫的优越性认识不足，1983年后，部分村合作医疗解体，“赤脚医生”一度变相单干。

1980年，陶庄卫生院建立卫生防疫保健组。1985年，卫生院增设儿童保健

陶庄镇卫生院

门诊室，建立保健卡，婴儿出生后至一周岁进行“四病两脑”疫苗的基础免疫接种。对孕妇、产妇建卡系统管理，如发现胎位不正等情况，适时采取有效措施进行矫治。对新生婴儿定期体检，确保优生优育。对提高人口素质发挥积极作用。

1988年，根据市人民政府及卫生局要求，经过整顿，各村卫生室恢复集体办医，大顾设有卫生所，其余35个村均设有卫生室，经市局抽样检查、验收，分别发给合格证。1989年，设乡预防保健所，对儿童定期注射各种疫苗，对肝炎、麻疹、百日咳、白喉、破伤风、乙型脑炎、流行性脑膜炎、脊髓灰质炎、霍乱、疟疾、伤寒、痢疾等疾病，一经发现，立即组织力量予以扑灭，并封锁消毒，控制流行。1991年，陶庄乡儿童“四苗”覆盖率90%以上。特别是遭遇洪涝灾害期间，做到“超前意识，超期部署，防患未然”，落实大灾之年防大疫的综合措施。集医疗、预防、保健、康复、健康教育为一体的综合医院。21世纪后，加大村卫生室规范化建设，陶庄镇归并为19个村卫生室，有42名医务人员为村民提供服务。

陶庄卫生院多次被县（市）评为“双文明”先进集体。1990年11月，被评为“扬州市文明卫生院”。1995年10月，被泰州市卫生局评为“一级甲等综合医院”。2019年12月被江苏省卫健委表彰为“江苏省示范乡镇卫生院”。

文化体育

文化　1945年4月，大顾庄创建民众教育馆，主要从事革命文化宣传工作。1950年9月，设梓辛区陶庄文化站，主要是组织文艺爱好者排练、演出，淮剧表演唱、唱道情、挑花担、打莲湘、葳花船等传统文艺节目。1951年1月，梓辛区教师业余剧团成立，深入开展文艺宣传活动。1958年8月，文化站改为人民公社文化宫，不久又复名文化站。1959年2月以后的陶庄公社、大顾公社及1960年1月合并后的陶庄公社，分别设有文化站。“文化大革命”时期，文化站停办。1968年是大演大唱的时期，各大队有“毛泽东思想宣传队”，主要排练、演出革命样板戏，宣传毛泽东思想。

1975年恢复文化站，1976年，陶庄以文化站牵头，组织文艺宣传队，突击排练和演出讽刺“四人帮”的多幕喜剧、相声、小评等。1984年1月成立陶庄文化中心，下设电影院一个（大会堂）、流动电影放映一队、二队，放映人员有13人。成人和小孩把看电影视视为最好的精神文化享受，只要听到邻村有放电影的消息，就成群结队一起跑去看电影，大部分看到深夜才回家。主要放映革命战争故事片、革命戏剧样板戏等。

1987年，陶庄乡境内38个村建立文化室，形成镇、村文化网络。兴化市委宣传部、兴化文化广电局将此成功经验在

陶庄镇挑花船

陶庄镇舞龙队

陶庄镇民乐队

全市推广。乡成立毛泽东思想文艺宣传队，排演现代京剧《红灯记》《沙家浜》《智取威虎山》等剧目，在乡村巡回演出。焦庄村的文艺宣传队排演的《刘阿鼠》《红灯记》除在本村和邻村演出外，还应邀到邻近的戴窑、荻垛、大垛等地演出。20世纪80年代初期，随着广大农民群众物质生活水平的不断提高，原先的文化生活已经难以满足农民的精神需求。文化站从外地请来正规剧团进行演出，有建湖淮剧团、兴化淮剧团、大丰锡剧团、东台锡剧团、兴化杂技团，这些正规剧团不仅演出现代戏，还演出《秦香莲》《红楼梦》《赵五娘》《刘贵成私访》《蔡金莲告状》《牙痕记》《狸猫换太子》《告御状》《哑女告状》《打金枝》等一大批传统古装戏。

20世纪80年代以后，乡镇团委和文化站每年举办1—2次歌咏比赛，每逢元旦、春节、“三八”、“五四”、“七一”、中秋和重阳节等举办活动。

20世纪90年代后，镇文化站各功能室全天候对外开放，主要有图书馆、农家书屋、棋牌室、书画室、儿童活动室、乒乓球室、红色文化展览室等，成为全镇男女老少读书看报、下棋、打牌等休闲娱乐的活动场所。2019年10月，陶庄镇成立新时代文明实践所，各村建成新时代文明实践站。

2016年，由机关、学校退休干部、教师、业余爱好者组成的民乐队，自己购置扬琴、琵琶、中阮、三弦、二胡、电子琴、大提琴等，每周六组织一次活动。2020年，民乐队正式入驻镇文化中心四楼开展活动，自2021年每年初五举办文娱会演，民乐和戏曲爱好者登台表演。

体育 1985年后，每年由团委、文化站、妇联等单位联合举办各类比赛，项目有跳高、拔河、乒乓球、篮球、象棋等，并为获奖选手颁发奖品。20世纪80年代后期，村庄在春节期间有舞龙、高跷、花船、花担、莲湘、送麒麟等，这些节目除在本村向军烈属、五保户、干部群众拜年演出外，还串村走乡交流演出。

2000年5月，陶庄镇党委、政府举办首届农民运动会，2000年以后，集镇和各村都有由群众自发组成的广场舞健身队。2012—2018年，各行政村全部配齐户外健身器材，2019年后，南柯堡、陶庄、大顾、梓辛等8个村新建健身跑道，有26支广场舞队伍，各村全部设有“百姓大舞台”，有腰鼓、莲湘、扇舞等，南柯堡村广场舞队，自2019年获兴化市“皓有力杯”三等奖，2020—2021年连续获得陶庄镇广场舞第一名，经常应邀参加村民举办婚庆、生日庆典、店开张、企业建设开工奠基或庆典仪式等活动；王寺村广场舞队的打莲湘节目、陶庄村广场舞队伍军鼓节目深受广大群众喜爱。仲冯舍村（舍王村）的男子龙队，在2019、2020、2021年连续三年参加“兴化市新春舞龙大赛”并获三等奖。

至2021年，有舞龙队伍16支，每年腊月，龙队舞出花样繁多，有大小花、滚地龙、龙戏水、腾云驾雾、正反滚、戏龙珠、直趟舞龙、摇船舞龙等，增添节日的欢乐气氛。

陶庄运动会——跑步比赛

组织机构

党委政府

1958年2月，陶庄设立乡党委，1958年设立梓辛公社，1959年5月设大顾公社、陶庄公社，1983年设陶庄乡，2000年4月撤乡建镇，2021年5月，陶庄镇召开党代会选举中共陶庄镇委员会班子，由11名委员组成，明确党委书记1名，党委副书记2名，纪委书记1名，组织委员、宣统委员1名，人武部长由党委副书记兼任。

人大政协

20世纪80年代末期，陶庄镇设人大主席团，明确人大主席1名，人大秘书1名。20世纪以后，根据干部职数，增设镇人大副主席1名。陶庄镇未设立政协工委，21世纪后，政协工作由镇党委副书记负责办理。

2021年陶庄镇领导班子主要成员一览表

表8

职务	姓名
党委书记	罗国瑞
党委副书记	余星光
	丁坚（10月免）
	王益兰（10月任）
镇长	余星光
副镇长	张耀民
	汤华林（5月任）
	赵益华
	胡勇兵
	韩雅倩（女、1月任）
人大主席	仲旭升（10月免）
	丁　坚（12月任）
纪委书记	周　颢
组织委员	赵益华（10月免）
	瞿海荣（10月任）
宣传委员	王浩天
统战委员	王浩天（兼）
政法委员	丁坚（兼）
人武部长	丁坚（兼、10月免）
	赵益华（10月任）

陶庄乡（镇）党委历届主要负责人一览表（截至2021年）

表9

姓名	职务	任职年月
沈桂宏	党委书记	大顾乡1958年2月—1958年9月 梓辛公社1958年9月—1959年2月（第二书记） 大顾公社1959年3月—1960年3月 陶庄公社1960年3月—1963年1月（第二书记） 陶庄公社1963年1月—1965年2月
唐宏开	党委书记	梓辛公社1958年9月—1959年2月（第一书记） 陶庄公社1959年3月—1960年9月（第一书记）
朱兴达	公社党委书记	1965年2月—1966年1月
汤　泉	公社党委书记	1966年1月—1968年5月
任茂官	公社党委书记	1970年1月—1971年6月
史玉林	公社党委书记	1972年12月—1975年3月
彭宝和	公社党委书记	1975年3月—1981年7月
袁世宽	公社党委书记	1981年7月—1983年10月
	乡党委书记	1983年10月—1986年1月
刘顺宏	乡党委书记	1986年1月—1989年12月
沈保进	乡党委书记	1989年12月—1992年9月
储凤旺	乡党委书记	1992年9月—1995年12月
王启平	乡党委书记	1995年12月—1998年3月
张传捷	乡党委书记	1998年3月—2001年12月
周辉	党委书记	2001年12月—2002年12月
王宝伦	党委书记	2002年12月—2007年12月
郑成洋	党委书记	2007年12月—2011年3月
张大军	党委书记	2011年3月—2013年3月
赵长宏	党委书记	2013年3月—2019年2月
罗国瑞	党委书记	2019年3月—

陶庄乡（镇）历任行政领导人一览表

表 10

机构名称	乡长、社长、主任	任职年月
大顾乡	许福成	1958年4月—1958年9月
梓辛公社	许怀庆	1958年9月—1959年5月
大顾公社	顾进智	1959年5月—1960年3月
陶庄公社	焦长明	1959年5月—1960年2月
	许福成	1960年3月—1963年1月
	华兆瑞	1963年6月—1966年5月
陶庄公社革委会	汤　泉	1968年4月—1970年1月
	史玉林	1973年6月—1975年3月
	彭宝和	1975年3月—1978年10月
	许茂贤	1978年11月—1981年4月
陶庄公社管委会	许茂贤	1981年4月—1982年8月
	王道生（代）	1982年8月—1983年10月
陶庄乡政府	刘松英	1983年10月—1989年12月
	周天林	1989年12月—1995年12月
	朱德余	1996年1月—1997年1月

陶庄乡（镇）历任行政领导人一览表

表 11

机构名称	乡长、镇长	任职年月
陶庄乡政府	韩世荣	1997年1月—1998年3月
	王一平	1998年3月—1998年11月
	刘海山	1998年11月—1999年12月
陶庄镇政府	王　铎	2000年1月—2002年11月
	袁　沧	2003年3月—2006年3月
	徐德凤	2006年4月—2009年12月
	张大军	2010年1月—2013年3月
	杨　龙	2014年1月—2017年12月
	刘广勇	2018年1月—2020年7月
	余星光	2020年7月—

陶庄乡（镇）人大主席一览表

表 12

职务	姓名	任职年月
人大常务主席	王启平	1993年2月—1995年12月
	王道生	1996年1月—1998年12月
	张传捷	1999年1月—2002年1月
	周　辉	2002年1月—2002年12月
	王宝伦	2003年3月—2004年2月
	周绍干	2004年3月—2007年11月
	郑成洋	2007年12月—2010年12月
	许普银	2011年1月—2013年12月
	赵长宏	2014年1月—2016年7月
	仲旭升	2016年7月—2021年10月
	丁　坚	2021年12月—

附：2021年党员总数和基层党组织

2021年，陶庄镇党员总数为1614名，有基层党组织（党总支、党支部）77个。

行政村党组织（14个），自然村党组织（33个） 南柯堡村党总支，辖韩家垛、柯家堡、南柯3个党支部；焦庄村党支部、夏北村党支部，辖北戚、夏袁两个党支部；王寺村党支部；仲冯舍村党总支，辖冯家、舍王、仲家3个党支部；铁堡村党总支，辖卞堡、袁庄两个党支部；金戈村党总支，辖北戈、经济发展、乌金3个党支部；陶庄村党总支，辖裴舍、陶庄、周冯3个党支部；陶南村党总支，辖焦舍、潘戴两个党支部；梓辛村党总支，辖西汉、东汉、罗家、野马4个党支部；三和庄村党总支，辖豆子、杨尤两个党支部；大顾村党总支，辖顾东、顾娄、顾南、顾西4个党支部；幸福新村党总支，辖新徐、幸福两个党支部；季平村党总支，辖陆家、十八河、谢家3个党支部。

机关、社区和单位部门党组织（23个） 党群工作局党支部、党政办党支部、老干部党支部、陶园社区党支部、卫生院党支部、文体邮电党支部、水利站党支部、派出所党支部、司法办党支部、中心校初中党支部、中心校小学党支部、农业农村局党支部、经济发展局党支部、劳动和社会保障服务所党支部、社会事务服务中心党支部、粮贸公司党支部、流动党员党支部、财政局党支部、工业与服务业服务中心党支部、供水公司党支部、供销社党支部、计划生育办公室党支部、建筑工程公司党支部。

企业党组织（7个） 华康农牧党支部、华业物业党支部、东方造船厂党支部、陶庄非公企业党支部、青松农药化工党支部、梅兰服饰党支部、锌制品厂党支部。

2021年，陶庄镇在镇机构和镇属单位31个。

党政机关和群团组织（8个） 陶庄镇党委、陶庄镇人大、陶庄镇政府、陶庄镇纪委、陶庄镇人武部、陶庄镇工会、陶庄镇团委、陶庄镇妇联。

驻镇单位（13个） 兴化市农村商业银行陶庄支行、兴化市农业银行陶庄支行、中国邮政银行陶庄支行、陶庄邮政支局、陶庄电信支局、陶庄派出所、陶庄司法所、陶庄镇卫生院、陶庄水利站、陶庄广电站、陶庄供电所、陶庄镇兽医站、陶庄中心校。

镇属单位（10个） 党政办公室（综合指挥中心）包含党委办、政府办、人大办、效能办；党群工作局（党建工作办公室）包含纪检办、组织科、宣传科；政法和社会管理局（网格化服务管理中心）包含综治办、信访办；农业农村局包含农业服务中心、农经站、产权交易中心；经济发展局包含工业服务中心、统计站；建设和生态环境局包含村建办、农路办、环保办、环卫所；综合行政执法局（安全生产监督管理办公室）包含城管队、安监办、食安办、集镇办；财政局包含财政所、会计代理中心；为民服务中心包含民政办、劳服所、退役军人服务站、文化站、计生办、未保办、敬老院、残联、招标办；陶庄供水公司。

村民委员会 2021年，陶庄镇村（社区）民委员会15个。

南柯堡村村民委员会、焦庄村村民委员会、夏北村村民委员会、王寺村村民委员会、仲冯舍村村民委员会、铁堡村村民委员会、金戈村村民委员会、陶庄村村民委员会、陶南村村民委员会、梓辛村村民委员会、三和庄村村民委员会、大顾村村民委员会、幸福新村村民委员会、季平村村民委员会、陶园社区。

陶园广场

第二篇　镇村建设

中华人民共和国成立前，境内村庄大多被河港分割，庄基不齐，房屋零散。农业合作化以后，土地归集体所有，大队统一安排农户建房用地。1981年，公社建立村镇建设管理办公室，按规定办理宅基地使用证，2014年4月，邀请泰州市规划设计院对陶庄集镇实施总体规划。

按照规划，镇区先后建成客运中心、污水处理厂、垃圾中转站，建成龙达小区、和泽佳苑、建鑫综合楼、康居新村商住楼、陶源小区等五个居民小区。对各村户厕危房改造、河道疏浚驳岸、通村公路硬质化进村入户，实施绿化亮化等工程，以及停车场和公共厕所建设，架设和更新路灯。2019年6月，兴建"陶园广场"，延伸和拓宽镇区主街道，各村实施人居环境建设，推进农村生活垃圾治理，整治效果显著，村庄面貌焕然一新。

陶庄镇被评为"泰州市卫生镇"。梓辛、焦庄、三和庄、幸福新村、陶南村被评为"泰州市卫生村"。焦庄村、南柯堡村分别入选第二批、第五批江苏省传统村落名录。

建设规划

陶庄镇区建设

总体规划

中华人民共和国成立前，陶庄集镇没有统一规划。1988年，陶庄镇制定《陶庄集镇总体规划》，1988年7月1日兴化市人民政府印发《关于陶庄镇集镇总体规划的批复》，将集镇性质定为“农副产品加工和商品集散为主的水乡集镇”，建设城乡结合、布局合理、设施配套、环境优美、发展协调，具有水乡特色的新型文明集镇。此后，陆续建成中心路、陶庄路、滨河路、人民路，形成工业区在镇域南部发展，生活区向集镇北移的发展格局。

2014年4月，泰州市规划设计院编制《兴化市陶庄镇总体规划（2014—2030）》，以镇区建设为龙头，全面提高镇区公共设施和基础设施的发展水平，大力发展工业和农业的规模化经营，逐步合理缩并零散自然村落，有效地节约耕地；体现城乡统筹和可持续发展的要求，适当扩大镇域建设用地规模，集中布置镇域内的各项生产、生活用地，形成“一心一园两轴四区多点”的空间结构。一心：陶庄镇镇区中心。镇区规划生活用地总面积约2.8平方千米，城镇建设用地约1.65平方千米。一园：陶庄工业园区。

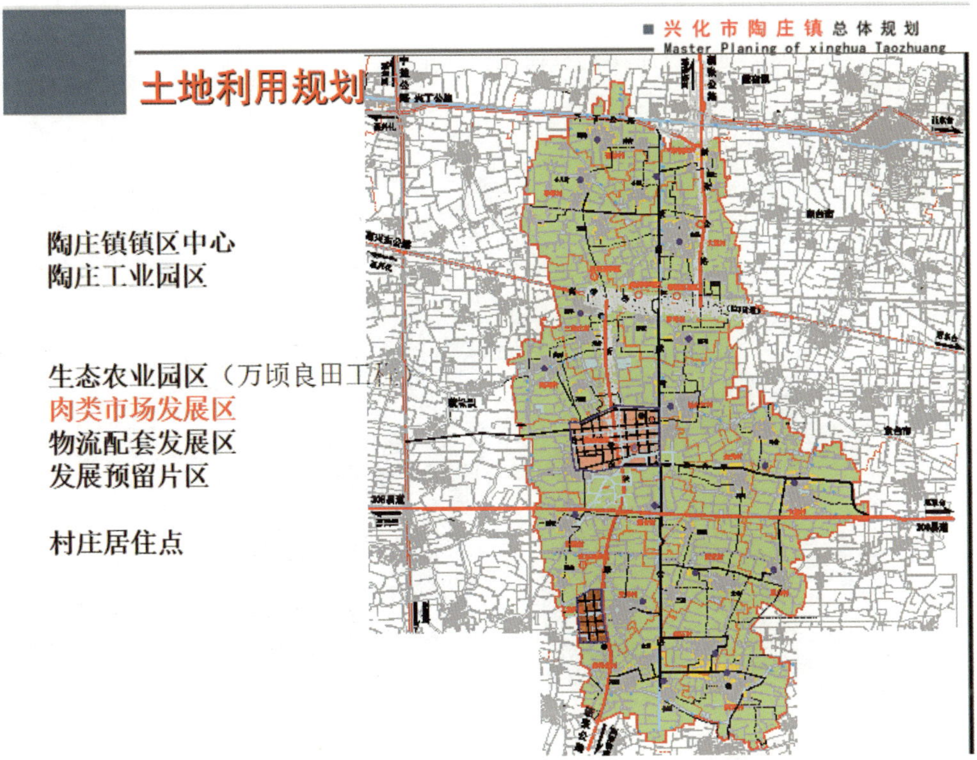

陶庄镇总体规划图

生产用地总面积0.7平方千米（新张公路西侧工业园区用地）。两轴：高兴东公路的东西向空间发展轴，通过中心轴的核心景观向整个小区延伸发散，达到“自然”与“人为”和谐统一；新张公路沿线的南北向空间发展轴。四区：生态农业园区（万顷良田工程），肉类市场发展区，物流配套发展区，发展预留片区。

总体规划发展上重点体现创新规划理念，以城乡和谐共建，整合城镇空间；完善镇域和镇区总体布局及功能分区。深化集镇发展目标，找准发展定位，提升发展能力；发挥区位优势，积极引导城镇发展；调整陶庄产业空间，培育优势产业，优化空间利用效率。加强集镇特色产业的打造，加强工业节约型使用，提高产品附加值和培植产业链。工业企业逐步往工业园区拆迁。对外交通和城镇交通协调；形成完善的区域道路结构和对外交通网络，控制对省道及等级公路上的开口。区域统筹，近远期结合，资源共享；加强公建和市政基础设施建设，提升城镇功能。突出规划的现实指导性和实施操作性，促进地区的有序发展和空间环境品质的提高。

功能定位上积极发展镇域中心镇区，强化中心职能，带动镇域社会、经济的协调发展；加强康居示范村的建设力度，积极调整各行政村居民点的布局，美化自然村的环境，实施重点带动和分级配置，以形成协调完善的镇村体系。

空间布局上对村庄建设策略积极稳

村庄建设新景

妥推进农村“三集中”。加强规划建设审批管理，确保新建农房集中到规划的村居点，引导鼓励有条件的农户迁入镇区。合理配套村庄公共服务设施，对规划撤并的村庄不再进行配套和改善。加强乡村道路、供水、排水、供电等基础设施建设，改善农民生产、生活条件，推进农村饮用水安全工程建设。保护南柯堡村福星桥、焦家村临丰桥和金戈村共乐桥历史文化遗存，保护老镇区富有特色的滨水村庄格局、空间形态和自然人文环境。推进农村生活垃圾治理、户厕改造、危房改造、通村公路硬质化进村入户、河道疏浚、绿化亮化等工程，使村庄面貌勃发出新的生机和活力。

主要特色内容上，镇区的公共服务设施面向陶庄镇域，满足陶庄镇的行政、文化、体育、医疗、教育需要。保留镇区中小学、卫生院配置，并在原址上适当扩大其规模。补充镇区文化、体育、社会福利设施的配置。按照村庄建设规划和公共服务设施的服务半径进行镇域公共设施布局。

镇域防洪工程期限为20年，对集镇现有河道清淤除障，保持贯通，规划中保留的水塘应及时浚深并与渠道沟通，以增加蓄纳能力。综合水利建设、绿化造林等规划，统一整治河道。主要河流两侧堤防与绿化带相结合，每侧不小于10米，其它次要河道堤防与绿化带每侧宽5米，严禁在河堤取土，或构筑任何与水利无关的建筑。防洪规划应结合农田水利建设，绿化造林等规划统一治理河道，修建堤坝等防洪工程设施。同时，由水利站结合机电排灌站，重点建设村电排站，保证内涝及时排出。在规划建设中，对现有水系进行综合整治，清淤疏浚，提高调蓄能力，严禁在岸两边设堆场及倾倒垃圾，在两岸规划滨河绿带，确保沿岸不受侵蚀，从而有利于保护水环境，增加河道排涝能力。在集镇建设中建筑基地标高应高于道路标高的0.15—0.3米，以利于基地排水。

燃气工程统筹兼顾，合理布局，合理利用能源和节约能源，采用管道气和液化气相结合的方法。严格执行国家现行的有关法律、法规、标准和规范。用气指标为居民用气按0.75立方米/日·户计；公共建筑用户年用气量按居民用气量的20%计；工业用户用气指标为200万立方米/平方千米·年；未预测用气量按工业、居住和公建用气量总和的3%计。用气量，预测镇区总用气量为301万立方米/年。

专项规划

产业规划

陶庄镇位于兴化市东首，发展空间充裕，交通条件优越，对产业发展创造良好的机遇与条件。陶庄镇人民政府以陶政发〔2014〕86号文件向兴化市人民政府递交关于陶庄镇总体规划报告，兴化市人民政府兴政复〔2015〕21号批复同意。综合考虑产业发展特点和区域发展的协调，依据陶庄镇经济社会发展现状，统筹城乡发展空间，促进农村居民向城镇集中，产业向镇区集中，加快农村剩余劳动力向城镇的转移。促进镇区二、三产业集聚和提升，加快工业园区建设。积极调整农业结构，充分利用丰富的水系资源，发展特色农业；优化传统优势产业，积极发展新兴产业，主动与戴南镇对接，加快推进产业发展转型。加快发展现代物流业，延伸服务业产业链，根据规划设计三产发展类型为：

第一产业 推进农业生产现代化，结合特色农业资源，以“万顷良田工程”为依托，发展生态农业、高效农业和观光农业，不断加大农村土地流转力度，采用“土地全程托管”种植模式，实现农业规模化经营，大力发展专业合作社经济组织作用，同时采取多种措施，极大减轻农民负担，使农民收入大幅度提高，推进农业生产市场化。以有利于农业的规模经营，确保基本保护农田数量和质量。以家禽饲养、花卉苗木、特种种养植为突破口，保证传统种植的产出，逐步减少淡水养殖发展；依托戴窑镇粮食市场效应，努力打造陶庄农业粮食品牌。侧重发展传统种植（农经作物）、花卉苗木、牲畜养殖、水产养殖等，重点打造“万顷良田工程”，通过引进先进的农业生产技术和强化农村基础设施建设。

第二产业 镇域工业向工业园区内集中，行政村的工业逐步关停或搬迁，从而切实保护镇域环境，发挥工业经济的规模效益。接受戴南工业产业辐射的主导方向，同时积极考虑产业战略延伸。以工业园区为发展重点，加快工业园区建设步伐，完成“七通一平”，在规划期内达到20多家企业落户园区，实现工业布局结构的集约化；依托戴南镇、大垛镇辐射，找准产业定位，继续做大做强优势产业，培育和发展新兴产业、朝阳产业。即不锈钢制品、五金标准件、磨具磨料等重点产业。在工业园区重点发展金属制品产业园，围绕不锈钢制品、五金标件等工业项目展开。在高兴东公路两侧、新戴公路北部沿线以及沿主要河道发展造船、金属制品等工业项目。实现生产组织结构的规模化、集团化。从“小而全”封闭型企业结构转变为专业化联合企业集团，以集团公司带动其他种类企业的发展。加强产业联动和资源共享，促使工业健康发展。培育发展符合国家产业政策的新兴产业和朝阳产业。对一些微利或亏损企业盘活存量资产、腾出场地，寻找出路。使规模企业逐年增长，企业保持稳步发展的势头。

第三产业 规划结合新张公路的中心路段布置商业金融服务设施，以沿街商业模式为主，重点打造沿中心路、世纪路的商业设施，为本地居民及外来人员提供全面的商业服务，商业建筑应注重塑造地方特色和文化气息，沿街建筑应与周边环境相协调，保护镇区的传统风貌。加快第三产业发展，优化产业结构。利用公路、水路交通运输优势，积极发展商贸交易和现代运输物流业，形成产、供、销一体化服务，延伸产业链。优先完善生产性服务业，重点培育生活性服务业，合理推进房地产业发展，拓展生态观光旅游及相关产业。依托镇区及镇域局部地段（大顾），加强第三产业的发展，形成市场区、物流区等适合外向型经济发展的良好服务网络。侧重发展商业贸易、交通运输业、仓储物流业等有上升空间的产业。加快发展房地产业，注重在商业贸易、交通运输业、仓储物流业等方面拓展上升空间。

集镇发展规划

从陶庄实际定位集镇发展规划，扩充镇区规模，完善镇区功能，优化镇区用地结构。调整镇区道路框架，集中布置镇域内的各项生产、生活用地，提升镇区基础设施和公共设施建设的水平。保障集镇发展和实施建设的连续性。镇区发展方向采取生活片区“北拓、西连”，根据梓辛河等外围水系河流的实际，城镇以内涵集约式发展为主。沿新张线南北向发展，以及沿世纪路东西向发展为基础，以老镇区向北发展为主，向西逐步向外发展。生产片区以“南北向发展”。境内公路交通干线有高兴东公路穿腹而过，北有车路河公路，南有陶唐公路，西与宁靖盐公路连接，东有陶五公路直达东台高铁站（原火车站），打造三区建设。居住用地统一规划，提高城镇“宜居性”，加强住区建设，配套完善的服务设施，提高居住用地的使用效率；在镇区内加强对住宅的管理，禁止居民自建住宅，居住用地内不得安排对居住有影响的工业项目。

镇西居住区 位于老镇区陶庄路两侧，以旧镇区改造为主，注重环境整治，依托丰富水系资源，形成独具特色的居住小区；局部新建低层和多层住宅小区，集中建设公寓式住宅。规划居住人口0.5万人，居住用地约23.4公顷。临近中心路的居住用地建设防护绿带和必要的隔音措施工程。

镇中居住区 位于中心路两侧，周边多为居住政府机关，资源优越，配套完善，交通便捷，通达性佳，人流量大，居住区注重沿中心路界面形象打造，形成中高档住宅小区，以多层和小高层为主，集中建设公寓式住宅。规划居住人口0.6万人，居住用地约16.8公顷。

镇东居住区 位于镇区东侧，昌盛路以东，注重水乡特色环境的打造，形成中高档住宅小区，以多层、小高层为主，集中建设公寓式住宅。规划居住人口0.9万人，居住用地约22公顷。

绿地规划

依照《兴化市陶庄镇总体规划(2014—2030)》,以生态环境优先,保持生态平衡和可持续发展,因地制宜,建立布局合理、形式丰富的绿地系统,促进生态环境和经济社会的协调发展。由镇区公园、街头绿地和滨水绿带三部分组成。规划总用地16.5公顷,人均用地8.3平方米。其中公共绿地760亩,占城镇建设用地的8.46%,人均用地面积10.13平方米。保留现有公园,规划新增1处社区级公园。强化公园在绿地系统中的核心作用,提高景观价值。沿主要水系两侧设置滨河绿化带,按照宽度将绿化带划分为10米、20米两个等级,为居民提供休闲漫步、欣赏水景的空间,构筑镇区绿色开敞空间构架,体现水乡特色。

公园绿色 在昌盛路东南侧,利用现状空地结合政府建筑建设陶庄公园。中心路东南侧,结合现状水系建设中心公园。世纪路和周冯路东南侧,结合水系建设镇西公园。结合现状布局考虑水系影响,做好河道水景,展现地方特色,配建娱乐设施,满足不同年龄、不同爱好、不同品位的居民需求。

街头绿地 沿主要道路交叉口及历史镇区周边布置街头绿地,以植物绿化为主,创造良好的空间环境,兼顾健身活动场地,提升集镇建设品位,为镇区居民提供游赏、休憩、锻炼的场所。

滨水绿带 严格控制滨水空间的建设活动,使滨河道路透水、透绿。打造环绕历史镇区的滨水步道,改善交通条件,沿路布置众多小型街头绿地,与周边河道水绿交融,形成独特的水乡景观。

基础设施

中华人民共和国成立前，境内只有通往城镇的乡村土路。中华人民共和国成立后，交通条件不断改善，修筑公路，建成污水处理厂、垃圾中转站、客运站，设立停车场和公共厕所，进行河道驳岸，架设更新路灯，实施道路绿化。

道路桥梁

道路

1985年秋，组织劳力挑筑陶庄至徐舍土路基，全长9.6千米，宽9米，完成土方20万立方米。1986年5月铺筑泥结碎石路面。1986年冬筑起陶庄至东台五烈土路基，全长6.6千米。1987年铺设泥结碎石路面，筑成陶庄至南柯土路基。1989年完成砂石路面铺筑，全长约10千米。1997年春，投资195.1万元，建成沥青表面处治路面，水利站至三角区浇筑混凝土路面332米。2002年初，建成陶季线公路，全长2.5千米，路面宽度3.5米，为陶庄第一条通村农村公路。2003—2006年，先后建成12条公路，22.99千米。2005年，完成陶庄、陶五、北戚、袁荡、周冯路水泥硬质化建设，对集镇中心路进行改造，投入资金120万元对陶庄至高兴东公路进行拓宽。2007—2016年，按照提档升级要求先后建成20条公路，30.01千米，2017—2021年，对22条公路进行改造，34.26千米。2019年4月，陶西北环线、陶潘连接线为兴化市“四好农村路”路长制工作举办提供现场，创建及“路长制”工作获兴化市表彰综合三等奖两次，综合二等奖两次。

2021年底，境内有农村公路38条，养护总里程80千米，涉及14个行政村。

附：陶庄镇部分道路选介

陶徐公路　陶庄至徐舍公路，1985年秋，组织劳力挑筑土路基，全长9.6千米，宽9米，完成土方20万立方米。1986年铺筑泥结碎石路面，建公路桥9座。

从徐舍接通兴丁公路。1987年8月正式通车，陶庄至兴化日班4次，途经裴舍、西汉、罗家、顾西、顾北、徐舍和新洋。1998年末，有5辆客车每日轮流往返11个班次。2009年对陶徐公路4处桥头接缝处进行顺接，2014年对另外4处桥头进行顺接，2019年对西汉大桥东北护坡进行打桩挡板，边坡用钢筋混凝土进行全面覆盖。

陶五公路 陶庄至五烈公路，1986年冬筑起土路基，全长6.6千米，宽9米，完成土方20万立方米。1987年铺设泥结碎石路面，1988年12月正式通车。陶庄开往东台日班两次，途经裴舍、北戈、乌金、卞堡村。1998年3月建成沥青表面处治路面。是年，2辆客车每日轮流往返7个班次。2016年在自主实施的提档升级工程6.67千米，6座桥实施改造，路面用钢筋混凝土进行全面浇筑。2021年对桥头跳车部分用沥青顺接。

陶南公路 陶庄至南柯公路，1987年筑成土路基，全长6.6千米，宽4.5米，完成土方5万立方米。1996年10月1日，铺成泥结碎石路面，兴化至陶庄客车根据客源延伸至南柯。2018年—2019年对全线进行提档升级，2021年对全线12座桥头跳车进行沥青顺接。

陶庄集镇大街 于1990年5月建成，1991年3月铺设沙石路，1992年5月改混凝土路面，2020年，陶庄到裴舍连接线改用沥青路，总长1600米，宽8米。

新张公路 分两段实施，南段起点新张线，终点陶庄镇，长1.17千米，在本镇境内长7000米，于2010年12月建成，技术等级二级，路基宽12米，路面宽9米，水泥混凝土面层，北段于2012年建成，在本镇境内长8000米，宽9米。

陶庄中心路 于1992年7月建成，浇筑硬质水泥路，2012年5月改铺沥青路，长1000米，宽9米。

2021年陶庄镇农村公路、桥名一览表

表13

路线编码	公路名称	公路里程（千米）	路面宽（米）	桥梁座数	桥梁全长（米）桥名	建设年份
	陶季线	2.5	3.5	5	小顾闸桥7米、谢家闸桥6米、陆家闸桥6米、18河闸桥14.5米、18河小桥10米	2002
Y321	陶新线（新洋、徐舍）	1.2	3.5	2	新洋桥30米、徐舍桥30米	2003

续表

路线编码	公路名称	公路里程（千米）	路面宽（米）	桥梁座数	桥梁全长（米）桥名	建设年份
Y329	陶顾线（顾北）	1.2	3.5	4	幸福河桥36米、2号桥14米、3号桥50米、5号桥13米	
Y321	徐舍线（徐舍庄东）	0.26	3.5	1	徐舍东桥20米	
Y329	陶小顾线	0.3	3.5	1	小顾北桥30米	
Y322	陶南线（幸福河桥以东到南柯堡）	6.6	4.5	8	裴舍闸桥13米、北戈南河桥16米、焦舍闸桥13米、袁荡小桥13米、三夏北桥30米、三夏西桥13米、焦庄闸桥13米、仲家闸桥16米	
G95	杨思支线（豆子、杨思）	1.2	3.5	2	三和庄大桥27米、杨思桥13米	
G81	陶三线（尤舍）	1	3.5	1	尤舍桥18米	
Y337	陶罗线（豆子）	0.3	3.5	1	幸福河桥38米	
X308	陶昭线（陶五路）	6.6	4.5	8	幸福河桥39米、1号桥13米、2号桥13米、3号桥13米、卞堡桥37米、4号桥13米、5号桥13米、分界桥13米	
G91	陶仲线（冯家段）	0.6	3.5	2	冯家大桥33米、冯家小桥8米	
Y303	陶焦线	0.4	3.5			
Y327	陶金线	0.83	3.5	2	乌金桥33米、思乡桥16米	
Y334	陶潘线	2.5	3.5	8	陶庄大桥38米、陶庄南河桥12米、晓龙桥10米、潘联小桥25米、潘联大桥44米、潘联桥16米、三姓东桥30米、三姓北桥26米、三姓庄桥26米	2007
CK33	潘联支线	1.3	4.5			2012
Y322	陶庄连接线	1.1	4.5	4	1号桥30米、2号桥30米、3号桥16米、幸福河桥36米	
Y338	陶仲线	0.5	4.5	1	仲家闸桥4米	
CK37	南柯南路	1.3	4.5	3	1号桥16米、2号桥16米、大头桥39米	

续表

路线编码	公路名称	公路里程（千米）	路面宽（米）	桥梁座数	桥梁全长(米)桥名	建设年份
Y326	陶夏线	2.6	3.5	3	北戚东桥16米、北戚西桥60米、三夏桥16米	
Y328	陶袁线	2.9	3.5	7	1号桥24米、卞堡大桥80米、3号桥13米、4号桥16米、5号桥16米、庄后闸桥10米、凝心桥36米、庄西闸桥10米	
	袁庄支线	0.5	3.5	1	庄南闸桥6米	
CK35	乌金支线	1.3	4.5	4	小康桥18米、东大桥42米、庄后桥22米、河沤田桥23米	
X203	匝道（罗家幸福河桥下）	0.24	3.5			
CK36	大顾娄家支线	1.6	4.5	2	南小桥28米、娄家桥24米	
Y316	陶大线（顾东）	1.2	3.5	2	南桥28米、小戴河桥24米	
G93	大顾西路（中学后面）	1.4	3.5	3	中学东河桥44米、中学西河桥34米、振兴桥36米	
CK19	从刘线	1	3.5	2	团结河桥36米、荻港大桥24米	
X307	陶庄连接线	1	14	2	人民路东桥8米、人民路西桥17米	
	错车道加宽及调头点	12000 m²		6	陶南线：焦庄西桥、三夏小桥口、袁荡桥；陶顾线：顾北5号桥；陶五路：幸福河桥、卞堡中桥	2012—2015
	集镇世纪路	1	9			
X307	连接线西延	0.6	14	1	育才桥长15米、宽14.6米	
X308	陶五路	6.67	6	6	分界桥、1—5号桥长13米、宽7米	2016
X308	支线	0.3	6	1	裴舍闸桥18米	
Y340	陶西北环线	4.01	6	17	1号桥34米、2号桥35米、3号桥17米、4号桥17米、5号桥17米、6号桥17米、7号桥17米、8号桥53米、分圩河桥28米、10号桥34米、八角圩河桥43米、庄东河桥84米、小位河桥43米、14号桥34米、15号桥17.5米、16号桥52米、17号桥17米	2017

续表

路线编码	公路名称	公路里程（千米）	路面宽（米）	桥梁座数	桥梁全长(米)桥名	建设年份
Y338	陶仲线	1.5	5			
CK40	南袁线	2.6	6	1	船厂闸桥6米	
Y334	陶潘连接线	1.2	6	1	潘联东桥34米	
Y322	陶南线	3	6	4	焦庄南桥16米、六十三桥24米、南柯庄后大桥16米、王寺大桥34米	2018
Y338	陶仲线	1	6	4	1号桥30米、2号桥30米、3号桥16米、幸福河桥36米	
Y325	陶王线	0.5	6	1	王寺大桥36米	
Y331	陶周线	2.45	6	6	陶庄北桥28米、1号桥13米、2号桥13米、冯湾大桥38米	
Y331	陶周支线	1	6	2	梓辛河大桥72米、杨思小桥16米	
Y335	陶潘洋线	1.5	6	4	东汉幸福河大桥36米、东汉庄后大桥46米、东汉庄东桥48米、梓辛河桥75米	
CL36	潘洋汉路	1	6	4	1号桥33米、2号桥70米、3号桥24米、4号桥13米	
Y328	陶庄线	2.9	6	1	袁荡桥13米	
Y339	焦舍连接线	0.9	6	3	1号桥13米、2号桥13米、3号桥34米	
Y322	陶南线	3.3	6			2019
Y330	18河连接线	0.3	6	1	十八河桥65米	
Y327	陶金线	0.9	6	1	乌金桥33米，思乡桥16米	
Y334	陶顾线	0.6	6			2020
CK37	南柯南路	1.5	6	3	1号桥16米、2号桥16米、大尖桥39米	
Y334	陶潘线	1.3	6	3	潘联北桥51米、潘联西桥53米、团结河桥36米	
CK33	潘联支线	1.2	6			
Y330	陶庄集镇大街	1.6	8	1	水务站闸桥13米	
CK39	从刘线			1	团结河桥36米	
Y339	焦舍连接线延伸线			1	焦舍东桥30米	

人民路 于1999年8月建成，浇筑硬质水泥路，东起陶徐线，西止陶周线，长1.7千米，宽14米。

滨河路 于2016年10月建成，东起裴舍幸福河桥，西至客运站，全长1千米，宽6米。

桥梁

中华人民共和国成立前，境内有桥梁90座，其中竹桥9座、木桥75座、砖桥6座。中华人民共和国成立后，逐步以水泥桥取代木桥。1964年5月，铁堡村下堡窑头河中部建成单孔拱桥，桥长16.4米，宽4.14米，跨度50度，取名“幸福桥”。1974年12月，南柯堡建成桥梁两座，1座是跨越蚌蜒河 双曲拱型钢筋混凝土桥，外形是三孔形状，全长70米，宽4米，取名“南柯桥”；另1座是双曲单孔水泥桥，位于窑头河与蚌蜒河交汇处，横跨窑头河东西南岸，长32米，宽4米，取名“跃进桥”。1976年，在幸福河架起12座钢筋混凝土桥梁，跨度各为34米，连接境内东西交通。1998年，有桥梁628座。

2002—2007年底，陆续建成45座942米，主要分布在陶季线5条、陶南线8条、陶昭线8条和陶潘线8条；2012—2021年，陶庄镇的农村道路桥梁又一次得到高质量的提升，建成114座桥梁，2787米，有陶庄连接线、陶袁线、乌金

南柯桥

支线、陶西北环线、陶仲线、南袁线、陶潘线和陶庄裴舍集镇段连接线全长1.6千米。

附：陶庄镇部分桥梁选介

陶庄大桥 2009年12月建成，位于新张线陶潘线陶庄镇区南，桥长36米，宽6米。

卞堡中桥 2014年5月建成，位于陶五路窑头河，通往东台，全长36米，宽7米。

幸福河桥 2015年建成，位于幸福河陶五路，桥长36米，宽7米。

潘联东桥 2017年10月建成，位于陶潘连接线，全长34米，宽7米。

卞堡大桥 2017年12月建成，位于卞堡至袁庄公路，桥长80米，宽7米，混凝土路面，是境内最大的桥梁，荷载5吨。

18河中桥 2019年9月建成，位于新张线18河自然村东，全长65米，宽7米。

团结河桥 2020年11月建成，位于团结河潘联自然村西，全长36米，宽7米。

邮政通信

民国时期，村民寄信都由帮船捎带到城镇，请六陈行或商店转寄，来信也先由上述商家代收，再由帮船取回，既延误时间又常有失误。1943年，境内成为抗日民主根据地，大顾庄始设邮政交通站，负责传递来往信件和报纸。1946年10月，改为陶庄邮政代办所，1963年5月15日，陶庄邮电支局改为邮电所；1978年6月1日起使用邮政编码225733。1990年改为邮电支局，负责办理信函、报刊发行、包裹、汇兑、邮政储蓄等业务，并明确为农村固定直封口。1992年新建邮政大楼，建筑面积560平方米；1998年9月改制为中国邮政集团公司兴化市陶庄邮政支局。

随着物流业和互联网的快速发展，快递业务应运而生。

截至2021年，顺丰、京东、申通、韵达、圆通、中通、极兔、德邦、天猫、天天、菜鸟驿站和邮政EMS等在镇已设立快递点。

电信网络

1958年，陶庄始设电话总机，容量10门，逐步扩大为20门、40门、100门、260门。1965年陶庄镇有手摇式电话机35部，到1992年发展为223部。1993年秋开通程控电话500门，安装160部。之后加快村杆工程建设，电报业务接收6413份，发出4222份。1998年春，市局投资350万元，新建移动通信信号塔，电话杆线长206千米，当年年底程控电话容量4096门，实装2109部，村村通程控。随着电信网络的发展，电报业务逐渐减少。2004年，中国移动、中国联通先后入驻陶庄，开展手机及宽带业务。2008年，邮电分营，成立中国电信陶庄支局，办公地点未变。营业范围也从原来开始经营的固定电话业务转型为固定电话、宽带和手机通信相结合的综合型服务。手机逐渐普及，全镇达90%以上家庭有手机，固定电话业务逐渐减少，电信转向新兴业务，如大数据、系统集成等。

2021年，镇域内有宽带用户2845户，手机用户2.5万多户，电话用户200多户，政企专线80多条。

广播电视

1958年秋，梓辛公社建立广播室。1959年，区设广播放大站，公社机关接挂广播喇叭。1969年5—8月，立竹竿1000根，45.5（杆）千米，架设线路15条，85.5线千米。1969年11月，投入资金1.5万元，占地面积30平方米，建筑面积35平方米，购置300瓦扩大机一台，3千瓦发电机组一台套，正式建立广播放大站。1977年秋，公社党委集资购置5米方形水泥杆1000根，全面取代旧的竹木杆。同年10月，陶庄公社广播主干线路都安装水泥杆。各大队1只舌簧喇叭，广播喇叭入户率和通响率分别为25%和30%，广播的音质、音量均有所改善。自1980年春天起，全面整顿村户网络，1982年，基本实现队队、户户广播网络规格化，使广播入户率由原来25%上升至85%，通响率得到大幅度提高。

1990年1月至次年5月，陶庄乡人民政府3次拨款2.8万元，用于更新幸福河西岸自农科站再到焦舍，从广播站至陶庄北面3.5杆千米、11.5线千米的两条主干线。购置重型圆形水泥杆192根，实施幸福河畔南起仲家、北抵徐舍大型主干道更新改造首期工程，使16个村、82个村民小组、4800多户广播网络达到规格化。1991年，全镇有线广播入户率98%。至1993年，安挂喇叭8千余只，入户率94%，站内扩音设备总功率1400瓦，并拥有扩大机两台，兴30瓦扩大机、调频天线接收机、大型设备控制台、调频幅收录机、5千瓦功率发电机组、输出配电柜、电源配电柜等，估值10万余元。

1995年12月，有线广播停办，开通有线电视，起初使用的是独立前端，接受8套卫星节目，3套开路信号。1996年10月起，增加1套自办录像节目，开通梓辛点歌台，播放乡内重大节日活动录像。1997年12月，自筹资金20万元，实施有线电视主干线光缆架设工程，布光缆92.1千米，实行光缆联网、共缆传输，传送29套有线电视节目。2008年实施“进组入户”工程，实现村村通有线电视，2010年，全镇数字电视入户率90%以上。2011年实现村村通广播电视，改名为陶庄镇广播电视站，2013年实现组组通有线电视，

2016年实施改扩建，建筑面积210平方米，同时设江苏有线陶庄营业厅，陶庄镇进行有线电视整体升级，实现数字电视整体转换，由有线电视成功转换成数字电视。光缆覆盖20个行政村，通村率、通组率100%。2021年底，有线数字电视用户3761户，宽带用户423户。

水利设施

排涝站 20世纪六七十年代，先后建灌排站21座。使用抽水机灌溉农田，1993年，除10座机灌站报废外，陶庄乡拥有抽水机261台，灌排站15座，总投资为32.6万元。1998年末，维修、新建排涝站26座。其中机站14座，电站12座，此外有抢排站5座。机电总动力1495千瓦，总流量每秒40.38立方米，2021年底，有排涝站29座，动力1980千瓦、流量每秒55立方米。

圩口闸 1966—1985年，陶庄建圩口闸19座，投入21万元。1991年特大洪涝灾害后，陆续兴建圩口闸17座，因联圩改造，原有7座老闸报废；至1998年末，陶庄乡有圩口闸80座，总投资421万元，其中国家36.4万元，乡村投资384.6万元；2013年加修圩堤1420米，土方5680立方米；2014年加修圩堤1300米，土方5200立方米。2021年底，有圩口闸122座，电启闭63座。

电启闭闸

圩堤 20世纪60年代初，境内依照老圩口筑起子圩247个，完成土方113万立方米；至1975年，筑起联圩10座，总长75.46千米；1991年遭受特大洪涝灾害时未能发挥作用。同年冬，按照“四三式”标准（即圩堤顶部沉实后高程4米，顶宽3米，坡比1∶1.5—1∶2），建成11个联圩和部分外子圩，全长120千米，完成土方70万立方米。1997年冬，按“四点五四”式（顶高4.5米，顶宽4米），建成标准联圩。1998年冬季，又将11个联圩合并成9个大联圩，1999年9月30日，经兴化市人民政府验收，防洪闸、排涝站全面建成，实现“水利无坝乡”。陶庄6.2万亩耕地全部框在圩内，并将原联圩名称以村命名，陶庄镇主属圩9个，附属圩7个。2000—2021年重点对圩堤加强管护，到2021年底，陶庄镇有大顾圩、东汉圩、北戈北圩、北戈南圩、焦庄圩、陶庄南圩、陶庄北圩、豆子圩和新洋圩等9个联圩，另外还有南柯堡和卞堡外址圩，圩堤总长9.43万米。

供水设施

1992年10月，筹措资金350万元兴建陶庄中心自来水厂，次年5月建成供水，设计日供水量4000吨。1994年9月25日，境内38个自然村通水，入户率100%，成为兴化市内第一个村村通自来水的乡镇。1998年春，水厂增建一个净化池，除供应陶庄乡住户用水外，供应荻垛镇东杏

供水设备

村、唐刘乡曹兴村200多户用水。1998年末，水厂占地面积4800平方米，建筑面积1876平方米，固定资产250万元，安装主管道8万米，南北长15千米。2003年5月由冯家村冯应存个人独资经营，取名陶庄新源自来水厂，2007年，水厂扩建为日供水1万吨。2008年3月改为梓辛自来水公司；2010年实施二次改水。2013年4月改制为陶庄供水公司，由戴南镇负责统一供水，供水1.5万户，年供水量90万吨，陶庄镇供水覆盖率100%。2021年5月，由兴化市城投集团统一接管。2021年10月陶庄镇人民吃上“长江水”。

排水设施

2013年初，境内结合镇区所有巷道道路铺设下水管道，2014—2015年结合生活污水管网铺设，将所有下水道接入污水处理管网，至2021年，镇区主、支污水管网总长12千米。

供电设施

中华人民共和国成立前，90%的农户用植物油点灯照明，点得起“洋油”的人家仅占10%。20世纪五六十年代，国产煤油取代“洋油”，煤油灯逐渐普及。1975年，从林潭接高压输电线路约15千米至乡境内，新洋、陶庄、南柯等大队率先使用电力照明。1976年，建立用电管理站，站址设在裴舍。投资130万元，购离心水泥电杆1570根（其中高压水泥杆570根，低压水泥杆1000根）和高低压电线，统一购运材料，竖杆架线，架设通戴窑10KV（千伏）高压线路54千米，38千伏线路40千米，220千伏线路30千米，安装变压器40台，4400千伏安，部分村的群众家中有电照明。

1986年，站址迁至陶庄卫生院以南，同年6—7月，耗资2.54万元，将10千伏线路改为专线。

1987年，用电管理站更名为“电力管理站”。耗资100万余元，组织电工按标准规程全面整改。12月30日，经扬州供电局验收合格，正式命名为“用电标准乡”。电管站负责施工、安装、检修，每个季度对线路、配电间和各村用电情况进行全面检查。并对各村、厂电工加强监督，以安全用电为宗旨，定期进行考评考核，电工负责安装电器、抄表、核算、收费、安全管理等工作。1989年春，电管站投资7500元购置DDX-1型电度表校验台和DTJC-1型电度表走字台。1993年11月，投资75万元筹建开关站，占地7500平方米，建筑面积4000平方米。用电户10700多户，每月供电10—14天，供电时间晚上9点到次日早晨7点。

1995年4月，在裴舍村人民路8号建成供电营业大楼。1995—1996年，每月正常供电20—25天，到1996年，农村用电量600万千瓦/小时，但用电高峰期每日

6—9点间隔式停电。1997年后步入全天候供电。

1998年3月1日，乡电力管理站更名为供电营业所，下设变电所，有干部职工16人，占地6720平方米，70台配变电设备，总容量6465千伏安，低压线路总长96千米，10千伏线路50千米，固定资产原值400万元。电费采取微机开票，电费张榜公布。1998年12月起，对农网改造工程，实施“两改一同价”（改造线路、改进电表，实行城乡同价），按照计划每年分段实施改造，从2000—2020年，农村综合变增加165台，容量增加7.12千伏安，10千伏线路增加115千米，低压线路增加115千米，按年度对原来的卡表更换成智能表。逢双月电脑直接计算收缴电费。

2021年底，供电辖区总面积69.63平方千米，农村综合变241台，专变160台，配供电总容量78200千伏安，营业客户数18790户，其中居民照明户15700户，非居民户3090户，10千伏线路11条，170千米，400伏低压线路212千米，全年供电量6180万千瓦时。

供气设施

1998年起，液化石油气进入陶庄居民家庭，镇内建起液化石油气储配站1座，存气90立方米，年销售160吨。2017年，陶庄镇由中石油东方燃气有限公司出资组建，2020年下半年陶庄镇启动新奥天然气输供工程，由东方燃气有限公司负责实施，铺设主管道到集镇及周边村，涉及陶庄、大顾、幸福新、梓辛等村、陶园社区和工业园区。截至2021年底，铺设中压管线10千米，低压管线15千米，总投资1650万元。

加油站

2004年，在高兴东公路三和庄段建成加油站，占地面积3850平方米；2018年在新张线陶庄段建成加油站，占地面积1640平方米，按国家统一要求建造，常年供应各类标号和各类型车辆的汽油和柴油。

体育设施

1991年陶庄初级中学建成7000平方米的彩色硬质水泥操场，设有篮球场4个，架起6张乒乓球台，高低杠、双杠6套。2012年陶庄小学部建成标准化运动场，面积7500平方米，设有200米塑胶环形跑道和篮球场两个。2013年在陶庄中心幼儿园建成橡塑运动场1500平方米，野外游戏区600平方米。

2012—2016年实施“体育进万村”工程，陶庄镇投入资金300多万元，用于各村建设健身场地，建造篮球场42个，羽毛球场51个，添置小型健身器材38套，镇区5个小区都配有小型体育健身器材的体育活动场地。2019年8月，政府拆除院墙，腾出绿化空地，投入资金75.16万元，建成“陶园广场”，广场占地面积1216平方米，设有长480米、宽2.5米的橡胶跑道，2010年10月，投资9.7万元建成占地420平方的羽毛球场。广场内设羽毛球场、篮球场、健身场、健身步道、户外宣传大屏等。至2021年底，陶庄镇14个行政村、38个自然村都建有体育健身场所，配备健身器材。

卫生设施

1956年，境内设陶庄、大顾、舍王联合诊所。1958年建立梓辛公社卫生院，有门诊室和病房370平方米。1964年，借用原梓辛公社“东九间”房屋为院址；1969年，公社拨款迁建卫生院。1973年，购置的医疗设备有A型超声波机、30毫米X光机、B型超声波机、心电图机及100毫安X光机各1台，设病床20张。1990年，固定资产原值125万元，病床增加到40张，同年，增添意大利半自动生化分析仪1台，尿十项分析仪1台，胃镜1台等。1991年，卫生院迁至陶庄东首，占地11400平方米，新建楼房4幢，有门诊大楼、病房大楼、职工宿舍楼、医疗用房、辅助用房、食堂等，建筑面积3410平方米。1998年新建职工宿舍楼和病房大楼，占地面积11400平方米，建筑面积4910平方米。

自2021年底，卫生院医疗设备有化验电解质分析仪、扬州康利三道心电图机、母婴监护仪9参数、双道注射泵、电动流产吸引器、12道心电图机、康岭治疗器1台、上海汇力公司全自动五分类血球计数仪1台、数字化医用X射线摄影系统1台、多参数监护仪1台、心电图1台、麻醉困难喉镜、麻醉机1台、麻醉咽喉镜、电动手术台（苏星）、X射线观光灯（双联）高频电刀（沪通）、心电监护仪（迈瑞）、全数字化彩色多普勒超声系统、多普勒胎心仪、动戴式动态心电记录仪、康德婴幼儿经皮黄疸测试仪、幽门螺杆菌测试仪、六道自动分析心电图机、离心机、洗胃机、电解质分析仪、负压吸引系统、肺功能测试仪、医用监护仪、全自动凝血仪、急救呼吸机、自动体外除颤仪、吸引器、电动吸引器、电子胃肠镜。分门诊部、住院部和预计保健所三大部分，设有中、西药房和现代化病房，实际开放病床床位50张。

21世纪以来，加大村级卫生室建设力度，整合卫生资源，到2021年，陶庄镇有19个村卫生室，占地面积3840平方米，建筑面积2792平方米，拥有床位57台，诊疗台19个，3台心电监护仪。

陶庄中心幼儿园

教育设施

1950年，陶庄初级小学成立，利用陈姓家庭陈介弟兄4人的房子作为校舍。1959年6月，大顾中学占地20000平方米，建筑面积1950平方米。1970年前后，陶庄中心小学南迁至现陶庄敬老院所在地方，占地16650平方米；1986年建立陶庄中心中学，1991—1993年与中心小学分设，迁至陶庄河东现址，占地面积19300平方米，投资125万元新建教学大楼、学生宿舍楼、餐厅等，建筑面积2537平方米，办学规模由双轨发展到三轨。1994年投资38万元新建成中心教学楼，建筑面积486平方米，1996年3月，在陶庄中心校校园东南角建成成人教育中心大楼。1997年，投资170多万元，新建中心中学综合楼，包括多功能大教室、理化实验室、图书阅览室等，建筑面积2200平方米。1998年又投资138万元，新建四层宿舍楼，建筑面积2860平方米，为教师解决住房问题。2002年，镇投资150余万元新建陶庄中心中学北校区，撤销南柯中学、大顾中学。2004年，新校区启用。是年秋，陶庄中心小学租用学校后面的供销社闲置房屋作为教室。

2006年，陶庄中心中学自筹资金216万元，新建学生公寓楼；自筹资金95万元在原教学楼东侧加接三层六间教室。2007年陶庄中心小学自筹资金121万元，新建两层综合楼。是年，陶庄中心小学全部搬迁到初中北校区，初中班级全部

陶庄中心校小学部

回到老校区。2012年，陶庄镇投入540万元，在原陶庄中心小学西侧新建陶庄中心校小学部新校区，两栋三层教学楼，建筑面积1500平方米。是年，初中部利用财政拨款270万元，在原址上重建学生食堂，上下两层，建筑面积1170平方米。2013年，镇政府先后投资220万元，为小学部征用土地并修建围墙、橡塑跑道200米，硬质操场、绿化、亮化、贴瓷广场等工程。是年，按照省优质幼儿园标准，投资320余万元，新建陶庄镇中心幼儿园教学楼一栋，与原幼儿园教学楼连为一体。2014年，初中部改煤渣跑道为橡塑跑道250米。2016年，财政拨款220万元，对初中部原有教学楼进行加固。同年财政拨款120万元，新建初中部厕所连廊工程。2017年，市财政拨款400万元，新建陶庄中心校小学部四层综合楼，建筑面积2000平方米。2021年，兴化市交通局捐助初中部铺设黑色沥青路面。陶庄中心校主校区占地44505平方米，校舍建筑面积22391平方米，运动场地面积21314平方米。

文化设施

1975年1月，经兴化县文教局同意恢复社办文化站。1976年，在兴化县率先建成一座20多平方米的文化站用房，1990年陶庄是35毫米固定放映点之一；2008年9月，在人民路北侧，建设占地面积3731平方米，建筑1490平方米，局部

4层，32间的文化中心正式施工，2008年12月竣工，2009年初正式开放，设有多功能厅、综合展示厅、图书室、信息共享工程点、青少年活动室、棋牌室、桌球室、乒乓球室、健身房和办公室。2009—2021年，文化站先后购置立式显示屏、电脑、音像功放、投影仪以及户外设施。

养老机构

陶庄敬老院起初于1991年，在陶庄原运输站设立，有1200平方米，有宿舍400平方米；2008年9月，投资50万元在陶庄小学基础上进行改建而成，占地面积11330平方米，宿舍802.2平方米，食堂321.8平方米，综合用房488.6平方米，24间，总床位48张；2000年5月每个房间都配有电视机、空调、洗衣机、电热水器、太阳能热水器；2010年6月增设消防设备、卫生间等设施。2016年在敬老院西侧建设占地面积为900多平方米的绿化带、健身广场和休闲亭。2021年底敬老院实行公建民营，改称“养老院”。

金融机构

2021年底，境内设有兴化农村商业银行陶庄支行、兴化农业银行陶庄支行和中国邮政银行陶庄支行。

兴化农村商业银行陶庄支行 商业银行前身是信用合作社，境内下设北戚、大顾两个分社和7个信用站（南柯、王寺、卞堡、西汉、周刘、杨思、谢家）。1997年6月，在陶庄路144号新建营业大

陶庄养老院

楼962平方米，职工宿舍1158平方米。配有2台超级柜员机（简称STM）、网银体验机、自动填单机等自助设施，为客户提供24小时不间断存、取款服务。

兴化农业银行陶庄支行 始建于1959年，位于陶庄西首，1993年5月在集镇陶庄路151号新建营业大楼，占地1700平方米，建筑面积1280元，固定资产原值63.14万元。配有2台超级柜员机（简称STM）、网银体验机、自动填单机等自助设施。

兴化邮政银行陶庄支行 于2000年10月建成，有办公楼1层，面积260平方米，配有1台超级柜员机（简称STM）、网银体验机、自动填单机等自助设施。

商业设施

农贸市场 陶庄农贸市场始建于1991年9月，位于陶庄路204号地段，2012年9月，在陶庄集镇西侧原老公社处236号，由苏州开发商承建，占地面积1600平方米，建筑面积1300平方米，钢架结构，有经营摊位55个，分设蔬菜经营区、水产经营区、猪肉销售区、豆制品销售区、农民自产自销售经营区，2020年投入60多万元对市场进行升级改造，优化环境，增加厕所，使之成为集销售牛羊肉、水产品、家禽、豆制品、蔬菜、鱼圆等特色食品为一体的综合性农贸市场。

陶庄农贸市场

常客隆超市

商场超市 2021年底，镇区有大小超市11家，分别是常客隆百惠超市、好又多超市、传宝烟酒超市、兴缘超市、世纪缘超市、军强超市、好家购百惠超市等。经营范围品种包括各种卷烟、各类中高档酒，预包装食品兼散装、休闲、保健食品，五金电器、日用百货、日用杂品、文化用品、化妆品、奶类制品、米油酱品、蔬菜水果、冷鲜肉类、针织鞋袜、日化洗化。婴幼儿配方乳粉、婴幼儿配方食品等。

宾馆 2021年底，镇区有大小宾馆8家，分别是居家宾馆、顾家宾馆、小三子宾馆、宇浩宾馆等。宾馆有豪华客房、双人客房、3人客房、大床房、普通客房。

酒店 2021年，镇区有大小酒店8家，环境较好，都聘用专业厨师和服务员，饭菜种类繁多，色香味形俱佳，有天宇大酒店、阳阳酒店、东湾阁酒店、龙胜酒店、泽丰园酒店、兔兔大酒店等。占地面积260—800平方米，设有大厅、雅座，酒店每家可容纳150—660人同时就餐。

村庄建设

中华人民共和国成立初期，陶庄公社各大队农民建房均属于无序自主建设，习惯在自己的老宅基地、交通相对便捷的河岸、路旁建设，多为低矮土墼墙草屋。也有用碎砖或荒坯作墙基、土墼到顶，外披草苫、毛竹作桁、尾竹作椽，以麦秸或茅草盖屋面。南部村庄经济条件较好，瓦房约占五分之一，房屋进深较浅，多为五架梁，坐北朝南，形式以三间带“龙梢”（厢房）居多，也有在山墙上开门的“丁头府”。多数农房厢房作厨房或放置农具杂物，也有以明间兼作厨房的。猪圈、厕所、灰堆都在房屋附近，极少数设在天井内。房屋北面无窗，朝南窗户很小，室内阴暗潮湿，人口多的农户，几代同堂，居住面积很小。

20世纪八九十年代后，农村建设规格不断提高，普遍为水泥钢筋结构；21世纪人民经济实力不断增强，农民收入大幅提高，村级基础设施日趋完善，农民住房“提质升档”，两层楼房成为村庄的一道亮丽风景。2005年，陶庄人民政府组织编制《陶庄镇镇村布局规划》，对镇域范围内的村庄进行有效的拆并，村庄建设明显改善。2010年后开始实施美丽新农村建设，境内涌现以季平村、大顾村、陶庄村、南柯堡村、焦庄村、金戈村农民别墅区，成为陶庄农村建房的示范。

建设规划

从20世纪70年代中期，开始实施农村草房改造、巷道砖质化、撤渡建桥、危桥改造、迁坟平地等工程。1981年起，实施全面规划程序审批，不再随意乱建房，规定一户一宅，宅基地154平方米、合二分三厘，实行土地有偿使用。20世纪80年代，结合基本农田建设，开始以大队为单位，将分散的小庄小舍撤并到居民点，各户房型、通道、排水等均按统一规划施行。90年代初期，组织人员外出参观学习先进地区的做法，从1992年开始在村庄允许有楼区，建楼房，在境内部分村庄进行试点，各村也先后制定并实施本村村庄建设规划。陶庄镇1998年对集镇总体规划进行编制，从陶庄镇实际状况出发，按照“高起点规划、高标准设计、高水平建设、高效能管理”的要求，坚持社会、经济、环境效益的统一，引导开发建设和村庄布局适当集中、企业集聚，达到有序发展，促进和加快城镇化进程，为整个镇域发展提供指导。21世纪后，村级经济不断增强，农民收入大幅度提高，各村基础设施逐步完善，农民住房档次逐年提高。

2001年4月第一轮镇村布局规划，将38个自然村合并为20个行政村1个居委会，2019年11月再次进行行政村优化调整，将20个行政村合并为14个行政村和1个居委会。2021年，创建泰州市特色田园乡村3个，兴化市特色田园乡村4个，环境优美乡村9个。

农房改造

20世纪60年代，境内村庄多为草房，70年代以村为单位，实行旧房改造，各大队结合农村基本建设，注意改造旧村庄，规划建设新农村，部分农户翻建或新建住房，因陋就简，房屋大多数为“七五”墙（两平一仄，75厘米宽。一块砖的尺寸为长240毫米，宽115毫米，厚53毫米），墙体四分之三平砖，少数的砖墙、草盖、瓦封山（边上3—5排瓦，中间是盖麦草）。

80年代初，农民建房主要是鸽子锅、五架梁；80年代中后期，境内兴起建房热，建房标准渐高。一般瓦房五架梁，砖木结构，好的青砖墙、杉木桁条、小瓦

农村别墅

居民庭院环境

屋面、房间大排窗。条件好的进深七架梁，多为三间一厨房，堂屋内走廊，天井东西长，独门独院。尔后新建楼房的逐渐增多。

90年代初期农民建房大多为七架穿梁，青（红）砖小瓦，杉木桁条，房间大排窗，堂屋落地格扇，形式多为三间一厨房，锁壳子（堂屋内走廊），外加院落；1982—1998年有建房农户7313户，新建房屋2.85万间，建筑面积73万平方米，按当时建房实际价格计算，总投资原值11192万元。90年代后期，农民收入大幅提高，各村基础设施日趋完善，农民住房“提质升档”，两层楼房成为村庄的一道亮丽风景，墙面贴长20、宽5厘米小条砖。

21世纪后，居民住房条件发生较大变化，以季平村楼房占比率较高，为50%以上，一般均50万元—80万元，标准高的造价100多万元，一户家庭纯水泥预制，造价近300万元。

2003年后，建房不再用楼板，墙四周及主要转弯处全部现浇立柱，2屋和顶层也全部采用现浇，再盖屋面；2008年后不再砌七架梁，一般均为复式结构。21世纪后村民建房向苏南风格发展，2012—2013年建房都要求房屋大而空，但到2014年后不再是大而空，以宜居为主，设有衣帽间，出现主卧式，屋内大多设厨房和卫生间，小巧玲珑，室内贴大理石，2016年后，村民建房标准再提高，不仅房屋质量标准高，装饰要求也相对提高，门窗大理石包边。同时，陶庄镇实施农村危房改造工程，对弱势群体的住房加以维修，至2021年底改造危房118户，1574平方米，其中65%的户数为分散供养的五保户，部分为低保户、精准扶贫户和特困户。

2021年村民建房标准更提高，大多数采取框架结构，双层或三层玻璃窗，地面铺设优质大块瓷砖，装饰也是高标准，窗边镌有大理石，落水管道采用不锈钢，经济富裕人家外墙贴着仿大理石或喷真实漆。

新型农居建设

自2010年起，随着人们经济收入的增长，镇域内申请建房的农户日益增多，陶庄镇党委政府结合新农村建设，鼓励村民实施农房改造，从节约用地出发，以政府主导，先后在中心路、人民路、集镇西路、车站东侧等地段开发建设商住楼，引导村民到集镇购房，总投入资金3560万元，总建筑面积7.39平方米，受益群众520户。季平村、幸福新村、大顾村、南柯

农民住宅内景

村民居家别墅

堡村、金戈村等别墅群统一规划、统一设计、统一样式、统一标准。截至2021年底，陶庄镇新建别墅1120余户，建筑面积33.6万平方米，其中季平村305户、幸福新村98户、大顾村、南柯堡村各60户、金戈村42户。

附：陶庄镇商住楼简介

龙达小区 分为人民路南北两侧，一期工程在人民路南侧、昌盛路西侧，建设地点陶庄村裴舍，项目建设为两幢三层商住楼，16幢联排住宅，建筑面积为13394平方米，住宅11210平方米，营业用房1770平方米，2011年3月开工，2011年8月竣工。二期工程建设6幢商住楼，建筑面积12560平方米。

华弘和泽佳苑 位于人民路北侧、中心路东侧，分南北两块地段，北侧用地面积5761平方米，建筑面积11769平方米，南侧用地7582平方米，建筑面积13191平方米，于2013年12月建成。

建鑫综合楼 位于人民路北侧陶庄村境内，建筑面积6487.91平方米，开工时间2013年4月，竣工时间为2013年11月。

康居新村商住楼 位于中心路东侧，滨河路两侧，用地面积5400.72平方米，建筑面积9722平方米，于2015年8月开工建设。

陶源小区商住楼 2012年6月，利用原老公社位置拆除旧房改善集镇环境，位于陶庄西路北侧。采用楼上住宅、楼下商铺的经典物业相结合，一方面由公司承建农贸市场，另一方面面向陶庄村开发商住楼，商住面积1105.65平方米，住宅面积5694.84平方米，小套91平方米，大套139.45平方米，工程于2014年9月建成。

环境卫生

20世纪90年代初，陶庄镇建成自来水厂解决村（居）民饮用水问题。至2021年，户厕改造、河道清理、污水处理步入常态化，垃圾清运全覆盖。

户厕改造　陶庄镇户厕改造工作从2011年开始，据统计，有卫生厕所6073户，按每年完成3个自然村分期分批实施。各户采用“三格式”化粪池、容积率1.5立方的规格建设，取代传统老式粪坑。铺设巷道排污水管，砌窨井，安装洁具，改造资金由省、市（县）、镇配套，基本不需农户出资。2013年，各村陆续兴建水冲式公共厕所。2015年底，全镇户改厕5743户，从2017—2020年年对未改的农户继续改厕，并加大公共厕所建设力度，至2021年底，陶庄镇户改厕13099户，改厕率95%以上，建有水冲式公共厕所256座。

河道清理　自2017年起，陶庄镇投入1050多万元进行河道治理。市、镇级主要河道发包给保洁公司常年打捞河中漂浮物，各村生产河道则由各村落实专职保洁人员常年打捞保洁，镇区有陶水1号打捞船、兴水21号打捞船、交投01号打捞船3条，鼓励村级购置保洁船，铁堡村2条、梓辛村4条。对300多条生产河道进行疏浚整治，清理淤泥150多万立方米。2020年，陶庄镇建立镇村两级河长机制，将河道治理列入党委、政府重点工作，对陶庄镇市镇级河道问题进行全面排查，对渔网、鱼簖户限期拆除，把河长制向纵深推进，投资260万元打造幸福河和梓辛河，幸福河整治从裴舍到徐舍6000米，清理

陶庄集镇公厕

清理河道

垃圾20吨，2020年12月，幸福河样板河被兴化市河长办（单位）评为第一等次；梓辛河整治从周刘到金戈，共6700米，清理垃圾30吨，南柯堡样板河被评为村级样板河第二等次。

2021年，整治河道20千米，疏浚清淤20千米，新建生态坡岸及圩堤10千米。清理河岸畜禽违规养殖场2处，拆除临河违章油罐加油装置1处，拆除临河违章建筑4处300平方米，清理渔网、鱼簖210处、地笼500多个，打捞废弃沉船15条，拆除废弃桥梁及闸板5处，清理垃圾堆放点5处、废弃棚舍3处、养殖排污口4处，补植河岸绿化10千米。通过治理，符合无三物、无三河的标准，即河中无成堆垃圾、废弃物，无成片水上漂浮物，河岸无秸秆等杂物，无黑河、臭河、垃圾河。

污水处理　2013年10月，陶庄镇污水处理厂开工建设，位于203县道北延路西，梓辛河以南，距镇区1千米。工程占地2996.92平方米，总投资2511.33万元，设计污水处理规模为每日1000吨，一期工程污水处理规模为每日500吨，管网约15.54千米。陶庄镇污水处理厂采用“高效生物转盘＋絮凝过滤＋消毒”二级生化深度处理工艺，尾水排放3#生产河，排放标准执行《城镇污水处理厂污染物排放标准》（GB18918-2002）一级A标准。管网施工于2014年11月底完成，2014年12月份进入污水处理服务阶段，服务范围为陶庄镇区。

2017年，罗马村（野马）开始实施铺设污水处理管道。截至2021年底，镇区生活污水管道全部接入集镇污水处理厂。建有污水处理的行政村有10个，有污水处理泵站22座。村庄铺设污水管网的自然村12个，主管网总长17.33千米，支管网总长18.41千米，服务农户1534户，人口5123人，总投资约1150万元。村自行处理生活污水，达标排放。

垃圾处理 2013年底，陶庄镇投资110万元在位于人民路北侧建成垃圾中转站，建筑面积1200平方米，自2014年起，陶庄镇生活垃圾收集和运送体系实现规范化、正常化。陶庄镇有环卫车2辆，其中铲车2辆，非电动垃圾收集车4辆。至2021年，陶庄镇有环卫车7辆，其中铲车2辆，垃圾转运车5辆，有专职和兼职垃圾处理工作人员23名，包括垃圾中转站压缩工2名，镇区环卫所员工3名，农村垃圾集中转运工4名，各村垃圾管理员14名，垃圾转运房24座，摆放垃圾桶2565个，垃圾清运全覆盖，日清理垃圾350吨左右。

陶庄垃圾中转站

环境整治 2009年以后，陶庄镇各村加大村庄环境整治力度，拆除破旧低矮房屋、猪圈和粪坑，清理房屋前后和街道两侧的草堆和其他杂物；2011年5月全面实施秸秆“双禁”措施，禁止将农作物秸秆就地焚烧和抛入河道。2015年5月，重点治理家庭畜禽养殖粪便污染，取缔不符合环保要求的家庭畜禽养殖场26个。2019年3月以后，围绕“四清一改”（清理积存垃圾、清理河塘沟渠、清理农业废弃物、清理无价值残垣断壁，改变农民生活习惯）“五面清洁”（水面、坡面、路面、立面、院子里面），开展农村生活垃圾治理、生活污水直排以及乱堆乱放、乱停乱摆、乱搭乱建等环境整治。截至2021年，拆除清理废弃猪圈、茅厕6700多处，疏浚河道112条，打捞河道300多条次，粉碎农杂船3700多条，陶庄镇15个村（居）建成示范引领村8个，各村铺设混凝土道路21.32万米，建有水泥桥梁（含农桥大小公路桥）886座，公共厕所256座，架设路灯3500多盏，兴建垃圾房24座，建成停车场195个。

第三篇　文物古迹

陶庄镇境内文物古迹分布于南柯堡、焦庄、铁堡、金戈、陶庄、陶南、幸福新等村庄，勤劳朴实的人民用自己的双手建造独特风格的庙宇、桥梁、房屋，栽种树木，南柯堡村福星桥、焦庄村临丰桥和金戈村的共乐桥被列为市级文物保护项目，古树、古寺、古巷、古宅、古遗迹除部分损坏外依然留存，焦庄、乌金、北戈大会堂记录着历史的痕迹，让人们回忆。

古桥

福星桥

位于南柯堡村中坊，始建于清光绪二十二年（1896）的单孔砖桥，桥面长10.3米，宽2.76米，桥拱高1.3米。桥体基础全部由条石砌就，桥体东西拱券顶部，各有一块扇形砖雕，自右向左依次镌刻楷体“福星桥”3字。在桥基的上方有一石额，长53厘米，宽24厘米，背北向南嵌入砖墙之内。自右向左，上镌“三坊同修”楷体4字；左侧自上而下镌有“光绪二十二年三月建”9字。此桥为小砖桥，保存较好，具有里下河水乡特色，造型美观，对于研究兴化水乡地区特色文化、桥梁建筑风格提供实物依据，具有较高的历史、艺术、科学价值。2012年5月，南柯堡福星桥被兴化市文广新局公布为不可移动文物。

2019年，经兴化市文物保护部门鉴定，南柯堡福星桥为“近现代重要史迹及代表性建筑”（总序号91）。同年10月11日，被兴化市人民政府列为“第四批兴化市文物保护单位”。

为让古砖桥昔日风姿再现，2020年6月，在专家的指导下，本着保持原貌的原则，投资1.35万元对福星桥桥面及桥两侧进行全面修缮，使古砖桥显得更加端庄亮丽。

南柯堡福星桥

共乐桥

位于金戈村乌金庄中心，建于1916年，民国初期，取名共乐大队，故称此桥为共乐桥。共乐桥3个字系东汉大队刘文林所书，单拱砖砌，高6米、宽4米左右，造型美观，结构合理，保存基本完好。由于桥面破损，2018年，村投资1.2万元对桥面按修旧如旧的标准进行修复，加钢筋混凝土浇筑。2009年，被兴化市人民政府公布为文物保护单位。

乌金共乐桥

焦庄村临丰桥

临丰桥

位于焦庄村，单孔砖砌拱桥。始建于清末民初，原为木桥，1921年重建。为方便交通，提高安全度，由村上贤达人士带领村民捐款将过去木桥改建成单孔砖桥，桥名“临丰桥”，是体现百姓期盼“风调雨顺，五谷丰登”之意。登临此桥，即临丰收，故称“临丰桥”，桥高6米、拱宽4米左右，南北向，桥两侧正中嵌石额，河北与河南分别镌有“临丰桥”桥名和建桥时间。临丰桥造型美观，结构合理，保存完好。2003年发现桥开裂处继续向下延伸，危及桥孔南侧上口，2017年5月通过公开招投标，投入4.9万元，由能工巧匠施工修建。将桥两侧栏板墙拆除，加钢筋混凝土基础，连同桥面翻修铺设综合施建。修旧如旧，再现古朴端庄之貌。加上桥东侧南北两岸新建的码头和花圃，与桥相映成衬，成为古村焦庄一景。2009年，被兴化市人民政府公布为文物保护单位。

王寺太平桥

太平桥

位于王寺村，单孔砖砌拱桥。始建于清光绪三十三年（1907），是王寺河东与河西的连接桥，东西向，为护佑一方平安，故取名为“太平桥”，桥长16.5米、拱高2.8米、宽4.2米，拱度为40度，造型美观，结构合理，全部清一色的大条砖砌成，由于圆弧拱较高，河道较窄，机动船行驶较少，因而桥体保存基本完好。2012年6月9日，兴化市人民政府登记不可移动文物，2019年5月，村委会投资1.5万元对拱桥下方进行水泥加固粉刷，桥面按照修旧如旧的标准进行修复，将桥面的砖块专门按照原貌加固更换，方便群众出行，在桥面东部房屋附近设有文物保护标志。

古树

乌金银杏树

乌金村古银杏树

乌金村古银杏树根植于清道光元年（1821），原生长在仙家庙功德堂天井西南角，位于金戈村庙前楼天井南墙正门东侧，与庙宇同期，即清代中期。1838年，一位叫许道成的僧人从仙家庙功德堂天井的西南角将其移出古庙，长在村头，时高1米左右。银杏树躯干挺拔，绿荫如盖，形态优美，枝繁叶茂，杏果累累。2021年测量，树高35米，根部周长2.76米、直径0.86米，其苍劲的体魄，独特的性格，清奇的风骨，成为乌金村和谐、富庶的象征。村委会在附近设立保护标志，禁止攀登或损坏，明确村老干部负责监管。

焦庄村古槐树

焦庄村槐树

在焦庄村焦家巷东侧的吴家小巷里生长着一棵老槐树。在雍正六年（1728）由焦氏祖先所植，当年树冠长20米以上，树高30多米，是东台到西边乡村的方向标，先人往返东台只要一出东台西溪镇便可看到焦庄古槐树树尖，枝叶遮遍周围房屋。由于树高冠大，众多鸟雀筑巢栖息。每逢夏季蝉鸣鸟欢、槐荚缤纷，一派祥和景象。到20世纪50年代末，由于水利工程推行“车子化”，所以花三天三夜才将此树锯倒，其材用于制作“运土车”。当年留下的未锯的一杆“小树杈”，有11米高，树干直径0.32米，根部长成椭圆形状，翠绿茂盛。2017年村委会对此树实施保护，在附近房屋处标注禁止攀登，损坏树枝的标志，明确村老干部具体负责监管。

古寺（庵、庙）

潘联村东隐禅寺

始建于唐朝代宗大历五年（770），初建人马祖一禅师，原籍汉州什邡县，俗名蹇，19岁于当地姜家庵依西天般若波罗老禅师出家，后因博学多闻，成为世界闻名的大德禅师。自唐朝代宗大历二年至五年，马祖从东林寺出发，周游诸方，弘扬佛法，广度众生。在马祖行脚期间，途经潘联无宿处，当地百姓修建寺庙，即成东隐禅寺。

20世纪60年，因所收五谷无法储存，就将东隐寺改为农民的农产品集体保管仓库，1980年后分田到劳，粮食由各户保管，根据群众弘扬信仰的精神，自发性组织创建三音念佛堂，2004年聘请常

潘联村东隐禅寺

州天宁禅寺觉悟法师住持领众修行，全寺占地面积3850平方米，建筑面积2360平方米，墙体为土坯砖，地面铺设小型方砖，砖砌窗台，砖雕屋脊，飞檐翘角，2015年对室内粉刷装新，被江苏省宗教事务局颁发为“一星级宗教活动场所”。

三姓村欣觉禅寺

欣觉禅寺位于陶庄镇陶南村（三姓戴家舍），原名太平庵，始建于明朝万历三十六年（1608）。

崇祯年间（1628—1644），恢复前后三进、东西两个小厢房的太平庵。

昌明法师扩建太平庵，更名为欣觉禅寺。

2013年，经兴化市民宗局批准，寺庙主体建筑有山门、钟鼓楼、天王殿、大雄宝殿、藏经阁、斋堂、观音殿、地藏殿等寮房。2017年11月，被兴化市民族宗教事务局登记为宗教活动场所，至2021年，欣觉禅寺总占地面积16000平方米。2019年5月，被江苏省宗教事务局颁发为“一星级宗教活动场所”。

陶庄村宝佛寺

清道光年间，陶庄修建大庙一座，名“仙佛寺”，大庙遗址在陶庄公路桥南桥下，原铁木社、供销社、食堂旧址。

三姓村欣觉禅寺

陶庄村宝佛寺

20世纪90年代，在南京宝华山、镇江金山寺有关高僧的鼎力相助下，经过佛教协会批准，陶庄村人在庄东南角兴建庙宇“宝佛寺”，位于X203陶庄路。宝佛寺占地面积3350平方米，建筑面积1850平方米，有大雄宝殿、天王殿、伽蓝殿以及附属建筑，2010年7月在寺内举行庆典活动。“宝佛寺”正中是大雄宝殿，在保持原有风貌的基础上，飞檐翘角，气势雄伟，十分壮观。2015年6月被江苏省宗教事务局批准为“一星级宗教活动场所”，2018年5月被江苏省宗教事务局批准为“二星级宗教活动场所”。

焦庄村永盛庵

明末清初，焦庄村建“永盛庵”四合厢，咸丰五年（1855）扩建，占地441平方米，建筑面积287平方米，僧侣数人，暮鼓晨钟，诵经念佛，宣扬佛法。清光绪三十一年（1905），该庵住持西印大和尚（曾住东台市三昧寺方丈）募资将“永盛庵”重修一新。正殿上方悬一幅黑漆金字“天龙一指”大匾，是当时东海一位贤人韩功乐敬送。

抗日战争期间，由于日军的烧、杀、抢“三光”政策，给庙宇带来严重损坏，

焦庄村永盛庵

僧侣避难逃离，佛像散失，主庙经抢修后存大殿5间，东西两侧有阁楼、大门通道、禅房、厨房，东庙房屋九间，大天井。“文化大革命”期间，毁掉全部佛像、大钟、宝鼎、香炉等。2001年秋，为发扬民俗文化，在原址扩建西厢3间，名为“西方三圣殿”。中间殿堂神台上供“西方三圣”三尊大佛，南墙上挂“历代诸老和尚之位”大匾，北墙上挂几位已故的老和尚肖像。庙主大殿供有五尊大佛，天井中添置大宝鼎、大香炉、大钟、大鼓，门窗格扇齐全，古色古香，庄严肃穆。由于年代久远，主体建筑出现部分松动开裂迹象，在东庙东北角河边进行驳岸，并于2019年春新建一座六角“民乐亭”，供村民休憩观赏、交谈纳凉。

王寺村法华庵

清朝光绪三十三年（1907），王寺村有一位姓王的大户积德行善，奉献出自己的一方土地，在村东南角建成一座法华庵。庙的东西长42米，南北宽15米，占地面积430平方米。庙上有古石、古砖、古瓦，古墙、古梁柱、古椽子、古洐条保存完好，古砖上明显有“西庙”的字样。1950年改做国家粮库，后在1960年做村部和医疗室，20世纪90年代中期，村民重整修理，恢复原貌。

王寺村法华庵

乌金仙家庙

金戈村乌金中央建有一座砖木结构上下两层的庙宇、庙由前楼、后楼、西厢和西北角的功德堂组成，曾叫仙家楼，建于清咸丰年间（1851—1861）。庙从东到西长约有20米，南北长约20米。

前楼是先建的，这座两层楼比较高，在屋檐下有横写“飞云坛”一块木质匾挂在其上，楼中供着吕祖大仙——吕洞宾，左右为白真人、华真人，称为三神仙。因为供奉的不是佛祖，又非菩萨，是仙家的行宫，即称为“庆霄宫”。村民习惯称为“仙家庙”。楼内挂有四盏琉璃灯。在仙家座前案桌上设一沙盘，上有一木制磨掸，用时可以转动的木质三脚架一个，架前挂一根十余厘米长的金属针。

后楼是由一位叫做陈三的人所建。他先将自己的住房地皮让出部分建后楼，然后独自挑土填好基层土，人们为不忘陈三的功劳，在他死后用木牌书名常年供在庙中。后楼外看是两层，实际上底楼是用土填平上面建的楼，后楼建好后，由陶庄西边一位老木匠师傅用硬杂木材料制作一座佛龛，精工细琢，栩栩如生。神龛前左右两柱上两条金龙盘柱，和上面的凤绕金梁遥相呼应。佛龛上方挂一黑漆木制匾额，长约2米，宽近1米，由南通张謇（清末状元）书写“中天宝阁”4

个大字。佛龛前上方中挂一盏大的用红木雕成的六角琉璃灯、左右略小的4盏琉璃灯。

后楼建成后不久，由许成玉一人在庙的西北方向独建两间砖木结构的功德堂、由群众集资和外地人捐助建的西厢、厨房和庙前的垣墙先后建成。庙的前面有两门，正门上方嵌一块白矾石，长约60厘米、宽约30厘米，由书法家许汉图顺写“庆宵宫”3个行书字，功德堂正门上也书写“功德堂”和前后楼天井，西边园门上横写“阆苑”二字，包括两旁对联皆出自许汉图之手。庙前偏东由南向北有一条小河，到庙前转弯向西；距庙约20米处建有小木桥，在原地重新建一座拱形砖桥。“文化大革命”期间，仙家庙被拆除改建大会堂。

大顾村古庙

清光绪三十六年（1910），大顾庄先后建造都天、如来、关帝3座神庙，分别按方位称东庙、南庙、西庙。都天庙正殿塑有都天菩萨坐像；如来庙规模较大，又称昆卢禅寺，正殿塑有如来佛坐像，西厢塑有雷公菩萨和闪电姑娘对视站像，大门左右并立四大金刚，“文化大革命”期间全部拆除，1995—1996年重新兴建都天、如来、关帝3座庙，都天庙会恢复。

大顾村古庙

古宅

南柯堡赵家古宅

赵氏古宅

建于清宣统元年（1909），是陶庄境内现存历史最长、保存最完整的一处民宅，古宅位于南柯堡村龙脉河北岸，福星桥西侧334号，占地约180平方米，正屋三间坐北朝南，左侧外接套房一间，南侧面房两间，与门楼相连，东西两侧花式院墙高约2米，与正屋、面房合围成天井，形成二合院，赵氏古宅墙体由青砖糯灰砌成，猫头小瓦结顶，房屋主人为赵志明，2020年6月，在兴化市文广旅新局专家指导下，本着保持原貌的原则，对该古宅进行修缮。在施工中，全部按原来的式样标准，室外青砖黛瓦；室内木质桁架、站板、房门、槅扇、堂门；合面房、门楼也与正屋保持建筑风格一致。

徐家古宅

始建于宣统二年（1910），东西宽8米、南北长12米，占地96平方米，徐大尧的爷爷徐富云当时种田运输建造，建筑一个月时间，古宅为青砖黛瓦，前后两进，四合院落，六间瓦房，位于焦庄村焦家巷南首366号，坐北朝南。墙为青小砖，糯米青灰砌成，屋顶形式为小瓦坡面。屋脊为翘尖砖瓦，“龙头”飞出，造型独特。檐口为猫头滴水，门窗为木质井字格，门厅为“双凤”雕刻，顶部有“福禄寿财喜”，因“文化大革命”时期损坏，仅有痕迹留存，大厅两侧有传统砖雕圆“寿”字，图形门轴基为石槛石墩连座的白玉石。2012年6月被兴化市政府列为“登记不可移动文物”。

焦庄村徐家古宅

古墓

陶尧臣墓

明初，陶氏祖先，明朝洪武五年（1372）陶丁、陶广弟兄二人从苏州阊门迁至陶家庄居住，分为东西陶，陶丁为东陶、陶广为西陶，陶丁第二代陶尧臣经营致富，其三子天锡、天真、天佑均有功名，大孙陶庭鉴任七品官，陶家豪富，除良田千余亩外，东台有市房，芦州有草荡，成为“五条沙河头一家”。大曾孙陶爵考中武举，陶尧臣墓碑字迹模糊，仅见“赠尧臣”字样。此墓有五位祖，占地东西长17米，南北长12米，占地200平方米，位于陶庄村陶庄路中心地段向南大桥下，墓地南临陶庄村铁木社南大河。

世书和尚墓

车路河河南幸福新村新徐公墓有一古墓，高2米，底座边长0.38米六边形，大理石立碑，字迹清晰可见，竖碑正面立传临济宗第四十四世如意堂上第四代上妙下传法老和尚，雨润大根，雨清大容。背面碑文有：先师老人世书六十有七，原命乙未相，道光十五年四月十五日吉时受生，光绪二十七年正月十七日吉时圆寂，于光绪二十九年岁在癸卯，三弟大容字雨清，四弟大根字雨润。经确认，和尚叫世书，生于1835年4月15日，卒于1901年3月7日，葬于1903年，虚岁66岁。

世书和尚墓

古巷

焦家古巷

坐落在焦庄村河北一条古巷，是焦氏族人集中居住的地方。此巷建筑于1917年，是当地的土瓦匠建筑而成，巷口有11米长，仅2.5米宽，青砖铺底，边上留有趟水沟，这条巷子住着11户人家，巷子虽小，有学识的人士不少，研究生、大学生较多，是陶庄较出名的村庄之一。从恢复高考以来，村子里先后有研究生、大中专毕业生140多人，其中焦家巷所出人才最多。该巷中有民国年间毕业于盐城中学的焦典和；有恢复高考最早考入南京化工学院，现任盐城工学院教授的焦宝祥；有英国剑桥大学研究生毕业的焦莹竹；有苏州博尔雅科技有限公司董事长焦宝亚。整个巷子另有教师10多人，大中专以上毕业生30多人，有的学子在海外工作，许多学子在全国大中城市工作，可谓焦庄的文脉所在，该巷是焦氏族人入住焦庄聚居的地方。2018年3月，村里投入1.1万元对破损路面按原巷口风格进行修缮，并由村委会实施保护。

周家巷

周家巷位于南柯堡福星桥，建于清光绪二十二年（1896），西北方向，两者相距50米左右。巷子不算大，地面全部用小青砖铺就，并设计多种图案，两边有排水沟。巷子长180米，宽2.5米，有两个拐弯，由于巷子两侧居住着的十多户人家都是周姓，周家巷也因此得名。

南柯堡庄台，南北长、东西窄，其地貌形状很像一条卧龙。因交通闭塞，人们从陆路经过南柯堡，必须从一个叫“大尖”的地方先拉渡船渡过蚌蜒河，然后从河南坊经过中坊，再经过后坊才能出庄。地处中坊的周家巷是人们爱走的一条巷道。

周家巷人以种田为主业的同时，有的在自家开机米厂、油坊、砻坊和磨坊，办私塾和设医室，做手艺和搞织布。走在这条巷道里，可以看到乡村中的繁荣

南柯堡周家巷

景象。

在这巷子里，有清朝和民国时期的图董周子山、周方田、周梁。

陈家巷

陈家巷位于南柯堡南侧河南坊。曲径通幽，始于龙王头，末于龙王庙，长256米、宽2.2米。巷道早先是碎砖碎瓦铺设，直至20世纪60年代建制南柯大队，开展爱国卫生，完善对基础设施建设。陈家巷先做好路基，为“W”型，中间凸，两边凹，中间比两侧低的地方高50厘米，便于排水。考虑从河边到巷道里面的水平面高度，依次降低高程，确保排水通畅。巷道铺设是精雕细刻的，每一段每天仅规定几米。砖头是从拆除的庙上精挑细选出来的青砖，长度20厘米，宽度7厘米，厚度5厘米，每一块都用尺量，人走在上面鞋不会沾上泥水。整个巷子铺设得既整齐美观又牢固防滑。2005年10月，因自来水管道铺设，对两边进行硬质化改造，继续保留原有风格。

焦庄大会堂

焦庄大会堂建于1970年，砖瓦结构，南北7间，总面积280平方米。内设主席台（演出时可作舞台），可供千余人开大会或看戏所用。由于年长日久，屋顶损坏，墙面开裂，2018年，村两委会重新修建，清除腐朽材料，加桁条，上盖不锈钢材质。地面平整，水泥浇筑，门窗齐全。会堂内部全部吊顶，装有10台吊扇，18盏电灯照明。主席台后墙有“百姓大舞台”字样，村舞蹈队、舞龙队训练，群众看戏

焦庄大会堂

看电影，召开村民大会，均在此举行。是群众办家宴的好地方。

乌金大会堂

乌金大会堂原址是仙家庙，现位于金戈村乌金179号对面，20世纪六七十年代，仙家庙被拆除。20世纪70年代初在原址建成乌金大会堂。大会堂门上采用原庙龙头置顶部，门脚台下采用原庙青色大理石，由于年久失修，大会堂屋顶破旧损坏。2020年秋，在乌金乡贤能人的资助下，投资18万元按原大会堂标准修旧如旧。采用砖瓦结构，东西长21米、南北宽11米，总面积约230平方米。会堂门前仍按原始字迹描绘“读毛主席书听毛主席话”和毛泽东“为人民服务”“纪念白求恩”“愚公移山”3本书图案。屋面全部木桁条和木板铺就，屋面盖琉璃瓦，过梁为钢筋结构，地面水泥浇筑，配齐门窗，装有吊顶，电灯照明。主席台后墙设“百姓大舞台”，成为村民婚丧喜事举办宴席的场所。

乌金大会堂

北戈大会堂

北戈大会堂

北戈大会堂位于金戈村北戈东南角，建于20世纪70年代初，大会堂建筑风格独特，大门上方是红五角星，下面是“敬祝毛主席万寿无疆”9个大字，左右竖式排列4条标语，从左到右分别是“一切为了毛主席、一切服从毛主席、一切想着毛主席、一切跟着毛主席”，大门上对联是“春风杨柳万千条，六亿神州尽舜尧”。由于年久失修，大会堂破旧损坏，2018年春，通过北戈乡贤能人资助，按修旧如旧标准进行修复，屋顶加固，南北长22米、东西宽10.5米，总面积231平方米。对大会堂地面实施水泥浇筑，安装吊顶，主席台后墙设“百姓大舞台”，2020年在大会堂设立“阳光餐厅”，可容纳30桌左右的餐具和厨房设施，为村民婚丧喜事提供便利。

南柯堡水塔

南柯堡水塔建于1978年，五层砖混结构，高20.4米，基径4.5米，顶部水箱容量24.6吨，矗立于风光旖旎的蚌蜒河西岸，原兴化县南柯制药厂专用水塔。水塔广场面积1.85亩，包括水塔、锅炉房、自来水泵房、沉淀池，配套设施有进水泵

南柯堡水塔

站、净水池、蓄水池各一座。塔身青砖全部由南柯砖瓦厂烧制，施工建筑队伍由南柯建筑站派出，南柯堡村的能工巧匠全程参与水塔的建设施工。旁边的锅炉房烧的蒸气输送给厂制药装灌。自1989年开始铺设入户管道，利用富余净水为南柯堡提供安全卫生的饮用水，2012年陶庄自来水厂为南柯堡村供水后，水塔处于停产状态。

兴东县民国三十三年施政纲要

2019年5月，在仲冯舍村冯家一村民房屋后墙出现1944年书写的《施政纲要》。这处老房子的后墙上写满红色字体，记载着民国三十三年（1944）兴东县《施政纲要》的摘要。这间房屋为青砖小瓦十寸墙。当时的房主叫冯生保，后来将房子分给本村的冯正鹏，一代代相传，房屋属其孙辈所有，已空闲多年。房后面原本被猪圈所挡，在人居环境整治工作中，猪圈被拆除才现出这面墙，墙面上粉石灰，字为红漆书写，字体清秀，字迹清晰。写字人一说为尤友仁，一说是冯中仁，均为私塾先生。

仲冯舍村冯家一村民后墙

附：施政纲要全文：

本县各社会阶层人士，各抗日党派人民群众男女老幼人民群众，政治上一律平等，并开展加强团结，提高抗战力量，使高度的指挥一切人的人民共献计抗战，召开参政会并筹备县参议会。

组织保甲制，实行人民代表制，中心乡全部进行，对于假冒合法正统招牌欺压人民，勾结敌伪鬼子的坏蛋打击！组织动员斗争，粉碎敌伪“扫荡”“清剿”伪化之阴谋。改造地行交通并按河打坝造桥等。发动广泛组织民兵自卫队并加强其领导，提前在其各庄建立区乡武委会。发动人民参军，扩大抗日军队。各庄拥军爱民工作。坚决执行苏中优抗条例、抗属要有田种，有饭吃，提高其地位。费（废）除各种负担外，禁止额外剥削。拥护苏中区人民财权，保障条例安全，严惩侵犯人民利益的行政干部，加强为人民服务，要切实执行政府法令。加强为人民与敌伪特务进行政治经济权力而斗争，要注意顽化粮食“扫荡”“清剿”之阴谋。对于敌伪，注意发动特务投降妥协之企图，勾结敌伪之阴谋，注意汉奸特务之活动，并发动人民检举奸细。竖立烈士墓文碑，表彰殉国烈士，并尊敬荣誉军人和抗日英雄。

各庄要建设根据地，力谋自给自足。酬给十万元并修堤开沟以兴水利。

组办生产合作社一个至两个。开展生产发展，各合作社具有一个。办生产合作社内运耕使全县社买耕牛，组织集体劳动组织伴工队在中心区要组百分之五十，并发展合作社耕牛，合作对外贸易以货易货。进行社会教育，实行新民主主义。为社会教育原则，每村设一明理坊，每乡设一明理堂，为各村加强区乡级工作人员及各抗日全体人员进行教育，各县学校增加一倍。组织教抗会培养新师资，改进私塾、民众小学在职行政干部教育，实行做什么、学什么、做什么教育进行教育（抗日与民主），确立每日两小时学习制度。肃清贪污、腐化，严格执行政治纪律。保证公务人员必须费用办公开支什（杂）费等等，树立司法制度，树立清慎廉公平民主公开作风。每年巡回审判一次。取缔包揽诉讼的讼棍。实行为人民义务撰状，口头谈话诉讼，废止肉刑打骂逼供。提高妇女地位，发动妇女参加各种会议，实行一夫一妻制，废止买卖婚姻，欺瞒谈谎制度。在政治上和经济上保障男女平等。组织妇女参加产业运动。动员妇女参加抗日活动，组织妇抗会。

民主民风禁止毒品。禁止颓风败俗，如赌博“唆讼”迷信迎神“念佛”。

倡导高尚娱乐、民间艺术。提倡卫生，清除街道院落。禁止巫医。医院为人民服务。标语口号：将优抗工作做好，来庆祝参政会的成立。普遍的实行民主教育，来庆祝参政会的成立。部队打胜仗。多缴枪，多捉俘虏，来庆祝抗战打胜仗民队基干，多捉二黄特务，来庆祝新民主的成就，新社会工作队组织好，来庆祝新政权的成立。并且要加紧纺纱织布，参加生产运动，来组织妇女参加生产，选好老师来加强民主教育，参加民主运动，来庆祝做好民主。做好民主，大家做事。如不参加，是个大傻瓜。民主政府如猛虎，民主政府如龙虎，民主实行不要停，实行民主做好民主，做民主政治，实行男女老少一条心。实行民主要有个领导人民为民主的做的好领导执行民主，实行民主，要拥护为民主而努力的新民主，抗日民主政府万岁！抗战胜利万岁！中国共产党万岁！中华民族解放万岁！

第四篇　磨具磨料产业

20世纪60年代中期，境内新洋、徐舍两大队先后办起磨料磨具厂，经历从村办到社办，从社办再到村办，最后走入寻常百姓家，成为家庭小作坊，再从家庭小作坊走向规模发展的过程。60年代后期，磨料磨具产业一直是境内特色产业。2021年，拥有磨料磨具生产与销售企业25家，加工个体户10家，年总产值1.5亿元。

发展历程

1965年春，在幸福新村新洋附近贩鱼的泰兴县人李明生建议村里办个磨具厂，增加村里经济收入。经过动员，新洋大队群众接受建议，每户出资20斤稻谷，并从扬中三茅镇请来师傅朱正江带一班人马过来，创办新洋磨具厂。

1966年，徐舍大队派人学习后，到邗江杭集镇请来师傅，创办徐舍磨具厂。

1969年公社集中管理，将两个大队办厂联合，在小顾庄办起陶庄磨具厂，生产各种规格的油石、砂轮，同时从浙江省嘉善的陶庄引进机械设备，利用蚌壳生产罗甸纽扣。考虑大队集体经济发展，新洋、徐舍各自保留一个车间，隶属陶庄磨具厂，但经济上独立核算。

1976年，陶庄磨具厂搬迁至大顾庄幸福河西，将磨具厂、纽扣厂合并为陶庄化工厂，继续生产油石、砂轮、纽扣。在生产罗甸（无机）纽扣的基础上，开始利用有机玻璃板生产珠光（有机）纽扣。1976年后，大队办厂尽管还在继续生产，但很大程度上已经变成贸易工厂。从社办厂解散回来的员工，纷纷在家中独立生产磨料磨具。大队办厂的员工也纷纷回家独立生产。大家接受大队办厂的统一管理，各户销售产品统一开票，统一纳税。

1984年，陶庄化工厂搬迁至西汉幸福河畔，改名为兴化县农药厂，先后生产杀虫脒、1605水面漂浮剂、利胺磷、稻胺磷、甲胺磷等农药。社办陶庄磨具厂正式宣告结束。

陶庄磨具厂搬迁至大顾庄后，新洋、徐舍、小顾3村又各自独立办厂，使得磨料磨具产业得以继续传承下去。

1997年后，国家鼓励、扶持私营企业的发展，促进个体、私营企业的发展。2000年1月1日颁布《中华人民共和国个人独资企业法》施行。一批村民陆续成立自己的私营工厂、公司，独立经营，独立核算。一时间经营磨具磨料加工生产的厂家达200多户，销售人员150多人。

2000年，村办厂正式退出历史舞台。2001年后，由200多户个私民营企业继续经营磨料磨具产业。由于缺乏行业管理，境内磨料磨具行业，竞争激烈，影响行业发展。2010年成立行业协会，制定经营规则，限制不正当竞争。一批小微厂家公司因经营能力不足，先后停产关闭。

磨具厂分拣磨石

磨料磨具用途广泛，与我们的生产生活密切相关，从“磨剪子，削菜刀”，到机械设备生产过程中的打磨抛光，再到高科技高精密仪器零部件的打磨抛光，无一不要用到磨料磨具。

大队办厂成立之初，由于技术、经济能力原因，大队办厂、公社办厂、家庭工厂都是从附近的东台，远处的山东等地购进现成的磨料进行切割加工，时称改制。

改制工具

由于没有电力，只能用脚踏，就像踏缝纫机一样，带动上面的切割片转动。人的两手托着磨料靠近切割片，让切割片切割磨料。纯人力加工方式非常原始，一个人一天能切割出两到三块油石（磨具）。后来通电，电动机械切割代替人力机械切割，切割磨料的效率大幅提高。

1965年，大队办厂刚创办时，生产加工、销售合同都由扬中来人运作。大队招社员进厂跟着学生产，招采购员跟着学习跑供销。工人拿的是工分，采购员拿的是工资。当年销售油石（磨具）产值9000余元，纯利近4000元，采购员月工资有20余元。1967年时，销售产值2万多元，纯利1万元，采购员工资也增加到30余元。

1969年社办厂时，产销人员都是当地人。工人也不再是拿工分，也开始拿工资。销售油石（磨具）产值7—8万元，纯利3万余元，采购员月工资收入45元，工人工资也有20多元。1974年社办厂销售产值达20万元，纯利9万元，工人工资也增加到30多元。

1976年从社办厂再转为大队办厂时，厂里的工人已经不多，大部分工人都回到自己家里搞生产。厂里的采购员帮着厂里跑供销，也帮各家各户跑供销。户下所有销售由厂里统一开票，统一管理回收的货款，统一收取代办费用，代缴税费、工商管理费、乡工业公司管理费等。

20世纪80年代，采购员加入生产磨料磨具的行列，边生产，边跑供销。渐渐地各家各户也自己跑供销。虽然仍由村里统一开票，统一代缴费用，但货款大多不再返回到厂里的账户上，因为大多数人家直接上门跟客户收取货款。这就导致厂里，实质上就是村里，有支出，无收入，出现巨大亏空。村办厂的管理模式已成为村里的负担。

1993年，徐舍村找来余姓村民承包。为防止再出现亏空，余姓村民坚持先收取代办费用，再开具发票，从而止亏为盈。

1997年后，家庭作坊都到银行开户，到工商所办理营业执照，成立自己的私营工厂、公司，村办厂自然关门。

1999年，网上销售兴起，各私营工厂、公司逐步从线下销售，转到线上销售，线上线下同步进行；借助线上销售，又从国内销售，扩展到国际销售，将产品销往亚洲、欧洲、美洲等地区。

随着经济的发展，传统的磨料磨具已不能满足市场需求，一些企业开始升级自己的产品。江苏华海抛磨材料有限公司，在传统矿石类磨料磨具的基础上，根据市场需求开辟金属抛磨工具产品。兴化市中兴磨料磨具有限公司、兴化市昊天五金工具厂等生产矿石类、金属类小磨头、砂纸卷套装组合产品。

骨干企业

磨具磨料生产、加工骨干企业有华海抛磨材料有限公司、中兴磨料磨具有限公司等，产品在东北三省享有盛誉；21世纪新增锐锋磨料磨具有限公司。

江苏华海抛磨材料有限公司

1982年，王圣海联合18户家庭工业，在新洋大队成立兴化市新洋磨具厂，专业生产磨料、磨具和特种羊毛毡轮等研磨抛光工具。主要产品有粗（精）磨油石、异型油石、磨头、强力珩磨油石以及超精磨碳化硼、天然玉、红宝油石、金刚石研磨膏（粉）等。开发的特种羊毛毡轮，是机械、机电、模具、精密仪表、五金、医疗等行业理想的研磨抛光工具。

主要产品有钎焊金石工具、多用途锯片、打磨工具组套类。

江苏华海抛磨材料有限公司

1990年王圣海又独立创建江苏华海抛磨材料有限公司，集研发、生产、销售于一体。公司产品从单一品种发展到上百种几千个规格，主要有钎焊金刚石工具（金刚石切磨片、金刚石切锯片、金刚石磨轮、金刚石绳锯、金刚石孔锯、金刚石背栓钻、金刚石铣刀等）；多用途锯片（铲刀、迷你锯片、全磨齿锯片、木工锯片等）；打磨工具组套（切割、研磨、抛光等）。1997年兴化市新洋磨具厂成为中国磨具工业协会会员单位。2021年，公司年产值1800万元，纳税150万元。

兴化市中兴磨具磨料有限公司

1997年3月，小顾村贾中亮扩大生产规模，投资60万元，在陶庄幸福河小顾村段西侧成立兴化市中兴磨料磨具有限公司。当年泰州市委书记陈宝田亲自为公司题写公司名。公司生产油石、树脂砂轮、陶瓷砂轮和各种磨头等系列产品50多种，在东北三省享有盛誉，产品还销往江苏各地和浙江、北京、天津、四川等省市。2000年，公司产品延伸到电动磨具的组套生产。2001年，中兴磨具磨料有限公司专业生产各种异型非标砂轮、磨头、油石，特别是在0.3～1毫米型，200毫米以下的树脂薄片砂轮及8毫米以下的小磨头等产品，深受国内外用户好评。2006年，公司又开发电机、水泵产品。产品销售由国内市场拓展到国际市场，远销北美、巴西、欧盟、俄罗斯等国家和地区。至2021年底，公司连续5年出口创汇排名兴化市前十。公司拥有发明专利8项，实用新型专利100多项，是兴化市获得国家级专精特新小巨人企业之一，国家级高新技术企业，是开发区第一家、兴化市第二家把工厂办到国外的跨国企业。2021年，公司法人代表贾中亮获得兴化市市长质量奖。

锐锋磨料磨具有限公司

公司创办于2017年，是一家集研发、生产、销售、创新为一体且具有自主知识产权，专业生产普通型、增强型纤维树脂砂轮的公司。锐锋磨料磨具有限公司通过ISO9001：2015国际质量体系认证，拥有“外星人”“太空人”两个注册商标。“外星人”系列产品定位于高端，主要服务于大型钢厂、船厂、车辆厂、铁路等各大型终端市场，并通过外贸公司将产品销往国外。

公司位于省道344与县道203在陶庄交汇处东北侧，占地面积27000平方米，固定资产投入2000万元，年产值5000余万元。2021年，有职工45人，技术人员12人。

兴化市锐锋磨料磨具有限公司

兴化市信诚磨料磨具有限公司

公司创办于2013年，位于省道344南侧，罗家村（现隶属梓辛村）北，建筑面积1800平方米。创始人尤明宽，接触磨料磨具行业较早，但从事磨料磨具生产起步较晚。当年徐舍村办厂成立后，尤明宽到厂里做采购员，从事磨料磨具的购销工作。后因工作业绩、工作能力得到乡里领导认可，调其到陶庄农药厂从事购销工作。直到2013年才开始独立创业，成立兴化市信诚磨料磨具有限公司，开启磨料磨具的生产，产品销往美国，2021年，年出口额近千万元。

信诚车间

兴化市抛光油石厂

1984年，创办人袁友福从乡工业公司自动退职，到东台城东创办光辉综合厂，生产、销售油石。1986年应乡里领导一再要求，回乡协助经营陶庄磨具厂（已被徐舍村承接）。在袁友福的参与下，陶庄磨具厂生产的油石种类逐渐增多，用途趋广。1990年更名为“陶庄研磨工具厂”，销售产值30余万元，纯利10多万元。1997年“陶庄研磨工具厂”又更名为“兴化市研磨工具厂”，销售产值增至100余万元，纯利50余万元。

2000年，兴化市研磨工具厂因工人流失而注销、关闭。袁友福回家在徐舍村东首创办自己的企业——兴化市抛光油石厂。有在村办厂营销的经验、路子，袁友福找米下锅、以单定产，生产与销售比其他同行要顺手得多。自己外出跑业务，妻儿在家搞生产。根据客户需要，不断开拓磨具新品，用于机械维修、研磨，乃至精密仪器的研磨、抛光。

2003年，公司精磨油石、抛光磨具、异性砂轮为国家航天部二〇一所、二一一所及北京松下电子工业部采用。

公司利用互联网，产品远销日本、德国、美国。产值从2000年数十万元，逐渐上升到2021年的近600万元。

兴化市飞花油石厂

公司位于原徐舍村（现隶属幸福村）西首，厂房占地面积2200平方米，年产值500万元。创办于2008年，创始人徐林成曾是徐舍村的会计，因业务原因接触到磨料磨具的生产与销售，目睹磨料磨具厂由村办到社办，再到村办，到走进家庭的变迁历程。2000年，创始人也离职搞起磨料磨具的加工与销售。由于零经验、零客户起步，销售困难重重，经济一度陷于困境。2008年注册“兴化市飞花油石厂”，线下与线上销售相结合，销售局面逐步打开，创建“科锐油石”品牌，产品销售从国内市场拓展到国际市场，远销印度、印尼、埃及等国家。

主要产品

石炭化硅

20世纪七八十年代，磨料改制成各种磨具都是靠手工操作简单机械来完成的。在这种改制过程中，涌现出一批能工巧匠，他们根据客户的需要，将磨料改制成各种形状。其中新洋的余星权、徐舍的袁友福技高一筹。在袁友福家中，仍然可以看到其几乎纯手工改制的几十种微型磨具，其中最小的刀形磨具宽

刚玉小枝

度只有2毫米，最小的片状磨具厚度为1毫米。

1996—1997年，兴化市三元珩磨油石厂自己打造窑炉，生产用于汽车、摩托车、制冷压缩机等行业的内孔珩磨加工或者研磨抛光的珩磨油石。

1997年，兴化市中兴磨具磨料有限公司开发出树脂砂轮、陶瓷砂轮和各种磨头。

1997年，江苏华海抛磨材料有限公

磨料窑炉内部

司开发出强力珩磨油石以及超精磨碳化硼、金刚石研磨膏（粉）等。2000年，该公司开发的特种羊毛毡轮，是机械、机电、模具、精密仪表、五金、医疗等行业理想的研磨抛光工具。2005年，该公司又开发出钎焊金刚石工具、多用途锯片、打磨工具组套等产品。目前公司产品从单一的油石类磨料磨具品种已经发展到现在的上百种几千个规格。

2003年，兴化市抛光油石厂打造出精磨油石等研磨材料，被国家航天部、航工部、电子工业部的一些直属企业采用。

2015年，兴化市昊天五金工具厂开发生产砂圈、砂布、绒卷、砂纸等产品。

2017年，锐锋磨料磨具有限公司开发的增强型纤维树脂砂轮，广泛服务于大型钢厂、船厂、车辆厂、铁路等各大型终端市场。2021年，该公司又开发生产重负荷砂轮、荒磨砂轮两个新品。

截至2021年，境内生产的传统磨具形状有50余种，每种形状又有规格不一的多个品种。在传统磨具基础上，又开发出砂圈、砂布、绒卷、砂纸、金刚石磨头、磨针、叶轮、百叶盘、千叶轮、切割片及各种铣刀、钻头、高速钢圆锯片、多功能锯片等几百个品种上千种规格的产品，广泛应用于钢、铁、铜、铝等中硬以下金属材料窄而深的槽加工或切断、非金属的铣削加工、难切削材料（耐热钢、不锈钢等高强度钢）的铣削加工。

磨料

以人造磨料为主，也有天然矿石直接做磨料的，如石英砂、石榴子石、天然刚玉和金刚石。人造磨料产品主要分为刚玉磨料和碳化硅磨料两大类。

刚玉磨料

主要成分是铝矾土（氧化铝），经矿业炉炼出的人造材料。纯度较高的为白色叫白刚玉，含有少量杂质的为棕色叫棕刚玉。

棕刚玉磨料硬度中等，但韧性大，颗粒锋锐，被广泛应用与普通磨具制造，适合加工树脂高固结磨具以及用于研磨、抛光、喷砂、精密铸造等。

除锐锋磨料磨具有限公司、泰州市中船磨料磨具有限公司外，境内其他公司、厂家都以销售白刚玉、棕刚玉、碳化硅原料制作的磨具为主，产值达1亿元。

棕刚玉磨料派生出晶刚玉磨料和黑刚玉磨料。

微晶刚玉磨料色泽和化学成分与棕刚玉相似。晶体尺寸小，韧性大，自锐性好。用它制成的磨具适用于研磨不锈钢、碳钢、轴承钢和特殊球墨铸铁。磨削方式上适于成型磨、切入磨、精磨和重负磨削。

单晶刚玉磨料也是以铝矾土为主要原料，配入适量的硫化物，经高温熔炼而成的一种材料。其颗粒是由单一晶体组成，并具有良好的多棱切削刃，较高的硬度和韧性，磨削能力强，磨削发热量少，缺点是生产成本高。其中锆刚玉磨料也是晶体化合物，硬度略低，晶体尺寸较细，耐磨性能好。适应不锈钢、高钒高速钢的磨削，特别适用于易变形，易烧伤工件的磨削。

黑刚玉磨料含较多的氧化硅和氧化钛等杂质，呈黑色，具有硬度适中、韧性高、耐高温、热态性能稳定的特点。多用于自由研磨，如制品电镀前的打磨和粗磨，主要用于不锈钢、金属制品、光学玻璃、竹木制品的抛光和喷砂，又是制造树脂砂轮、切割片、砂布的新颖磨料。

兴化市飞花油石厂以黑刚玉磨料为主生产磨具，2021年产值520万元。

白刚玉磨料纯度高，硬度略高于棕刚玉，韧性稍低，自锐性好、磨削能力强、发热量小、效率高、耐酸碱腐蚀、耐高温热稳定性好。用白刚玉粒度砂制成磨具，适用于磨削高碳钢、高速钢及不锈钢等细粒磨料。

信诚磨料磨具有限公司以白刚玉、蓝刚玉、红刚玉磨料为主生产磨具，2021年产值850万元。

碳化硅磨料

是用石英砂、石油焦（或煤焦）、木屑（生产绿色碳化硅时需要加食盐）等原料烧制而成。硬度高，脆性大，磨粒锋利，导热性较好，耐磨性较强，比较适合加工硬脆的金属及非金属产品。主要有黑碳化硅磨料、绿碳化硅磨料。

黑碳化硅磨料色泽为灰黑色，硬度介于刚玉和金刚石之间，脆性较大，磨粒锋利，导热性好。可用来做砂轮、油

白刚玉

石、磨头、砂瓦类等磨具，适合于磨硬质合金、光学玻璃、陶瓷等硬脆材料。

绿碳化硅呈绿色结晶，比黑碳化硅的质地更纯，硬度比黑碳化硅还要高，其磨削用途与黑碳化硅相同之外，更适合用于材料的精磨如磨螺纹、磨量具等，在磨削材料上更广泛地用于硬质合金、金刚石制品的工件。

兴化市抛光油石厂以黑碳化硅、绿碳化硅、铬刚玉磨料为主生产磨具，2021年产值达580万元。

碳化硅

磨具

2000年之前，传统磨料磨具产业只能生产普通的油石、砂轮。随着时代发展，生产工艺不断更新，产品不断升级换代。

磨具是用以磨削、研磨和抛光的工具。大部分的磨具是用人造磨料改制成的人造磨具，也有用天然矿岩直接加工成的天然磨具。

人造磨具主要有固结磨具和涂附磨具。

固结磨具是由结合剂将普通磨料原料固结成一定形状，并具有一定强度的磨具。一般由原料、结合剂和气孔构成，这三部分常称为固结磨具的三要素。

磨料在磨具中起切削作用。结合剂是把松散的磨料固结成磨具的材料，有无机的和有机的两类。无机结合剂有陶瓷、菱苦土和硅酸钠等；有机的有树脂、橡胶和虫胶等。其中最常用的是陶瓷、树脂和橡胶结合剂。气孔在磨削时对磨屑起容屑和排屑作用，并可容纳冷却液，有助于磨削热量的散逸。为满足某些特殊加工要求，气孔内还可以浸渍某些填充剂，如硫黄和石蜡等，以改善磨具的使用性能。这种填充剂，也被称为磨具的

双面碳化硅

第四要素。

烧结磨具属于特殊的固结磨具，将前文所说的将铝矾土、碳化硅等原料烧结成磨料。可以直接作为磨具，也可以根据需要切割改制成不同形状的磨具。

涂附磨具是用黏结剂把磨料黏附在可挠曲基材上的磨具，又称柔性磨具。涂附磨具有张页状（矩形）、圆片状、环带状和其他特殊形状，主要品种有砂布（纸）和砂带，常以机械或手工作业方式使用，广泛用于金属材料、木材、陶瓷、塑料、皮革、橡胶以及油漆腻子等非金属材料的磨削、抛光和打磨。涂附磨具由磨料、黏结剂和基体3部分组成。

境内中兴、华海、昊天、锐锋等几家公司生产涂附磨具。

其实，磨料和磨具统称为磨料磨具。严格意义上讲，磨料与磨具是一回事。过去统称油石，就是磨刀石，有单面、双面两大类。后来逐步运用到工业上，并且分类越来越精细化，改称磨具更为确切。

涂附磨具

白刚玉砂轮片

磨料有时可以直接作为磨具使用，磨具则是磨料的改制品。磨料磨具素有工业牙齿的美称，其主要作用有研磨、抛光、打磨、清洁、切割、钻孔等。广泛用于机械制造、模具制造、汽车及飞机发动机制造、仪器仪表、超精密加工、IGBT和LED等电子元器件的制造等各个领域。在磨削时，常用磨料或磨具作为切削工具，对需要加工的零件进行机械加工，从而达到一定的技术要求。

以刚玉、碳化硅、碳化硼等为磨料的油石类磨具，被改制后的形状大致有方块状、条状、片状、棒状、半圆状、轮状、锥形、三角形、刀形等。

磨料磨具的生产首先要烧制磨料。将刚玉（棕刚玉、白玉刚、单晶刚玉）或碳化硅（黑碳化硅、绿碳化硅、立方碳化硅、铈碳化硅）、碳化硼原料等原料与黏接剂按一定比例掺和在一起，搅拌均匀，用模子压制成型，晾干硬化。再用窑炉高温烧制成磨料。不同的磨具需要不同的磨料，需用不同的原料调配。这类似于砖瓦厂生产各种类型砖瓦，先造土坯，再烧制。最后将烧好的磨料进行切割打磨，就成为磨具。根据客户需要，可以将磨料切割成不同规格、形状的磨具。切割好的磨具，经过清洗、晾干或者烘干，最后包装入库。

由于烧制磨料的原料产地较远（东北），采购比较麻烦，因此，除三元珩磨油石厂1996—1997年真正烧制过磨料，境内磨料都是从附近的东台、远处的山东等地购进。

蓝白刚玉

铬刚玉

蓝刚玉

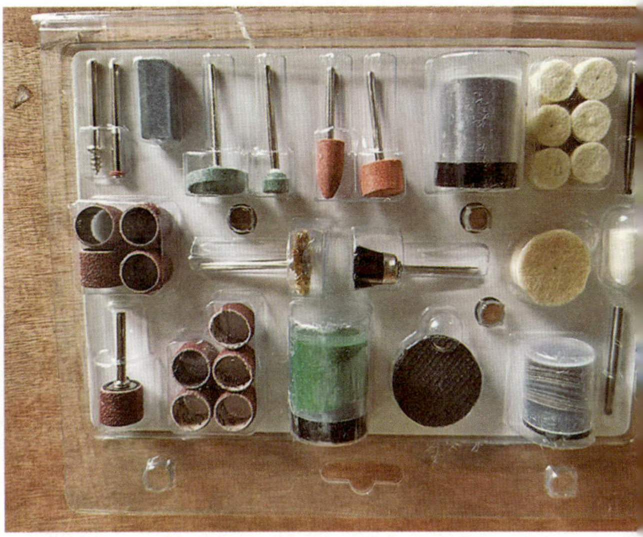

各类磨头

行业管理

行业协会

从1965年创办“新洋磨具厂”，到社办“陶庄磨具厂”，再到村办厂、个体户，至2000年，磨料磨具行业一直接受陶庄乡工业公司管理。2000年工业公司撤销，成立企业管理服务站，以服务企业为主管职能。

工业公司、企管站只能从行政服务角度进行管理，行业的专业技术缺乏指导，购销业务缺乏协调管理机制，同行间不正当竞争时有发生。

2010年5月陶庄镇磨料磨具企业协会成立，成员35个，其中挂牌企业25家，纯加工企业10家。协会服务宗旨是制定行业生产销售规则，协调企业间的产品研发、生产、销售，防止企业间不正当竞争现象的发生。同时协调政府与企业的关系，发挥桥梁纽带作用，既要维护行业公平竞争环境和企业合法权益，又要贯彻落实政府的宏观意图，引导企业承担应尽的义务。

营销管理

1965年新洋大队办厂成立后，销售业务、销售合同均由扬中过来的人员负责。后来厂里招聘人员跟随学习。在外来师傅的带领下，本地人员逐渐能够独立跑业务、签合同。这种找米下锅（跑订单、跑合同）的营销方式一直延续到2000年后不久。

2000年后，网上销售平台纷纷出现，各企业也逐渐从线下销售转为线上销售，通过网店网罗客户，变企业主动上门说服客户为吸引客户主动上门。有的企业线上线下销售并存。2021年，线下销售仅存于企业的老客户之间。

在国内销售的基础上，一些企业又尝试着通过国际站、跨境电商等渠道进行国际销售，产品远销欧美、中东、东南亚等地区。

2021年，兴化市锐锋磨料磨具有限公司外贸销售额650万元，江苏华海抛磨材料有限公司外贸销售额600万元，兴化市中兴磨料磨具有限公司外贸销售额620万元，兴化市信诚磨料磨具有限公司外贸销售额350万元，兴化市抛光油石厂外贸销售额170万元，兴化市金峰油石厂外贸销售额130万元。

环境管理

由于大部分公司、厂家生产过程主要是将磨料切割成各种形状。切割过程中，需用水对切割刀与磨料接触面进行冷却，用过的水可以反复循环使用。一般情况下，切割成型的磨具长度不超过20厘米，宽度不超过10厘米，厚度不超过5厘米，因此切割设备基本是小型化、微型化。切割时又用水冷却，因而生产时所产生的噪声比较低，也不会产生废气、废水、废渣。整个生产过程低碳、环保。

生产规模比较大的兴化市中兴磨料磨具有限公司、江苏华海抛磨材料有限公司、兴化市信诚磨料磨具有限公司、兴化市抛光油石厂、兴化市抛光油石厂加强环保管理，先后获得ISO14001：2015环境管理体系认证证书。

兴化市锐锋磨料磨具有限公司在生产树脂切割片、砂轮的过程中，采取畅通空气流动、活性炭吸附、保持空气新鲜等高标准环保措施，获得职业健康安全管理体系认证证书、环境管理体系认证证书，拥有符合标准的产品碳足迹评价结果。

质量管理

境内磨料磨具生产企业都是从专业生产磨料的厂家购进磨料，然后进行改制，加工成客户需要的品种。所以境内各企业严格把好原料进口关，同时对产品质量进行跟踪，关注客户反应，再把客户的反映，反馈给供货商，确保产品质量，对客户、自身负责。

兴化市锐锋磨料磨具有限公司、兴化市中兴磨料磨具有限公司、江苏华海抛磨材料有限公司等企业加强质量管理，均获得ISO9001：2015质量管理体系认证证书。

附：

2021年陶庄镇磨料磨具产品产值一览表

表14

企业名称	商标/产品名称	年产值（万元）
兴化市中兴磨料磨具有限公司	棕刚玉类油石磨具、树脂砂轮、陶瓷砂轮、各种磨头	2100
江苏华海抛磨材料有限公司	钎焊金刚石工具、多用途锯片、打磨工具组套	1800
兴化市锐锋磨料磨具有限公司	外星人、太空人/角磨片、切割片、树脂砂轮、重负荷砂轮	4500
兴化市信诚磨料磨具有限公司	白刚玉、棕刚玉、碳化硅类双面油石磨具、砂轮	850
泰州市中船磨料磨具有限公司	颗粒磨料	110
兴化市抛光油石厂	碳化硅、铬刚玉类油石磨具	580
兴化市方圆油石厂	白刚玉、棕刚玉、碳化硅类油石磨具	210
兴化市飞花油石厂	白刚玉、棕刚玉、碳化硅类油石磨具、砂轮	520
兴化市四方油石厂	白刚玉、棕刚玉、碳化硅类油石磨具	280
兴化市东方研磨工具厂	白刚玉、棕刚玉、碳化硅类油石磨具	730
兴化市鼎丰油石厂	白刚玉、棕刚玉、碳化硅类油石磨具	360
兴化市磨具厂	白刚玉、棕刚玉、碳化硅类油石磨具	210
兴化市金研油石厂	白刚玉、棕刚玉、碳化硅类油石磨具	180
兴化市润达磨料磨具厂	白刚玉、棕刚玉、碳化硅类油石磨具	270
兴化市兴星油石厂	白刚玉、棕刚玉、碳化硅类油石磨具	420
兴化市金峰油石厂	白刚玉、棕刚玉、碳化硅类油石磨具	450
兴化市三元珩磨油石厂	白刚玉、棕刚玉、碳化硅类油石磨具	180
兴化市晶星油石厂	白刚玉、棕刚玉、碳化硅类油石磨具	220
兴化市精英油石厂	白刚玉、棕刚玉、碳化硅类油石磨具	210
兴化市兴祥油石厂	白刚玉、棕刚玉、碳化硅类油石磨具	105
兴化市钟山磨具厂	白刚玉、棕刚玉、碳化硅类油石磨具	100
兴化市新洋五金磨具厂	白刚玉、棕刚玉、碳化硅类油石磨具	230
兴化市兴和研磨工具厂	白刚玉、棕刚玉、碳化硅类油石磨具	120
兴化市昊天五金工具厂	砂纸、砂圈、砂带、磨头	150
兴化市星权油石厂	棕刚玉、碳化硅类油石磨具	130

第五篇　牛羊肉产业

1912年，境内夏北村袁荡陈姓家庭成为第一个杀牛户，逐步以家族式相传，成为远近闻名的“牛肉汤”村，并逐步推向陶庄、大顾两个村。20世纪50年代人民公社化时期，从事牛羊肉产业的仅10多户，一直到90年代，牛羊肉产业在境内传承，不仅对外销售，在美食上注重烹饪技艺，打造产业特色。2014、2018年大顾村柳学斌和顾种云先后建起牛羊肉馆。在美食文化上，2020年起，陶庄镇在立冬时节举办“牛羊肉美食节”，放大牛羊产业文化，形成享誉省内外“牛羊肉之乡”的美称。2021年1月11日，经国家商标局注册“陶庄牛羊肉”商标。2021年底，屠宰牛6000多头、屠宰羊3000多只，销售牛肉70多万千克、羊肉4.5万千克，从业人员180人，牛羊肉产业经济总收入名列兴化首位。

发展概况

首届牛羊肉节

过程

陶庄镇牛羊肉产业发展自1912年开始，境内夏北村袁荡陈吕祥第一个在自家庭院从东海购牛回来宰杀，逐步以家族、亲戚式相传，陈吕祥传授给其弟陈吕

陶庄羊肉

珍，再传授给周姓亲属杀牛，仅有20户的村庄，有15户人家从事宰牛行业。20世纪60年代为初始阶段，水牛除原生产队退役的耕牛经过批准宰杀，在境内戴窑、唐子、大垛、安丰牛市场购，杀牛采取捆扎式屠宰方式，陶庄陶焕才在其袁荡的外公周姓帮助下自己做起杀牛的行业，并由周某直接在陶庄杀牛，从此，杀牛进入到陶庄大队境内。

70年代，水牛购进渠道以兴化境内居多和南通海安、盐城东台购进为主，大顾徐怀根和顾维汉开始杀牛，并在大顾传开；80—90年代为发展阶段，水牛大多到湖南、湖北、贵州、河北购进，采取中枢神经牵杀，牛羊肉形成主要在南（北戚、袁荡）、北（大顾）、中（陶庄）3个牛羊肉销售点，到21世纪，水牛多数从云南购进。采用电击法，杀牛屠宰户集中在陶庄、大顾两个村，其他村零散单独，为数不多。

从2005年始为兴盛阶段，陶庄屠宰和羊肉销售逐步发展到兴化城及友邻乡镇，也挂起正宗陶庄水牛肉的招牌。陶庄人宰杀牛羊技艺利落，烧制有其传承秘诀。在实践中，2015年后，70%的屠宰户仍采用成熟的中枢神经牵引屠宰方法。特别是陶庄水牛肉，质地纯正，味道鲜美，颜色清丽，既饱眼福，又享口福，多年来深受消费者青睐。陶庄水牛肉成为方圆几百千米内远近闻名的抢手货。不仅在兴化、东台、泰州等市县菜市场有专卖点，而且省城南京和经济发达的苏、锡、常许多菜市场都有“陶庄正宗水牛肉”的专销点。

推介

从20世纪70年代，牛羊业一年一个台阶，随着社会经济的发展，城乡人民生活水平的提高，对羊肉营养价值认识的深化。有苏北里下河地区独特的“牛羊肉之乡”的美称，注重挖掘文化内涵，2012年9月和2013年5月通过到上海、南京陶庄镇联谊会举办推介会，发布信息，通过兴化、泰州电视台介绍牛羊肉品牌，2017年3月，时任市委主要负责同志、分管负责同志到大顾村调研“一村一品”特色工作，打响陶庄牛羊肉品牌。2018年1月13日，《兴化日报》四版整篇报道“十里飘香的陶庄，舌尖上的牛羊肉”，2018年12月江苏有线云媒体电视以《企业风采》江苏视野专题报道“江苏绿色放心餐饮企业”牛羊肉的消息，使陶庄牛羊肉品牌得以放大。

为有效宣传牛羊肉文化，2019—2021年在境内公路沿线25座桥梁两侧设置宣传画册，介绍陶庄牛羊文化的图标，陶庄、大顾及周边村庄标有陶庄牛羊文化的墙面大型宣传。利用陶园广场将塑有一条牛、4只羊雕像安置在“陶园广场”西角草滩边。根据牛羊肉生产、加工、销售和牛羊肉文化特色，以讲故事的形式编排小品“一碗牛肉汤”通过大屏幕向群众宣传，放大影响。

牛羊肉产品广告

美食节

2020年11月7日陶庄镇精心准备举办首届“美味牛羊、幸福陶庄”美食文化周启动仪式。推介陶庄牛羊肉美食文化，彰显独特的风味。党委政府确定，每年11月冬至前后1—3天，举办一次牛羊肉美食文化节。首届牛羊肉美食周在全镇筛选12支代表队，以当地的牛羊肉厨师展示具有陶庄特色的烹饪技艺，评委们按照色香味评选规则决出一、二、三等奖和优胜奖，最终仲冯舍代表队夺得第一名。美食周拉动三产发展，在活动现场同时设有22个展位，重点展示陶庄特色产品，包括泰州市最大的湖羊种羊、肉羊生产基地华康农牧科技有限公司的产品，陶庄特色熏烧、农产品甜叶菊、恒昌粮油、泰州绿蛙源“一捧金胚芽米”、火龙果、蛋禽、肉鸽、螃蟹等，现场通过微信、抖音发布产品信息，受到全国各地网民的关注。现场还表演丰富的文艺节目，给观众带来文化大餐。通过此次活动，让陶庄牛羊肉美食之香飘向五湖四海，推动陶庄餐饮文化与农业产业化紧密结合，有力助推乡村振兴。

管理

1987年1月成立养羊协会，吸纳会员108户，养羊协会对会员实行“三包”（包收购羊皮、包销羊肉、包防疫），“三优”（优先解决资金、供应饲料、供应化肥），促进陶庄乡养羊事业的发展。2021年6月，陶庄镇组建牛羊肉协会，以建设一支高素质、有担当的队伍为目标，促进牛羊肉食品高质量发展、推进从事牛羊肉事业健康成长，选举产生协会，理事15名、监事1名，其中会长1名，副会长7名，秘书长1名，监事长1名。牛羊肉协会成立后及时制定各项管理制度，规范经营秩序，对屠宰户牛羊肉进货、检疫、销售、管理进行逐步规范，确保百姓吃上放心安全卫生的牛羊肉。

生产销售

从20世纪六七十年代，生产队饲养牛，主要是从事农田耕作，退役的耕牛经过批准宰杀，80年代本地羊饲养量、出栏量、羊肉产量均居兴化市之首。生产队饲养耕牛和农户饲养山羊的人数较多，牛羊均在境内购买屠宰，21世纪后本地已不再饲养耕牛，屠宰户全部到周边县乡镇购买。山羊除在当地收购外，80%从海安购进。

饲养

20世纪60年代，境内有富裕农户饲养耕牛，大多数以生产队饲养，每个生产队购养3—5头耕牛，退役的耕牛先经公社兽医鉴定是否可以退役，以生产队召开社员大会讨论，然后大队审核，公社分管负责人层层批准然后交到屠宰户收取宰杀。牛饲养量1963—1967年平均年存栏600头，1968—1978年存栏600—1000头左右，1979年逐年减少，年存栏580头，1985年年存栏仅45头，1998年存栏10头，21世纪后不再饲养牛。陶庄镇山羊1967—1973年平均存栏865只，1974—1987年存栏2000—4274只，1988—1998年年均存栏10000—14000只，1998年存栏22400只。21世纪后养羊业逐渐减少，2000年羊存栏20500只，2005年羊存栏5800只，随着环境整治的要求以及外出打工，家庭很少养羊，2010年羊存栏1500只。2013年9月李爱军建成养羊场，年养羊4000—5000只，至2021年，除李爱军养羊外，村民自家养羊800—1000只。

附：养羊大户李爱军

李爱军是兴化市戴南人。2013年9月在兴化市政府赴昆山举办的投资说明会上一举入围，到陶庄创办华康农牧科技有限公司，专业从事养羊。李爱军把养羊与科技紧密结合，采用高床养殖，提高羊的抗病能力，研究羔羊早期断奶技术，提高产羔率。公司成为泰州市最大的

李爱军养羊场

肉羊生产基地，与南京农业大学等3所高校建立产学研合作关系，先后获得“江苏省畜牧生态健康养殖示范园”“无公害农产品”，连续4年获得“泰州市农产品质量诚信企业”称号，是“江苏省肉羊产品技术创新战略联盟”理事单位。2021年饲养量5600只。

采购

屠宰户的水牛从20世纪70年代一直以从外地采购为主，当地为辅。从水牛和山羊的价格变化历史，水牛年价格上涨以20%—40%的速度，以每头牛500公斤为例，50—60年代每头牛70元不等，每只羊以20斤为例，每只8元，70年代每头牛90元，每只羊12元，70年代后期耕牛逐步在友邻乡镇购买；购牛一般都是凭经验看牛，一般情况下不需秤，兴化境内大型集市都设有牛市场，80年代外出购牛主要是收购人去看牛，谈好价格后请当地人用船将牛送回来。经济条件好的用8吨的冲水机船将牛运回来，每次可运8头左右，80年代每头牛200元，每条羊17元，以后逐年上涨，1983年每头牛1000元，每条羊35元；80年代中期至90年代末在东北三省购牛，一般人去谈好后用货车运送，一车可装水牛17—20条，90年代每头牛2600元，每只羊150元。

2000年后当地不再饲养耕牛，屠宰的耕牛主要来源于安徽、贵州、湖北、江西、云南5省。2000年每头牛5000元左右，每只羊250元；2010年每头牛9000元，每只羊400元；2015年每头牛1.1万

购存栏牛

元，每只羊500元；2018年每头牛1.5万元，每只羊1000元。屠宰户根据季节每年均要外出8—15次不等，每次购进20—25头左右。货车运送到家，屠宰户常年备水牛10头左右。而山羊一般均以家庭饲养，由屠宰户上门收购，21世纪家庭饲养山羊逐渐减少，需要到盐城及南通海安等地购进。2021年每头牛2.2万元，每只羊1800—2000元。年采购牛6000多头，采购羊3000多只。

屠宰

牛生长高大，杀牛需高度集中精力，陶庄人在日常屠宰中积累丰富的经验，20世纪50—70年代是捆绑式，杀牛采用绳捆杠撬再动刀。一般需6人左右，至少也要4人，方法是用一根较长的、结实的麻绳或尼龙绳，约有大拇指粗，一根结实的木杠或竹杠，一把匕首形尖刀。一人一手牵着牛鼻子，一手轻拍牛面额，让牛放松下来。一人扛一根杠子，站在牛一侧。一人用绳子捆牛脚脖子，绳子要长。先捆前脚脖子，“8”字形捆住。把余下的绳子拖到后面捆牛的后脚脖子，也用“8”字形捆住。此时捆住牛脚脖子的绳子没有收紧，处于松弛状。再加一个人，两个人握住余下的绳子。一切准备好后，一人大喊“拉”，握绳子的两个人用力猛地一抽绳子，捆住牛脚脖子的绳子立马猛地收紧。牛的前两腿之间、后两腿之间、前后腿之间立马被紧紧收拢。牛站立不住，轰然倒地。拿杠子的人，眼疾手快，迅速把杠子从牛肚上斜插到牛的四脚之下，牛肚作为支点，把牛的脚撬离地面。牵牛的人紧紧按住牛头，一人拿刀割喉放血。力气大的人可以用一条腿跪压住牛头，一手割喉放血。不等牛断气不能抽回杠子，也不能松开绳子。捆牛脚脖子是要技术的。偶有捆得不好的，牛会挣脱绳子站立起来，发疯似的追着人用角刁人，进而发生伤亡事故。用杠子撬牛脚的人力气也要大，以防撬不住牛脚，造成牛脱绳。

90年代采用点穴割杀，在积累一定经验的基础上，采用中枢神经点穴的方法杀牛，一般需3个人，最少也要2个人，其方法是一个人抓住牛鼻子将牛牵至场地扣紧，一个人用手摸住牛头部与颈部连接处有一个凹塘，然后拿着事先准备好的螺丝尖刀瞬间刺入，直接阻断中枢神经，几秒钟就能让牛失去知觉倒地，倒地后立即在颈部割喉放血。

90年代末采用电击触杀，这种方法更为简单，一般仅需2个人就能完成，方法是将牛牵到场地，事先做好相关准备，用手摸住牛头部与颈部连接处的凹塘中枢神经处，然后用300伏电压的电棒直接点击，牛迅速倒地，倒地后仍然采取颈部放血的办法。

杀羊的方法比较简单，一直采用捆绑式一种方式，用绳子先捆住前脚，再捆住后脚，2个人操作即可，一个人按住羊头，一个人用刀割喉放血，待羊不再动弹时，先从肚皮划一条线，然后用小尖刀剥皮，皮剥后按前后腿及颈项划分解剖即可。如果吃带皮的羊肉，待羊不动弹时，在大水桶里放95度以上的开水将羊子放在上面翻滚数次，然后顺着脱去毛。

2015年后，为保证牛肉鲜美，屠宰户们通常摒弃现代化的电击致死屠宰法，因为电击法是一种用高压电致牛死亡的方法，这样的牛肉中保留大量血水，会大大影响牛肉口味。屠宰户们依然保留传统的中枢神经点穴放血法，就像杀鸡一样，放干净血后，能降低牛肉的腥味，从而保证牛肉的品质、营养和口感。

2019年，陶庄镇把筹建牛羊肉市场与乡村振兴融合，聘请专家考察论证，以牛羊肉加工基地和冷链物流项目，2021年底由兴化市文化广电和旅游集团投资近2亿元在陶庄新张线三和庄东侧建设牛羊肉加工屠宰场。

销售

牛羊肉的销售根据季节特点，满足市场供应，销售价格羊肉正常低于牛肉价格的10%，每年上涨幅度30%左右，20世纪60年代，每斤牛羊肉0.40元左右；70—80年代正常年销售集中在四季度销售，每个屠宰户均设有门面销售牛羊肉，屠宰户一边将刚宰杀的牛进行分割，一边用刀把牛身上的白油割掉，进入第四季度，常年供应新鲜刚杀的牛羊肉，让食客选购生牛肉。对分割的生牛肉放在大笼子煮熟后摆在门市摊位上让食客选购，正常门市销售比例根据各户情况，平均40%。1975年每斤0.5元，1978年每斤0.95元，1979年每斤1.3元，1985年每斤4元；羊肉汤的价格每年上涨也在20%左右，1978年羊肉汤两毛钱一碗，1985年五毛钱一碗。

90年代每年除三季度天气炎热外，其他月份均有销售，1990年牛肉每斤7.5元、羊肉每斤6元，1995年牛肉每斤10元、羊肉每斤8元；随着人们生活水平得到提高，羊肉汤一元钱一碗，加点盐，撒上蒜花，喜欢吃辣的搅点大椒酱，寒冷的冬天喝上一碗，又热身，又养胃，价廉物美。1995年5元钱一碗羊汤。1995年后，陶庄牛羊肉在兴化有牛羊肉摊点，是屠宰户亲属直接派人设立驻点销售，在兴化城区正常有3家店销售牛肉，摆摊出售有生牛肉、熟牛肉，有简包装和真空包装，有原味牛肉、五香牛肉等，在兴化牛羊肉销售市场，陶庄牌更是占据主流。1998年后，陶庄牛羊肉销售网点众多，泰州有2家挂着“正宗陶庄牛羊肉”的标牌销售，兴化有15家销售或饭店预约定购，集中在兴化、大垛、竹泓等乡镇较多，最多的大垛镇正常有13家门市销售陶庄牛羊肉，牛肉采取约定选购，由顺风车司机按指定地点送达，方便快捷，平均销售25%左右。

21世纪尤其是2010年后实行全年销售，2000年牛肉每斤15元，羊肉每斤12元左右，2005年牛肉每斤20元，羊肉每斤16—18元，2010年牛肉每斤40元，羊肉每斤16—18元，2013年牛肉每斤60元，羊肉每斤50—55元，2015年牛肉每斤70元，羊肉每斤60元，2016年牛肉每斤80元，羊肉每斤70元；羊肉汤2000年8元一碗，2010年10元一碗，2015年12元一碗，2018年15元一碗，2021年20元一碗。

2019年，屠宰户用抖音介绍牛羊肉，发布联系电话，付款后由屠宰户直接寄送到食客家中。占销售的5%左右，日销量1000—2000斤左右。2020年牛肉每斤90元，羊肉每斤80元，2021年牛肉每斤95-100元，羊肉每斤90元。每个屠宰户都备有冷藏柜，规模大的备有冷藏房屋，可容纳1000斤左右牛羊肉储存，确保常年牛羊肉供应。到2021年底，陶庄人在兴化设牛肉摊点有5家，分布在城市饮食闹市区，满足兴化城的供应。平均年销售20万千克左右。

从销售的牛肉看，实行分类，牛一般分为项肉、找零、牛脚、牛尾、牛肚、牛金腱这六类，一般来讲，以项肉为例，牛金腱正常贵20—30%，如普通牛肉每斤100元，牛金腱130—150元，其他部位低10—20%，也就80—90元之间不等。

制作工艺

陶庄牛羊肉制作经过近百年传承，制作方法、手艺发生大的变化，20世纪70—90年代，陶庄牛羊肉制作非常简单，正常是普通的红烧牛肉，由于价格高于猪肉，经济条件好的家庭才可以享用牛肉；而羊肉因为有独特的膻味，食用者较少，随着生活条件的改善，到21世纪，“陶庄牛羊肉制作技艺”开始成熟，牛羊肉正常进入百姓人家。

陶庄的“羊肉制作技艺”两种制作方法并存，为适应不同需求的食客提供方便。20世纪90年代牛肉汤一般采用与粉丝组合，再加上3—5个小肉圆，味道纯正可口；而“羊肉制作技艺”由于厨师

火锅毛肚

采用传统的烹饪与现代科技的完美结合的方法，推出“羊汤泡馍”，即将烧饼与羊汤配合食用，深受欢迎。每年冬季可销售多近3万碗羊汤。在陶庄的餐桌上，只要有尊贵的客人，牛羊肉属必上菜肴，有“无牛不成席、无羊菜不鲜”之说法。2016年12月“羊肉制作技艺”被兴化市人民政府批准确定非物质文化遗产。

牛肉产品制作

陶庄境内牛肉全部为水牛肉，牛肉含水量比猪、羊多，因其肌纤维长而粗糙，肌间筋膜等结缔组织多，加热后蛋白质凝固时收缩性强，持水量相对降低，失水量大，反使肉质老韧。

鲜牛肉 在陶庄境内销售的大多数是原汁原味的新鲜牛肉，鲜牛肉的制作方法是将新鲜牛肉分割后，大甑子放入水烧开后，先将牛骨头放在锅里烧开，一般需半个小时左右，然后将新鲜牛肉放入锅里焯一下水，将水全部放掉，重新加入水大火煮，在烧的过程中，原始的烧法是用棉花楷或木材火，后发展到用炭烧，到21世纪大多数用电烧，也有少数仍用木材烧，烧的时间根据牛的年龄确定，一般的牛需烧1.5—2小时，主要看牛肉没有红水，然后再用慢炖浇40—60分钟，再等30—50分钟后将牛肉捞出来放在事先准备的板上冷，这种牛肉风味纯正，老人小孩都能轻松咬动，不塞牙。

鲜牛肚 也称“牛胃”，牛是反刍动物，其胃为食道、瘤胃、蜂巢胃。其形体较大。牛肚要单独制作，制作方法比鲜牛肉简单些，因为牛肚是先把肚子清洁干净，然后放在烧开的水中焯一下水，先用大火烧一个小时左右，然后小火烧20—40分钟，放在锅里再等半个小时起锅，烧的时候根据牛的生长时间，肉质情况而定，但如何确定火候到位，一定要用筷子戳一下，以烂为标准。

卤牛肉 将新鲜熟牛肉放入锅内，加花椒、桂皮、姜片倒入料酒，倒入酱油。用大火烧1—1.2小时，转小火炖2小时，炖好后，牛肉连同酱汁一起放入冰柜里冷藏一晚。第二天拿出来，牛肉加热后放凉切片，把酱汁淋在牛肉上，或者另装一碟蘸食，最后撒上香菜。卤牛肉制作复杂，相对较烂，销售价格比原味牛肉要贵20%左右。

牛肉分档 评价牛肉好吃与否，每块制作不一样，效果就有不同的感觉，牛肉分为三个档位。头部主要是牛头，也称“牛首”，骨多、肉少，表面有毛茬，须火燎至焦糊，再经水浸泡后刮净，其两侧为厚胶状的皮，称“牛脸”。宜烧、煨。牛脑，质细腻，表面有层透明的筋膜，须用沸水浸烫后撕去，宜烧、烩。牛舌，也称“牛口条”，宜烧、卤、酱等。牛天花板，牛上颚的一块搓板形的脆骨，须经沸水焯透，刮去表面薄膜后，才宜改刀成形。

牛尾由多骨节组成，肉少皮薄，外表毛茬，须火燎至焦糊，再用水烫泡后才能洗净。尾根，牛尾根部位的臀肉，质老，须长时间烧制。上脑在牛的前腿端，颈肉之后，脊背前部紧靠外脊的地方，并与外脊相连，其肉质红白相同，质地较嫩，宜炒、烧。花头，牛颈肉也称“脖头”，在牛头的后部，纤维横竖错生，质老，色血红。在牛颈肉的后部，包括扇面肉，肉纹较粗，宜卤、煨。短脑，牛肩胛骨上的肉，质较嫩，上面间有薄膜，加工时需要片去，宜炒。

前腿牛前腿，在牛颈肉后部，上脑下部，质较老，宜慢火长时烹调制作，常用于烧、煨。胸口，在牛的两只前腿中间，脂肪多，肉丝粗，宜烧。腱肉分前腱子和后腱子肉，是牛肉中最好的肉，在牛前腿的下部和牛的后肘，筋肉相连，质韧而老，宜烧、拌。牛护膝，也称“膝盖骨”，牛的下腿关节，形圆，中间为软脆骨，外围是胶质状的筋。白式胶质多，韧性大，无异味，须经水煮、漂洗。三岔肉，位于“后腱子”的上面，“里仔盖”前面，外面有筋皮，肉中有三片筋，肉色淡，质嫩。

牛排也称“腰窝排”，牛的脊背下侧，肋骨上部，纤维斜而短，肉质阔肥嫩，宜炒。牛通脊，也称“牛外脊”在牛的脊背部，紧接上脑，呈长扁圆形，肉纹精细一致，质细嫩，均由瘦肉组成，底有板筋，宜炒。牛里脊，也称“牛柳”，在牛外脊的斜下方，紧靠后腿的上部，是牛肉中最细嫩的部位，均由细肉组成，呈长扁圆形，多有碎肉，底部有板筋，宜炒。腑肋也称“肋条”，在牛的腹腔两侧，质肥，瘦肉少，并连有筋膜，宜烧、煨。腰窝头，在牛的脊背部，下接肋条，质接臀尖，肉质厚阔而肥嫩，宜炒、烧。

腑脏有牛肝，质地、色泽与“猪肝”近似，但成熟后硬于猪肝，口感一般。牛腰，质地、色泽和形状与“猪腰”近似，表面有沟纹，膻味较重，须除去腰臊才能使用。牛鞭为牛的阴茎，富胶质，韧性大，有异味，去尿道膜加工处理后能可制作。其他部位牛蹄，也称“牛掌”“牛脚”外表有毛茬，蹄壳内有掌骨，须先砸去蹄壳，再用火燎表皮，以水浸泡刮净然后焖煮，拆去掌骨，其质胶性大，无异味。牛筋，也称“牛蹄筋”，牛腿部的筋，富胶质，韧性大，异味小，须经水浸泡后焖煮等多种工序才能制菜。

羊肉产品制作

羊肉既有营养，更美味解馋又滋补，羊肉与牛肉制作方法大不相同，本地制作关键在于如何去除膻味，针对不同部分采取不同的制作方法。在烧煮羊肉时，可适量放鲜橘子皮、绿豆、核桃、山楂、白萝卜、醋等，不但能除膻味，而且还能使味道更鲜美。

鲜羊肉 将山羊屠宰、出血、剥皮头爪分割，将羊肉用清水泡12小时后，将羊肉取出放到土灶上煮透，一般须煮1—1.5小时，待羊肉恰到好处时起锅出骨头，骨头出清后，再将羊肉放在砧板上冷后即可销售。

羊肉分档 羊肉在烹调中用途较多，选用不同的烹调方法，可以制作出风格各异的美馔佳肴。头部也称“麒麟顶”，羊脸，骨多、肉少，表面有毛茬，须用火燎后，再经水浸泡才能刮净，宜做冷菜。羊眼，也称“玉珠”羊的眼珠，可做菜肴主料，适于烧制，羊眼皮，也称“户皮”经熟制后适用制作冷盘。羊耳，也称“千里风”“迎风扇”（指羊耳尖），质脆、肉少，宜炒。龙门角，羊的耳根，多带脆骨，形如龙角，可供扒、烩等。羊舌，也称“羊口条”，表面覆有皮膜，经沸水浸烫后刮去，质细腻，膻味小，上下半截多分开使用，宜烧。羊脑，也称“天花”，色白质嫩，表面有透明的薄筋膜，须用沸水浸烫后撕去，宜烧、烩。

羊前腿肉，也称“前手”，在颈肉后部，包括前胸肉和前腱子肉的上部，质老嫩不均，肥瘦兼有，前胸肉部位宜红扒。水肉，位于羊前腿中部一块大骨之后的肉，色淡红，纤维长短不一，有筋，去筋后肉质很嫩，宜炒、烧等。

前腱子，在羊前膝的下部，肉中夹筋，肉质较嫩，宜烧。羊胸脯肉，位于羊的前胸部，接颈肉，连肋骨，肥多瘦少，肉中无筋膜，宜烧。中部羊外脊肉，也称“羊扁担肉”，位于脊背处，前后腿的中间，质嫩，均为瘦肉，扁圆而长，应用范围广，宜炒、烤等。羊脊骨，羊背上的一条大骨，可供煮汤。

羊肋条肉，位于前后腿的中间，外脊的下方，肉肥瘦兼有，质较嫩。羊里脊肉，位于羊的脊骨两侧，外脊的下方，呈细条状，皆为瘦肉，质嫩，纤维强力长，是羊肉中最嫩的部位，应用范围广。羊排，指羊的肋骨带肉的部位，加工后宜烧。排叉，羊的排骨肉，可带骨斩块烹制菜肴。

后腿肉多于羊前腿，瘦多肥少，质嫩，部位与牛相似，也分“仔盖肉”其形小，多不分开使用，宜炒。羊后腱子，在羊膝的下部，肉中有筋，质老而韧，羊蹄，也称“羊爪”“羊脚”“虎眼”，羊蹄只有皮、筋、骨、无肉，胶质多，表皮多有毛茬，须用水浸泡后刮净，宜白煮。腑脏羊心，色红质嫩，加工后宜卤。羊肝，膻味重，宜炒。羊肚，质脆嫩。羊肚肉可分为“肚领”“百叶肚”，加工后宜炒。

牛羊肉美食

牛气冲天

陶庄境内从事牛羊经营起源于夏北村袁荡，屠宰集中在陶庄和大顾两个村，而在美食上属大顾庄。20世纪70年代，大顾庄从事牛羊肉美食的有3—5家在自家的庭院从事熟食经营，80—90年代正常有5—8户以熟羊肉、水牛肉谋利，打造“陶庄正宗水牛肉”品牌，2021年1月，经国家商标局注册“陶庄牛羊肉”商标，21世纪后规模逐步扩大，2014年、2018年大顾村柳学斌和顾种云分别建成牛羊肉馆正式对外经营。到2021年底，境内牛羊宴规模大的是“柳学斌牛羊馆”和

“顾种云牛羊馆”。均设有12—16个包间，每家可同时容纳50桌就餐，打造全牛席和全羊席。

牛肉美食

全牛席 全牛席有冷拌牛肉、牛眼、牛舌、牛鼻、牛脸、牛嗓、牛串筋、牛窝、牛百叶、卤全牛头；烧牛肉有红烧牛脑、红烧牛腩、红烧牛尾、红烧黑毛肚、红（白）烧牛板筋、红（白）烧牛板肚、红（白）烧（煨）牛鞭、黄金牛肉丸、牛肉烧青菜、板筋黄嗓三丝、红（白）烧牛卜页、红（白）烧牛窝、白烧牛蛋、牛杂（牛舌、牛心）、白烧牛蹄（九蹄香）；爆炒的有：炒生牛肉、炒牛肝、炒牛肠、牛肉水饺，还有椒盐牛排、牛排煲玉米等。

红烧牛肉圆 制作牛肉圆，首选牛的里脊肉，因为牛的里脊肉肉质嫩，没有筋膜，适合剁成肉馅。把牛肉切成小丁，边剁边调入葱姜水（生姜切片，大葱切段，盛到碗里用清水浸泡20分钟成葱姜水），新鲜牛肉黏度大，调入葱姜水，既去腥还能增加润度，方便剁成肉馅。也可以将生姜、葱段切成碎末直接放入牛肉丁中剁，这样做出的牛肉圆，葱姜的香味更浓。牛肉剁成馅后，加入适量淀粉、鸡蛋（蛋清和蛋黄）同方向搅拌。发现馅儿粘手，及时加入点水继续搅拌。反复几次，直至肉馅用手能拉出有黏性、有弹性的丝状方可。

锅中放油，或菜籽油，或色拉油，能淹没肉圆即可。手上沾点水，用手捏出丸子状，并以汤匙辅助。如果肉圆要做得大一些，可用两手搓捏出来。待锅中油沸，微微起烟，将肉圆放入，待肉圆表面煎至微焦微脆，捞起即可。

油煎的牛肉圆适宜于红烧。锅中放油加热，再放入葱姜蒜末炒出香味，放入牛肉圆，稍微翻炒一下，再放入适量的水，加适量的老抽，大火烧沸，转文火慢煮。煮至肉圆软烂，香味溢出，加适量盐调味，起锅，撒上蒜花即可上桌。这样的牛肉丸香脆可口，肉香味美。

红烧牛腩 牛腩牛腹部那个区域的一块肉，这块肉比较薄，适合红烧。将牛腩洗净，沥干水分备用（建议买带点肥肉的牛腩，炖出来会更香）。锅热后倒少量油，待油温烧到七成热时，放牛腩煸炒，当牛腩的血水彻底炒干直至出现焦糖色后，调中小火，加入姜片、八角、香叶、花椒和干辣椒炒匀。当调料炒出香味后，烹入料酒炒匀。再倒入老抽炒至牛腩均匀裹上色。加入足量开水大火烧开后，撇去浮沫，盖上盖转小火焖烧。当牛腩烧至软烂后，将炒好的土豆加入牛腩锅中，继续焖10—20分钟，最后调入盐和糖拌匀后大火收汁即可。这样烧的牛腩香味浓郁，更适用于家庭聚餐。

红烧牛尾 牛尾的做法以红烧为主，家常口味。将牛尾剁成段，用清水浸泡至少3小时，泡出血水，中途换3—4次水，滤去牛尾的腥味。将牛尾放凉水锅中，大火煮开，一边煮，一边撇去浮沫。待浮沫不再出现时，用筷子夹住牛尾块，在水里涮干净后夹出来。

炒锅中倒少许油，将蒜瓣、葱段煸炒出香味，转中小火，将牛尾入锅中翻炒变色。然后倒入适量的酱油、生抽、白糖、盐，也可加点豆瓣酱，翻炒上色后，一次性加足热水，大火烧开后转小火，焖烧2小时至汤汁浓稠即成。想要汤汁附着在牛尾表面，可以将汤中勾点薄芡，再将汁洒在牛尾上。这样看上去色泽油润，肉烂汁浓，吃到嘴里鲜香醇厚，肉香味美，可心适口。

红烧牛肉 取牛腩1千克，放入料酒、酱油、糖1勺、盐适量、大蒜、葱、姜、八角、桂皮、干辣椒，牛肉切大块放入沸水中汆烫一分钟，随即捞出冲洗干净。炒锅内烧热2大勺油，爆香葱段、姜片、大蒜粒等辛香料。放入牛肉翻炒，加适量料酒和酱油翻炒均匀，一般要持续20分钟，再加入适量水，大火煮滚后转小火焖煮约一个半小时，然后加适量的盐调整味道，大火把汤汁收浓。这样的牛肉肉烂、汁厚、味浓。

红烧牛尾

红烧牛鞭 将新鲜牛鞭放入水中浸泡，换两三次水，泡去牛鞭的腥臊味。将泡好的牛鞭剁成20厘米长的段，锅中加入清水，放入牛鞭、葱姜、料酒小火烧开，继续加热5分钟捞出换水。重复4到5次即可将牛鞭的腥臊味去除。然后将牛鞭上的外膜去掉，用刀将焯水的牛鞭切成菊花刀。锅中放油加热，放入葱姜蒜末炒至出香，放入牛鞭花、料酒煸炒至微黄，加入适量水烧沸，转小火慢煨，煨至汤浓白，牛鞭花熟透，放入适量枸杞，加盐调味，起锅，即可食用。视个人口味，可撒上蒜花、小胡椒粉。这样的牛鞭汤口味纯正。

烧牛蹄筋（九里香） 牛蹄筋就是附在牛蹄骨上的韧带，是一种上好的烹饪原料，用它烹制的菜肴香味独特，又称九里香。

牛蹄筋可以单烧，也可以和海参一起烧，还可以和鱼肚、猪膘、青菜头等烩汤。市场上牛蹄筋通常是连同牛蹄骨一起买回的，且已经随屠宰户用大蒸子煮牛肉时煮熟，但是不烂。陶庄的食材可不一样，是将牛蹄筋从牛蹄骨上削下来，用刀改成长10厘米、宽3厘米的条状，放入水中清洗干净，再焯一下水。锅中放油加热，加入葱姜末爆香，倒入蹄筋，加点料酒，反复煸炒，至锅中水分耗干，加入开水煮沸，带汤泛白后转入小火慢煨至牛蹄筋熟烂，汤浓白，加盐调味，起锅后撒上蒜花、小胡椒粉等佐料。这样的牛蹄筋质地软短、蹄筋鲜香。

烧牛蹄筋

爆炒牛蛋　新鲜的牛蛋，先用冷水下锅焯水，否则牛蛋容易煮爆开，10分钟后牛蛋半凝固后捞出，撕去附件，露出牛蛋，纵向破开牛蛋，再切一厘米左右厚片，牛蛋质地细嫩如内酯豆腐，切片前要保留表面薄膜。锅中加油，爆香葱姜，加入牛蛋翻炒，倒入料酒、生抽、老抽、蚝油调味，最后加入青蒜，翻炒均匀后即可出锅。炒好的牛蛋味道接近猪肝，口感细嫩如鹅肝。牛蛋加枸杞煲汤更清爽可口。

爆炒牛肉　炒牛肉要选牛的里脊肉，去除表层的筋膜，放入保鲜袋内，用木棍或刀背轻轻敲打，这样可以使牛肉更滑嫩。

将敲打好的牛肉逆着纹路切成条。将切好的生牛肉放入盘中，放入少量淀粉和香油用手抓匀，再放入蚝油、生抽和黑胡椒粉抓匀后静置半小时。爆炒生牛肉，可以用配雪里蕻咸菜，也可以配杭椒，还可以配洋葱和胡椒。这里就用杭椒炒牛肉。杭椒和红尖椒切成斜片，洋葱切丝，蒜瓣切蒜末。锅里倒适量的油烧至成熟，下入牛肉，加些料酒，猛火翻炒。翻炒过程中适时加点开水，保持牛肉的鲜嫩。牛肉变色后放入白糖炒匀，再放入老抽翻炒均匀，盛出备用。锅里重新倒油，放入葱丝、蒜末爆香，放入杭椒翻炒均匀，倒入炒好的牛肉，最后勾薄芡翻炒炒匀，关火，出锅。这样的鲜牛肉香梗

爆炒牛肉

添味，色彩丰富。

牛窝（牛肉香肚） 牛窝后亦叫牛肉香肚，将未剖开的牛窝后外部附着的筋络和脂肪除去，再将牛窝后外翻，用盐内外涂抹揉擦，将内壁上的黏液及黏膜擦掉，经反复清洗，直至内壁无黏液。

拾掇剔剐牛肉时掉下的碎牛肉，用水清洗，渗出血水。将碎牛肉揣进牛窝后，用线绳将两端系牢。此时牛肉香肚成型，称之为牛窝后。将牛窝后放入冷水锅中，煮至沸腾，撇去浮沫捞出。在锅中放入姜片、葱段、卤料（花椒、大料、桂皮、香叶、茴香、干辣椒、陈皮），加水没过牛窝后，大火烧20—30分钟，加入适量盐调味，然后小火煮一小时至牛肉熟烂入味捞出，冷却后切片装盘。牛窝后与猪肉香肚一样，只能凉拌，不能烧煮。

水煮牛肉 将新鲜的牛肉切成薄片，加淀粉、盐腌十分钟，把生姜切成细末。在油锅烧热，入干辣椒、花椒炸香后捞出碾碎备用。锅内留油，下姜末和一汤匙辣豆瓣炒香，加高汤，放入青笋蒜苗煮至断生，捞出铺在碗底备用，将牛肉片抖散入锅内煮熟，盛出铺在煮好的青笋

烧牛肚

冷切牛肉

蒜苗上，加入少许汤，撒上辣椒和花椒碎，葱花。锅内烧油八成熟，浇在辣椒上即可。这样的牛肉汤汁浓浓，肉香味美。

水煮牛百叶（毛肚） 牛的胃有四个，分别是瘤胃、网胃、瓣胃和皱胃。前3个胃里面没有胃腺，不分泌胃液，统称为前胃。第四个胃有胃腺，能分泌消化液，与猪和人的胃类似，所以也叫真胃。其中网胃又称蜂巢胃，瓣胃又称百叶胃，俗称牛百叶。牛百叶还分两种，吃饲料长大的牛百叶发黑，吃杂草、庄稼长大的牛百叶发黄。牛百叶可以冷拌，可以炒，可以做火锅、砂锅。家常可做牛百叶砂锅。将牛百叶放入盆中，放一点小苏打和盐搓洗干净，洗干净后把它一片片地切出来，再把它分成小块。白菜切段，莲藕切片后放入水中浸泡；生姜切丝，蒜瓣切片，米椒切圈，香菜葱花且小段；番茄去皮后剁细，猪血切小块，再准备一点豆芽；碗中放一点盐、花椒粉（也可不放）、一点鸡精、蚝油、生抽，再倒点温开水拌匀。起锅放入油，滑锅烧热，放入姜蒜爆香，放入豆瓣酱翻炒出红油，放入番茄翻炒均匀，倒入调好的料汁，先把它煮开，然后倒入适量清水，再把它煮开后倒入砂锅中，开中大火煮开后放入藕片、猪血，继续把它煮开，放入豆芽、白菜梗，菜叶容易熟，留着后面放。再次煮开后放入牛百叶，放入米椒、香菜、葱段，轻轻翻动均匀后关火。利用砂锅温度把牛百叶烫熟即可。牛百叶放下去滑散开后即刻关火，这样的牛百叶不老不硬，特别脆口。

牛肉常见的主要是早餐牛肉汤、牛肉面条，中晚餐全牛席，牛肉烧青菜。

羊肉美食

全羊席 冷盘有冷拌白切羊肉、羊腰、羊脑、羊眼、羊肉；爆炒有：炒羊肝、炒生羊肉；烧的有：红烧羊肉（带皮羊肉）、白烧羊肉、烧羊肚丝、蒸羊羔、羊肉圆、羊血豆腐、羊杂（羊鞭、羊球、羊心、羊肺），还有清炖羊蹄、高汤羊蹄和椒盐羊排，最后是羊汤带肉或羊肉（烧饼）粉丝泡馍。

羊肉汤 首先是选择健康活泼的当地山羊，特别是选择农户散养的山羊，因为这种羊肉质好，口味高，营养丰富。羊肉汤有家庭做法和牛羊肉馆经营做法。

通常家庭食用的羊肉汤，可用熟羊肉直接烧汤，也可以用生羊肉烧汤。用生羊肉烧汤，汤更浓，味更鲜。将生羊肉泡水滤去血渍，切成薄片状或寸把长的条状。将切好的羊肉放入锅中焯水，沥干水分。锅中放油加热，放入葱姜爆香，倒入羊肉煸炒至羊肉变色微黄，加水煮沸，再次撇去浮沫，转小火慢煨，待肉烂汤白时放入小红尖椒段稍煮片刻，加盐调味即成。起锅后，撒上蒜花、小胡椒粉等作料。家庭食用可放入烧饼泡羊汤，也可以放入少量面条，这样可以填饱用餐。

陶庄牛羊肉馆经营用的羊肉汤，并不是用羊肉烧制的，而是用羊骨头烧制的。将羊骨头（视盛汤的锅的大小而选择骨头的多少）放入水中浸泡，滤去血渍。将滤去血水的羊骨头放入锅中焯水。将焯过水的羊骨头再放入锅中加水，用猛火煮沸。撇去浮沫后继续猛火烧至汤白。

羊肉汤

羊肉泡馍

其间什么佐料都不放，因为这种羊肉汤是让食客用来泡馒头。食用时，纯汤盛上来，每人一碗，大多数人选用烧饼撕成一块块放入碗里，这样的羊肉汤吃起来既能当主餐，又暖身、保胃。佐料放桌上，供食客自由选配。

如果大锅中的汤不多，就捞出一些骨头，加入一些鲜骨头，加水熬煮。添加的鲜骨头，同样要经过泡水、焯水工序，才能放入。原锅中的汤就自然而然成为老汤、卤汤。

红烧羊肉　红烧羊肉选带皮带骨的羊肉，肉带骨剁成块。将羊肉放入水中浸泡，泡去肉中血渍，再入开水锅中焯烫，焯完水，沥干水分。准备好调味料，姜、葱、蒜切片。锅中倒油，将葱、姜、蒜放入锅中炒香。炒出香味后将羊肉加入同炒。两分钟后加入料酒继续翻炒。锅中水分炒干后，倒入适量开水后继续翻炒。反复几次，直至羊肉皮出现微微的黄色后再加入老抽及生抽，也可以加点豆瓣酱翻炒。炒至上色后加入没过羊肉的开水。加入胡萝卜块（去膻味）煮开后，改小火煮至肉质软烂，汤汁黏稠。出锅前放入切好的大蒜梗段，视口味调入适量的盐即可出锅。这样红烧出来羊肉肉质鲜脆，色泽金黄，味道醇正。

白烧羊肉　在陶庄境内，自家一般采用白烧羊肉多，选择新鲜的熟羊肉切成薄块状，用温水泡10分钟出水，在油锅里加油放入生姜、蒜片、辣椒（因人而异）片刻，倒入羊肉，用铲子迅速翻炒，加入料酒、白酒，继续翻炒，待羊肉冒油变老化时加入适量的温水慢火烧30—50分钟，起锅时放入大蒜花或芹菜，这样的羊肉汤白味鲜，微辣不腻。

冷切羊肉

爆炒羊肉 新鲜羊肉切片，入凉水中渗出血水，攥干水分。葱、香菜，洗净沥干水分。香菜、香葱切段，蒜瓣切片。锅里放油加热，放入羊肉，用铲子迅速搅散开，放少许花椒面。待羊肉刚要变色，放入葱、蒜、香菜，放入盐，快速翻炒，放入几滴酱油，翻炒几下出锅，装盘。爆炒火候要大，速度要快，以防羊肉炒老，出水烫。还可以放入小米椒爆炒，增加鲜辣香味。这样爆炒的羊肉色泽雅致，口味不腻。

爆炒羊肚 生羊肚洗干净，去掉内膜，放到锅里加水煮熟，也可以直接购买现成的熟羊肚。将熟羊肚切成丝，葱、姜、红辣椒洗净切成丝，香菜切成段。锅底放油烧热后放入花椒爆出香味；再放入葱、姜、干辣椒翻炒，爆出香味；放入切好的羊肚丝，爆炒2—3分钟，加少许料酒、酱油、盐继续大火翻炒，加鸡精、胡椒粉、红辣椒丝翻炒。关火后，把香菜放进锅里，翻炒均匀即可起锅。一般做这道菜辣香浓，味道醇厚。

羊鞭汤 家常做法是取羊鞭两根洗净，冷水放入锅中焯水，放入姜片、大葱、八角香叶，待水烧开后撇去浮沫，将羊鞭捞出，切成小块，再洗净焯水，去掉羊鞭的膻味。

锅中放油加热，加入葱姜末爆香，放入羊鞭，加料酒，翻炒至变色，加入高汤，猛火烧沸，再小火慢煨。煨至羊鞭酥烂（一个半小时以上，普通的锅煮要两小时以上，高压锅煮也要40分钟以上），放盐调味，撒入胡椒粉、葱花即可。

清炖羊蹄 将除尽羊毛且剁好的羊蹄放入水中浸泡，换两次水，泡去血渍。将泡好的羊蹄放入锅中焯水。焯水两三次后起锅，洗净浮沫渍，切成寸段。锅中放油加热，加入准备好的姜片、葱段爆

水晶羊蹄

香，然后加入羊蹄，翻炒至微黄，倒入热水，大火烧开，然后转入砂锅中，加沸水，大火烧开后转中火炖一小时，加入焯过水的白萝卜块、枸杞，小火继续炖20分钟，加盐调味，加入胡椒粉、鸡精，撒上蒜花出锅。

羊肉汤比较常见，但是清炖羊蹄吃得比较少。羊脚虽然肉少，吃起来没有猪蹄油腻，但羊蹄更加鲜香软弹，汤味鲜香，肉烂适口。

大蒜炒羊肝

爆炒羊肝 羊肝用水浸泡半个小时，清洗干净撕掉表面的一层白膜及里面的筋膜。羊肝切成薄片。羊肝里加入生抽、玉米淀粉、高度白酒和食用油腌制10分钟。羊肝腥膻味比较重，用高度白酒，加辣味黄豆酱可以减少羊肝的腥膻味，不喜欢黄豆酱的可以不放。香蒜去掉根部，分别切出蒜叶和蒜白。泡椒切成小颗粒，酸姜切成薄片。热锅放油，放入腌制好的羊肝，大火爆炒到变色，不能过熟，盛出来。锅里重新放油，放入蒜白、杭椒、泡椒翻炒出香味，加入炒过的羊肝，跟酸姜等食材一起翻炒均匀。如果锅中水分偏少，可加点开水，保持羊肝的鲜嫩。加入适量的盐调味，出锅前加入蒜叶翻炒。

炒羊腰 取羊肾2枚，剖成两半，去膜皮和筋膜，切成片，漂洗干净，切成条；羊肾用盐、黄酒拌匀后腌渍片刻，备用。热锅凉油，将大蒜生姜末先爆香，再把腌制处理好的羊腰子倒入锅中，大火快速翻炒，然后把洋葱、辣椒、胡萝卜丁倒入，翻炒，放些蚝油，少许白糖、盐，翻炒一下出锅装盘即可。这样羊腰就会香、鲜、嫩。

椒盐羊排 将羊排剁成大块，用清水漂净血水，放入锅中，加入清水、葱段、姜片、大料，煮熟，撇去浮沫，捞出后沥干水分，再加入味精、绍酒腌制入味。将洋葱、青、红椒分别洗净，均切末备用。锅中加油烧至六成热，将羊排下入油中炸至金黄色，捞出沥干。锅中留少许底油，先下入洋葱末、青椒末、红椒末炒香，再放入炸好的羊排翻炒均匀，然后撒上椒盐，淋入辣椒油，即可装盘。这样羊排酥脆金黄，味美纯正。

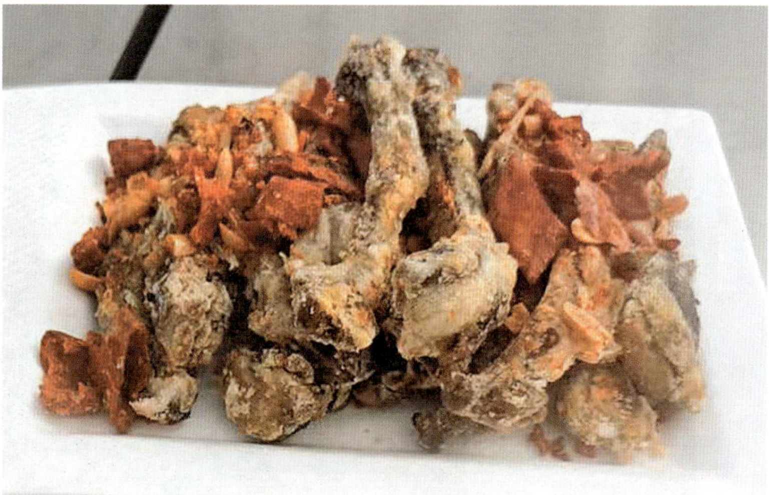

椒盐羊排

第六篇　物产美食

陶庄境内土壤肥沃，气候宜人，水系密布，盛产农水产品，为制作水乡特色菜肴提供了丰富食材。一年四季，时鲜菜肴在农家随时可尝，韭菜、生菜、香菜、青菜家家不缺，农田里荠菜、马兰头开春后到处可挑，除远近闻名的牛羊肉外，鱼、虾、蟹、鸡、鸭、鹅美味层出不穷，红烧肉六大碗早已成为陶庄有名的特色菜；陶庄牛肉、陶庄羊肉、菜籽油、苋菜馉等成为馈赠亲友的土特产。

土特名产

陶庄大米

陶庄土壤肥沃，生态环境优良，有机质含量高，适宜种植水稻，是传统的稻麦两熟作物生产区，一直是兴化优质稻麦生产的重要基地之一，水稻优质食味品种南粳9108颗粒饱满，米色纯白，口感香糯柔软，南粳46米质晶莹剔透，口感柔软滑润，富有弹性，陶庄“水润”牌商标获“2019年江苏省消费者放心满意十大品牌”“2020年江苏名牌农产品”“江苏省粮油行业五A级诚信企业”“2020年第二届中国好大米”称号。

陶庄大米

黄花苜蓿

20世纪六七十年代，各生产队都大面积种植，用以沤制肥料和生产队的猪草，花期前，顶瘸的嫩茎叶人可以食用，俗叫“黄花头”，生产队派人割取黄花头分给社员炒食。食用时爆炒，口感鲜美，也有腌制成咸菜，腌熟后摊晒1—2天略干后瓶装保存，别具风味。

荠菜

每年春天，陶庄田野里荠菜萌生，麦地、油菜地、田埂边处处皆是。荠菜生长初期，叶子细长嫩绿，后期开有白色小花。人们通常在荠菜开花前食其茎叶。食用荠菜的方法很多，人们喜欢将新采的荠菜择洗干净，焯水、沥干后，放入锅中加菜油小炒，也有加猪油渣或肉末略炒，迅速捞起，食用时清香而鲜嫩。食用方法还有用荠菜包春卷的，从市场上买来春卷皮，展开一张，上置荠菜馅，卷成长圆形，放入油锅，煎至外皮金黄。入口品尝，皮脆馅香。

丝瓜

丝瓜是一种常见的蔬菜类瓜果，生长周期为60—80天。陶庄村民在自家的树下、墙脚下栽植，夏天烧汤，丝瓜的做法有清炒丝瓜，将丝瓜切成滚刀块，放入清水中浸泡3分钟，水中放少许盐搅均匀，在锅中放少许食用油，加入生姜，放入丝瓜，不停地煸炒，炒出香味，放少许盐，炒丝瓜的时候是不需要焯水处理，就这样干煸出来的丝瓜才是最香的。如丝瓜汤要选择不老不嫩的嫩丝瓜，削去外皮，切成小滚刀块，然后放在小盆子里，加适量的清水，这样能防止丝瓜氧化变黑，再准备一个碗打3-5只鸡蛋，锅炒热后放大豆油，将打好的鸡蛋下入锅中，小火慢煎到8面金黄，捞起来放在菜板上进行改刀，切成小方块。锅中另放油，加姜葱炒香，再下入丝瓜翻炒，然后加入鸡蛋，再倒入开水大火煮3分钟，加点盐和鸡精，再撒上葱花，丝瓜汤汤鲜味美。

蚕豆籽

蚕豆种植分为春秋两季，草本植物，其茎外方内空，花白色带紫斑，结芙果。农户一般在麦子田埂、灌渠边，大圩岸等零星墣蚕豆。次年谷雨前后，青蚕豆子粒饱满，村民采摘青蚕豆回家剥出鲜嫩的籽粒下锅油炒，加少量水煮熟，称之为“熬蚕豆”。如果加入“咸菜”或“蒜苗”，熬成粉糯、清香、微甜的熟菜，也是下酒的好菜。有的人家，剥些青蚕豆米子放在冰箱冷冻起来，等岁时节庆，待客时而食之。

马兰头

每年春天，陶庄田野到处可见马兰头，它是多年生草本植物。又名马兰、红梗菜、鸡儿肠、田边菊、紫菊、螃蜞头草等，披形针，边缘锯齿形，紫色小花，花形似菊，有的称“孩菊”，由于野外农药污染，村民不在野外挑野菜，有的人家在自家的庭院，移植马兰头进行培植。采食时摘去黄叶老根，洗净，可直接用油盐爆炒，也可用开水焯后挤干切碎，浇上麻油、酱油食用。

山芋藤

山芋的学名叫番薯，俗称红薯、地瓜，是一年生草本植物，藤蔓细长，地下结块根，即“山芋”，可以食作，制粉丝等。在山芋的生长季节，人们用山芋藤做菜，摘取藤上长叶柄，去老叶撕皮，取3厘米左右的小段与顶尖嫩叶洗净后，下锅加油热炒，调味品选用适量的油盐酱醋、糖、味精等适口佐料，清脆可口，炒山芋藤成为人们夏季的家常菜。

陶庄牛肉

陶庄牛肉始于20世纪50年代，20世纪70—80年代正常集中在四季度销售，20世纪90年代每年除三季度天气炎热外，其他月份均有销售，21世纪后实现全年销售。一般卤制，真空包装，出售、赠送亲友的最佳礼品，境内可烧制出特色美食（具体美食参照《牛羊肉产业》中“牛肉美食”）。2021年，泰州、兴化都挂有“陶庄正宗水牛肉”的招牌店铺。

陶庄羊肉

陶庄羊肉从20世纪50年代开始宰杀，境内羊肉以寒冬季节，每年11月至次年1月为旺盛期，一般是红烧羊肉、白烧羊肉、椒盐羊排、羊肉汤为主，陶庄羊肉是馈赠亲友的礼品，境内可烧制出特色美食（具体美食参照《牛羊肉产业》中“牛羊肉美食”）。羊肉销售时间正常是每年的第四季度或正月底，21世纪从第三季度始开始食用。

黄鳝

俗称长鱼。陶庄农田较多，河水清澈，特别适合黄鳝生长。20世纪60—70年代黄鳝生长在稻田间，昼伏夜出，由捕鳝人用“丫子”捕获，或村民夜间出去手持“夹子”捕捉，境内陶南村焦舍生产队30多户人家外出捕捉黄鳝；21世纪后，野生黄鳝都生长在渠道和河道里，仍采用传统的“丫子”捕获。

螃蟹

陶庄河道和沤田常见螃蟹，2010年以后，境内田间提水养蟹面积扩大，螃蟹规格及品质不断提升，产量持续提高。每年秋季，陶庄螃蟹大量上市，远销全国各地。秋天馈赠亲友的佳品。

菜籽油

油菜是陶庄的传统农作物之一，秋天播种、次年初夏收获。因本地土壤肥沃，水质较好，加之很少喷施农药，因而，收获的菜籽属于绿色生态产品，菜籽油经压榨而成是一种食用油，颜色金黄，油质厚稠，味道醇香。夏季油菜籽收获后，农户将菜籽压榨成菜油，也可以直接用菜籽换油，是村民的食用油或馈赠亲友的土物产。

苋菜馉

是一道极为常见的咸菜，类似于萝卜干、咸青菜。也叫汉菜古，憨菜谷，腌制成熟的苋菜馉大多有股臭味，但吃起来有股香味。陶庄境内一直有吃苋菜馉的习惯，用成熟苋菜的老茎和根用清水洗净，切分成条。腌制时先在缸底撒一层盐，再将苋菜的老茎放入缸内，放一层撒一层盐。缸满后上压石块。腌至黄绿色，清香，味咸，具乳酸味即可。而且会保存腌制下来的卤水，早、中、晚三餐均可以食用，而且成为时尚菜。

红烧肉

是六大碗中最大的主菜的大菜，每逢家有婚丧喜事必上此菜。做红烧肉并不难，每一位家庭主妇或男人均会烧制红烧肉。通常的做法是将新鲜的猪肉先用温开水洗净后，切成大小方块，待油锅烧热后，放入生姜和葱，连同猪肉一起炒，肉块出油后，倒入白酒、蚝油、生抽、老抽等佐料，再加入盐、糖和香料，加入适量的水，大火烧透10分钟后转小火后焖30—40分钟，汤渐浓时，肉块呈鲜亮的酱红色即可起锅。20世纪70—90年代，很少有烧纯肉上桌的，会衬有茨菇、芋头。21世纪后均红烧肉为主。陶庄红烧肉吃起来肥而不腻，软嫩爽口。

红烧肉

红烧鱼

是六大碗中最后上的一道菜，寓意节庆有余，年年有余。跑厨（帮忙端菜上桌）的人端来鱼后，口中要喊“鱼到酒止”，提醒大伙儿，酒就喝到这儿，准备吃饭。后来跑厨的把“鱼到酒止”改为“鱼到酒兴”“鱼到酒行”，意谓鱼上桌，喝酒才正式开始，代表主人表示客气。但大家都依照老规矩干杯吃饭。红烧鱼选用的鱼也大都一致，一斤一条的鲢鱼。另外，鱼上桌后，大家也都象征性地动一下筷子。遇到正席的时候，所有鱼上桌后，大家都不动筷子的，散席后，原封不动端走。所以三天的喜庆宴席结束后，主人家剩菜最多的就是红烧鱼，称连年有余。

红烧肉圆

陶庄境内肉圆不都是纯肉剁馅做成的，而是在肉馅里掺进面粉或是萝卜馅，以增加做出来的肉圆的数量。肉圆一般是一次性把三天宴席要用的量都做好，用篮子挂到高处。煎肉圆用的是菜籽油，当肉馅进入沸腾的油锅里，里面熟透的肉圆给在场跑忙的大人、玩耍的小孩一人一只解馋。而后煎出的都是外熟里生的肉圆，留待备用。

红烧肉圆

“狸猫换太子”

陶庄南部村庄自创一道独特的鸡蛋佳肴，取名“狸猫换太子”。选择6—10只新鲜稍大的鸡蛋洗净备用。在锅内放能够淹没鸡蛋的水，将水烧得沸开，把蛋快速放入开水中，看到从锅底中有三分之二向上翻泡泡时，快速捞出鸡蛋，并立即放入冷水中降温，冷水量要大，这时鸡蛋的蛋白已经凝固，蛋黄仍是原样，没受热凝固。待鸡蛋凉透后捞起，将鸡蛋一侧的蛋壳敲开，将蛋白掏出一个洞，用筷子伸进去搂一下蛋黄倒出（蛋黄用着其他配菜），将预先配制好的肉泥塞进去（注意：肉不能过肥过瘦，肥会流油，瘦会膨胀，最好五花肉，现在也可以用蟹、虾、肉三类的配制塞进去，肉泥不要太满，否则会撑着）。取生蛋的蛋白，充分搅稠，用小勺子舀蛋白汁倒入洞口，将封好的蛋立于蒸笼中，蒸透、蒸熟，待洞口的蛋白将洞口封好复原，里面的肉也就熟。

狸猫换太子

田螺肉翻新

陶庄村民喜欢用田螺肉与猪肉做伴，方法是将田螺外壳洗刷干净，放清水中养2天，让田螺吐出泥沙，剪去田螺壳的尾部尖端，再用清水洗净。在锅中将水烧开，倒入田螺焯水起锅，挑出螺蛳肉去除尾部，留螺厣（螺盖）备用，再把螺壳煮片刻杀寄生虫。在螺肉上撒少许盐，用手揉捏片刻，去肉上的泥沙待用，取新鲜的猪五花肉洗净去皮，切成小肉丁与田螺肉拌和，用菜刀斫成肉泥，放入盐、姜、葱、鸡蛋清、味精调匀，把制成的肉泥塞入螺壳中，再将螺厣盖上压实。一切准备好后将锅烧热放入油、葱、姜、蒜、酱油、料油等佐料加适量水，将田螺放入锅中蒸煮至熟透，出锅食之，这道菜肉嫩味美，新鲜独特。

田螺肉翻新

羊肉鲫鱼汤

鲜上加鲜

也叫羊肉鲫鱼汤。“鲜”是“鱼”跟“羊”组合。羊肉鲫鱼汤是由羊肉、鲫鱼做成的一道家常菜，口味既然鲜美。事先准备新鲜的熟羊肉切成块备用，两条稍大的鲫鱼去鳞、去腮、去内脏后洗净。做法是先烧鲫鱼，在锅里加油，生姜、佐料，将鲫鱼倒入锅中，加料酒，小火两面煎至金黄后捞起来；后迅速清洗锅后放入油、生姜、辣椒，倒入熟羊肉在锅里爆炒，放料酒少许，放水烧10分钟，再将鱼放进锅里一起烧20分钟即可，入味后撒上香菜段，淋上香油搅匀，起锅盛入汤碗内加大蒜花即可。起锅即食，味道鲜美，香味扑鼻。

肚肺汤

六大碗中这道菜不仅营养丰富，而且味道鲜美。肚肺汤的原料为猪肚、猪肺、猪心，首先要将三样食材打理干净。猪肚、猪心好处理，打理猪肺较费时间。过去是用水舀子舀水灌满猪肺，边灌边拍，好让水渗进肺子里面，然后倒掉，反复两三次。待猪肺泛白，再灌满水，悬挂到院子里高处，用刀在猪肺外面竖着裁几道口子，让血水慢慢渗出，直至干净。

将处理好的肚、心、肺放入锅中，加入料酒焯水。焯完水后再将肚、心、肺清洗一遍，将猪肚切丝，猪心切片，猪肺切块。锅中放熟猪油，加葱姜爆香后放入肚、心、肺煸炒出香，加入高汤，大火烧开后，中小火炖煮1—1.5小时，待汤汁浓白，加盐、味精调味即可。

全牛席

进入立冬季节，境内全牛席火爆起来，一般从上海、昆山、无锡、苏锡常等地带亲朋回来并预约到大顾品尝全牛席（具体参照《牛羊肉产业》“牛羊肉美食”中的“全牛席”）。

红烧牛尾

牛尾色泽油润，肉烂汁浓，鲜香醇厚，由于牛尾量少，一般要提前预约方可吃到，尤其是在外乡贤回来是必上的一道菜（具体美食参照《牛羊肉产业》“牛肉美食”的“红烧牛尾”）。

爆炒牛肉

这道菜比较方便，主要是要选择新鲜的生牛肉，必须是经验丰富的才可以做成，尤其是掌握火候特别重要，做出来的爆炒生牛肉肉质油嫩，香辣可口（具体美食参照《牛羊肉产业》“牛肉美食”的“爆炒牛肉”）。

全羊席

进入寒冷季节，境内全羊席盛行，一般来讲，全羊席是与全牛席一起混合做，从外地回来的乡贤带亲朋回来并预约到大顾品尝全羊席（具体参照《牛羊肉产业》“羊肉美食”中的“全羊席”）。

白烧羊肉

是境内常见的烹饪方法，每到冬季，为了保暖，境内吃白烧羊肉者居多，其特点是羊肉煮熟后保持其肉质的嫩滑和营养的保留（具体美食参照《牛羊肉产业》中《牛羊肉产业》中“牛羊肉美食”中的“白烧羊肉”）。

椒盐羊排

羊排富含高质量蛋白质，椒盐羊排外焦里嫩，咸香可口，让人食欲大动，一般在店堂吃居多（具体美食参照《牛羊肉产业》中《牛羊肉产业》中“羊肉美食”中的“椒盐羊排”）。

羊肉汤

每到冬季，羊肉汤成了抢手货，尤其是温度在零下的时候，羊肉店并火候起来，一碗羊肉汤泡1只烧饼非常保暖（具体美食参照《牛羊肉产业》中《牛羊肉产业》中“羊肉美食”中的“羊肉汤”）。

炒杂菜（烩）

杂菜在境内传承已久，20世纪60年代一般用的食材是肉、茨菇、卜叶、大蒜、白菜。大蒜是菜肴常见的食物，大蒜茎斜切、白菜切成条或块，配以肉丝，虾仁，笋片、黑木耳等。锅中放油，放入姜末、葱花爆香，然后放入肉片煸炒，炒熟后加入茨菇片、卜叶角、白菜角翻炒。中途视情况加入适量开水，防止把菜炒焦。最后把切好的大蒜茎倒入锅中，稍加翻炒，加盐调味，即可盛盘上桌。因清爽可口，既可下酒，又能下饭，不但是农家的常菜，而且登上大饭馆餐桌。

炒杂菜

麻虾炖蛋

在物资匮乏的年代，麻虾炖蛋就是很奢侈的家常菜，而且麻虾味道鲜美独特。自古民间就有“好菜一桌，不及麻虾一吮”之说。碗中打入3—4只鸡蛋，加少许盐、料酒、白胡椒粉，用筷子将鸡蛋搅散。加入适量的温水，鸡蛋会更加滑嫩。温水加入以后，充分搅匀。将搅动产生的气泡用筷子撇除掉，这样蒸熟的鸡蛋羹表面不会有麻麻赖赖的现象。撒上少量的香葱花，把装着蛋液的碗放入蒸锅中，蒸6—7分钟，此时蛋液并不会完全成熟。锅中放油，将生麻虾放入锅中简单煸炒，加入开水稀释，待汤汁浓稠，加入一点虾子酱，根据咸淡，可再加少许盐。将稀释过的麻虾平铺在蛋液的表面，再蒸上5分钟，最后撒上少许的香葱花进行点缀。

麻虾炖蛋

富贵豆腐

村民筵席招待亲友，端上餐桌的第一道热菜，便是清清白白的豆腐，是传承下来的习俗，寓意即是“首富”。豆腐切成小方块，下锅油炒片刻，放适量水和佐料烧开闷透，然后加入少量小青菜和蒜段，撒点小胡椒增香，起锅后在碗中丢几粒红辣椒配色，端上桌一股豆腐香气。豆腐配菜虽然很简单，但是营养丰富，寓意很深，代表着人们对美好生活的向往，要红红火火的奋斗（做事），清清白白地做人。

大煮干丝

陶庄喝早茶招待尊贵客人除烫干丝外，大煮干丝必不可少，根据季节特点变化和更新。陶庄大煮干丝的食材要求高，以冬季为例，有猪肉、牛肉、河虾、萝卜、卜页、大蒜、香菜、生姜、黑木耳、红胡淑等，以一大碗为标准，用新鲜猪肉2—4两切成丝备用，新鲜牛肉3—5两切成薄片备用，卜页6—8两切成丝备用，河虾1—2两、其他配料适量。将锅烧热加适量油，放入生姜丝，大蒜头，倒入猪肉爆炒，然后加入牛肉爆炒1—2分钟，加料

富贵豆腐

大煮干丝

酒、白酒片刻，然后加适量水后烧开，再加卜页倒入锅中烧3—5分钟，加入河虾再烧至虾发红，然后在锅里放入萝卜、黑木耳、红胡淑烧熟，根据口味加适量盐，起锅时在盘子里加入蒜泥、香菜，倒入麻油即可，这样的大煮干丝爽口味美。

剥豆腐渣

豆腐渣是黄豆加工过程中的附属物。剥豆腐渣做“咸”菜，历来是陶庄的家常土菜，麻菜是剥豆腐渣的最好伴侣。“剥”就是豆渣与麻菜同时在锅中翻炒，将水分蒸发。将麻菜洗净切碎与豆腐渣分开煸炒至成熟，然后锅中下适量油盐、生姜米、葱、蒜加入豆渣混合翻炒，待水份蒸发，豆渣变成松软状态，在起锅前加入适量麻油、蚝油、味精等调味料，便做成可口的“豆腐渣菜”。剥豆腐渣是传统土菜，人们在家打制豆浆时，也将豆渣留下来做豆腐渣菜，来品尝其美味。

红烧鳗鱼

陶庄水质优良，河水清澈，境内最常见的鱼类品种，20世纪60—80年代境内南部和中部地区不少捕捞人员经常外出，因此，成为陶庄特色菜之一。21世纪后，外出捕捞人员较少，从市场购进居多，红烧鳗鱼现杀现烹为好，是将鳗鱼宰杀洗净后开膛去掉背腹鳍和鱼头，用清水冲洗鱼身，切成等宽大小适宜的鳗鱼段，再用白酒和适量的盐把鳗鱼抓匀，备好生姜、葱和蒜泥，在热油锅下入锅稍炸；加酒和酱油大火翻炒5分钟，加入适量清水转小火焖20分钟，待汁快煮完时再加入白糖炒匀，大火收汁加入调味品出锅，吃在嘴里绵软细腻，味道肥美。

红烧长鱼

长鱼又叫黄鳝，每逢家中办大事的宴席，这道菜必有，陶庄是典型的农业大镇，河里、稻田黄鳝到处可见，尤其是生产队水渠里面长鱼又肥又大。红烧长鱼一般取0.4斤以上的长鱼为宜，要放些猪肉一起烧，取名“肉烧马鞍条”，将黄鳝剖腹去除内脏，头尾可去也可不去掉，切成5厘米长段，用开水汆透，捞出沥去水分。猪肉选五花肉较好，将肉随冷水入锅焯水捞出，切成1厘米厚与黄鳝等长的小块。在热锅中放油，加入辣、葱花、姜蒜末、煸香。把肉倒入锅中炒至出油，料酒烹入，约5分钟后再加入鳝段、大蒜炒8—10分钟，加入黄酒、白酒、然后加适量水继续小火焖20—30分钟，肉、鱼全烂时加入味精、盐、改用旺火收浓汁，最后淋入香油拌匀便成。红烧长鱼口感特鲜，肉质细腻打滑。

红烧长鱼

爆炒蝴蝶片

这道菜主要技术是划好黄鳝片，选择鲜活的1条1.5—2两的黄鳝为宜，准备一把锋利的刀，确保刀具足够锋利，以便更容易地切割黄鳝；再准备一个长30—40公分左右、宽10—15公分的板，在板子一头钉一个钉子朝上，抓一条黄鳝，用刀背轻轻敲打其头部，使其昏迷，然后将黄鳝的头插在钉子上，用戴有手套的手顺着黄鳝锁住，立即用刀从黄鳝的背部切开，去除内脏、血块。将黄鳝放在砧板上，用刀从黄鳝的背部开始切片，切片的厚度可根据个人喜好来决定。同时，准备好青红椒、洋葱及佐料。一切准备好后开锅，待锅热后放油、生姜、辣椒，然后将黄鳝片倒入锅中翻炒，加入料酒、白酒、黄酒、老抽煸炒一会儿，加少许开水，稍煮2—4分钟，放入事先准备好的洋葱炒、青椒、红椒再炒2分钟左右，起锅后洒上胡椒粉，味亦鲜美，赞不绝口。

爆炒蝴蝶片

水煮河虾

盐水虾

每年3—5月间，陶庄河虾特多，在陶庄的宴席上，盐水虾是必不可少的一道菜，取活河虾适量，用清水冲洗干净。葱切段、姜切片，放入锅中，倒入适量清水，大火烧开，将河虾倒入，加少许料酒，烧开后撇去浮沫，再加盐调味，至虾完全变色后关火，连汤一起盛入盘中即可。这种盐水虾细嫩可口，味道鲜美，是下酒的好菜。

荷包鱼

是一道色香味俱全的名菜，境内到上等的客人，并把普通的红烧鱼做成荷包鱼，其方法是：将鱼刮鳞、挖鳃，取出内脏，保持鱼的形状完整；取新鲜猪肉半斤左右剁细，加入蛋清，把肉馅瓤进鱼膛中，开口处用湿淀粉加蛋清调糊封严。将锅烧热倒入油，生姜，放入包好的

荷包鱼

鱼油炸，加入料酒、高汤100毫升、酱油、味精、白糖，加入适量的水用小火烧30分钟，起锅时加入大蒜花即可食之。

小鱼烧咸菜

将小鱼的肠子用手挤出，去鱼鳞（也可将小鱼放进篮子里，再放进水中用手搅动，搅去鱼鳞），用清水淘洗干净。将少量的小河虾清洗干净。咸菜泡水清洗干净切碎。准备一点嫩黄豆米（花生米也可）。锅洗净后再次放油，加入葱姜蒜干红胡椒等小料爆香，将小鱼小虾放入锅中清炒几下，以免将鱼炒碎。烹入少许白酒，调入生抽、老抽，加入适量开水，煮开盛出。锅烧热放油，将咸菜、黄豆米倒入锅中煸炒，加少许陈醋、少量水，小火烧七八分钟。将盛出的小鱼虾倒入锅中，加少许白胡椒粉、白糖，视咸淡，加入适量盐，烧三四分钟，即可出锅装盘。小鱼烧咸菜可以趁热吃，也可以晾凉后放入冰箱，随时可吃。

小鱼烧咸菜

鱼头烧豆腐

通常情况，人们买条2斤以上的鲢鱼，将鱼头与鱼段分开做菜。鱼段可以红烧，也可腌制留待日后吃。用鱼头烧豆腐。鱼头洗净剖成两半（也可不剖），豆腐用水煮开切片（块）。锅中放油，加热后放入泡椒、干辣椒、大蒜瓣爆香，将鱼头倒入锅中煎到焦黄后，加适量料酒、水大火烧煮。后放入切好的豆腐，大火烧煮。煮透后，加入盐、鸡精、胡椒粉，煮到汤白后，撒上葱段，就可以起锅。

大顾烧饼

20世纪60—70年代传统的大顾烧饼，是应合于羊肉汤而兴起的，起初，当时烧饼制作简单，主要经过和面—发酵—投碱—揉面团—捏契子（小面团）—擀成扁形—贴火炉烘焙，这种烧饼直接供应给羊肉店泡羊肉吃，一般来讲羊肉店会提前预约。20世纪80年代后，大顾村除供应羊肉店外，在门市上销售的烧饼要加芝麻，在包卷捏匀后再进行擀扁、包馅，陶庄大顾的烧饼加工户做出新品“陶庄烧饼”。其包馅融合“葱油”“白糖”两式，且用料更为讲究。葱用小香葱，油添新鲜的猪油渣，与白糖相和。出炉后又增加一道“刷菜油”的工序。其面层酥而脆、通体软而“筋”，馅心油而不腻、甜咸兼备，口感极佳。有荤油、菜油、小葱、芝麻四香皆备，这样的烧饼既脆又香，是陶庄人首选的早餐，大顾人经常会骑着车子到周边邻村销售，21世纪后，在陶庄集镇经常有外地人到陶庄开店做起烧饼生意。

大顾烧饼

第七篇　精神文明

中华人民共和国成立后，党和政府在群众中开展思想教育，普及科学知识，为提高社会文明程度打下初步基础。20世纪六七十年代，陶庄镇始终把精神文明建设作为重点，开展“学雷锋、树新风”活动，80年代至90年代，提倡“五讲四美三热爱”（讲文明、讲礼貌、讲卫生、讲道德、讲秩序；心灵美、语言美、行为美，环境美；热爱中国共产党、热爱祖国、热爱社会主义）活动。20世纪后，开展全民文明宣传、文明教育，创“三户一村”（遵纪守法户、五好家庭户、双文明户、双文明村）、“十星文明户”“五好家庭”“文明乡镇”“文明单位”“文明村”活动，涌现出一批先进人物和文明家庭。徐巧女、徐春红被评为全国“三八红旗手”。2021年8月，陶庄镇被泰州市委、市政府表彰为2018—2020年度“泰州市文明镇”称号。

宣传教育

从20世纪80—90年代，陶庄镇以“五讲四美三热爱”教育活动为载体，通过各类媒体宣传，举办论坛讲座，营造文明教育氛围，推行并普及“十字”（请、您好、谢谢、对不起、再见）礼貌用语，开展社会道德教育，形成良好的社会风尚。

文明宣传

20世纪80年代初期，陶庄镇扎实开展“五讲四美三热爱”活动，邀请兴化

陶庄镇文明宣传

宣传口讲师讲课。通过举办礼仪讲座，营造浓厚的氛围，学校学生和村民积极参与。

90年代初，兴化市下发“八五”期间社会主义精神文明建设规划，进一步明确“八五”期间精神文明建设的各项任务，陶庄集镇单位组织开展优质服务竞赛活动。1995年，组织各村各单位基层党员干部学习孔繁森和市“十佳模范党员”事迹。在全体村民和广大中小学生中，广泛开展精神文明教育等活动。

21世纪初期，陶庄镇专门成立精神文明建设活动领导小组，征求干部群众意见，制定文明村标准和日常行为规范，印发《陶庄镇市民文明读本》2500本，各村组织村民学习读本内容，争当文明村民，组织广大群众学习新修改的兴化市《市民守则》《市民日常行为规范》和《市民生活指南》，教育引导践行社会主义荣辱观。

2012年—2017年，陶庄镇利用广播电视声像宣传、张贴标语，设置75处宣传栏，通过制作150条横幅、发放宣传手册3000余份等，组织开展文明“进校园、进机关、进企业、进村庄”活动，把文明礼仪作为提升素质的突出内容，

2010—2021年，利用集镇路灯抱柱两侧制作85块精神文明宣传标牌，推动文明礼仪宣传教育再次提升，每年邀请礼仪专家举办礼仪专题讲座。

文明教育

20世纪90年代，陶庄镇推行并普及“十字”礼貌用语，广泛开展“三提倡、三反对”（提倡科学文明，反对封建迷信；提倡艰苦创业，反对奢侈浪费；提倡民主与法治，反对违法乱纪行为）活动，采取“单位包职工、学校包学生、家庭包成员”的办法，重视和加强对青少年的社会公德教育。机关、集镇、单位部门和学校先后编写2000余册《居民守则》宣讲提纲，制定和学习《党政干部守则》《职工守则》《学生守则》等基本行为规范，引导陶庄人民树立文明礼貌、助人为乐、扶正祛邪、移风易俗、尊老爱幼、团结和睦的社会新风尚。

1997年，根据《兴化市社会主义精神文明建设“九五”规划》《兴化市文明市民读本》和《兴化市市民守则》等要求，开展以“八不”（红灯不乱闯、车辆不乱行、说话不带脏、交谈不喧哗、垃圾不乱丢、宠物不扰民、建设不违章、公物不损坏）为主要内容的主题教育。

进入21世纪后，广泛开展公民道德教育，每年推荐评选“十佳文明标兵”和“十佳文明公民”，通过评选并表彰各类先进典型，提高广大人民群众的道德素养。2004—2007年，陶庄镇机关和企事业单位组织学习《兴化市民教育读本》，倡导“讲文明、树新风、促和谐”的良好社会风气，提高文明素质。

陶庄镇红色故事宣讲比赛

2008年，组织实施“知我陶庄、爱我水乡”等实践活动，6月10在中心校广场组织文明礼仪宣讲活动，350多人参加活动，现场进行文明礼仪抽奖活动，了解陶庄过去、现在，展望美好未来，用实际行动为陶庄点赞。2009年，围绕“做文明陶庄人”主题，开展“日常行为看文明”等系列活动，在各村开展评比文明家庭和文明个人，评选文明家庭56户，文明个人128人。

2010年，把文明礼仪作为提升人民群众素质的突出内容，以中心校为主阵地，组织开展文明礼仪学教系列活动，以“教、演、画、赛、做”为载体，推动文明礼仪宣传教育进机关、进校园、进社区、进农村、进家庭、进企业、进窗口。结合开展“新风行动”，各村居评选“五好家庭”“十星文明户”，陶庄镇评选“五好家庭”1680户，“十星文明户”1865户。

2010—2021年，陶庄镇结合每年冬训，通过评选“最美陶庄人”，用身边事教育身边人，掀起树立典型，倡导文明新风的氛围。

村规民约

21世纪以来，陶庄镇按照创建工作要求，规范村民行为，镇制定文明公约，各村制定村规民约，并经村民代表会议讨论，在村公示栏公示，村规民约适时进行更新。

陶庄镇文明公约

（陶庄镇精神文明建设活动领导小组
2020年10月制定）

爱党爱国、遵纪守法、传承文明、
崇德向善、自信自强、实干为先、
诚信有礼、敬业创新、崇尚科学、
移风易俗、勤俭节约、爱护环境、
公共设施、不损不沾、尊老爱幼、
睦邻友好、志愿服务、争做好人、
扶弱济困、共创明天

三和庄村村规民约

（2015年10月村民代表大会通过）

爱党爱国爱集体，遵纪守法义务履；
崇尚科学去迷信，尊师重教文明语；
家庭和睦万事兴，邻里相帮百难平；
尊老爱幼弘美德，勤劳致富人人称；
酗酒赌博荒田事，造谣惑众品德失；
学习到老不厌倦，谦虚慎行好素质；
勤俭节约建新村，粪土回收讲卫生；
禁烧禁抛要遵守，防疫及时要做到：
公有财产不动摇，防盗意识不能少；
见义勇为扬正义，和谐新村风尚高；
优生优育计百年，生男生女是缘分；
千年封建随风去，男女各顶半边天；
改革开放家家富，科技兴农要当先；
与时俱进争先锋，海纳百川天地宽；
中国素称礼仪邦，民风热情又大方；
儒家思想千年传，文明礼仪美名扬。

南柯堡村村规民约

（2016年11月村民代表大会通过）

南柯堡　灵杰地　蚌蜓河　育贤人
福星桥　传历史　卫生村　树标杆
学先辈　慰英灵　不忘本　不辱祖
爱国家　爱集体　跟党走　志不移
知荣辱　习礼仪　遵公德　守纪律
讲和谐　创业绩　谋发展　同富裕
立新风　树正气　黄赌毒　劣迹无
电与火　要小心　抓盗贼　人心齐
搞建筑　经审批　远规划　莫越线
爱公物　胜自己　莫损坏　多爱惜
公益事　要积极　讲贡献　不贪利
好青年　勇服役　戍边疆　保社稷
倡晚婚　讲优育　守国策　有福气
娶儿媳　嫁闺女　破旧俗　创新意
丧事简　不挑剔　绿色行　倡生态
敬老人　遵伦理　互帮助　如兄弟
讲文明　美环境　护生态　绿规划
倒垃圾　不随意　砖瓦柴　摆整齐
猪羊狗　鸡鸭鹅　要圈养　遵管理
五文明　不分离　同发展　齐努力
此条约　大家定　执行好　都受益

焦庄村村规民约

（2019年11月村民代表大会通过）

思想道德篇

玉不琢、不成器，遵纪守法最帅气；讲道德、讲政治，私心杂念全抛弃；黄赌毒、全禁止，定国安家是福祉；讲风格、树正气，构建平安大家治。

移风易俗篇

除陋习、去旧俗，树立新风家富庶；送贺礼、量力行，表达情意是关键；红白事、不攀比，厉行节约硬道理；活孝敬、薄殡葬，佳话传扬不铺张。

积极进取篇

睦邻间、忌争吵，携手前进共同好；等靠要、快扔掉，自强不息是高招；学技术、本领高，奋力拼搏致富早；村脱贫、户摘帽，勤劳永走幸福道。

安全生产篇

抓安全、比山重，警钟长鸣记心中；接水电、房建筑，依规操作忽乱动；煤气阀、家用电，粗心酿祸灾难凶；驾汽车、酒别碰，一旦出事弃前功。

环境保护篇

物秸秆、禁烧抛，还田做肥效益高；有垃圾、分类倒，集中箱中清运好；养禽畜、依法搞，粪便处置废变宝；讲卫生、爱清洁，美好环境大家保。

村民管理篇

村活动、参与勤，民主决策最透明；遇难事、心莫急，干群协同齐努力；树新风、做公益，利及子孙福无边；保初心、争奉献，共建美好永向前。

陶南村村规民约

（2020年11月村民代表大会通过）

为提高全体村民自我管理、自我教育、自我约束的能力，促进全村安定团结和文明建设，根据法律、法规和国家有关政策规定，经全体村民代表、退职老干部、老党员讨论制定本村规民约。

一、全体村民均有保护耕地的义务。村内任何组织和个人使用土地都应服从村的统一规划和调整，不得侵占、买卖或者以其他形式非法转让土地。

二、村民建房必须服从本村规划，并按照规定程序申报，按批准的地点和面积施工建房，不得损害四邻利益。

三、积极参加社会保险、城镇医疗保险和农村合作医疗保险。

四、学龄儿童和青少年有依法接受教育的权利和义务。其法定监护人应保证子女接受九年义务教育。

五、搞好公共卫生和公共设施管护，不得乱倒垃圾、乱堆粪便、污染水源，影响环境；做好门前三包，促进村容整洁：提倡秸秆全量还田，禁止露天焚烧、抛弃河道。

六、凡符合服兵役条件的本村村民，都有服兵役的义务，应积极主动参加兵役登记、体检和应征，对逃避服兵役的村民，按照有关法律和政策规定予以处理，情节严重的由有关部门依法追究法律责任。

七、讲文明、讲礼貌，不使用暴力，尊老爱幼，保护老人、妇女、儿童在社会和家庭生活中的合法权益，家庭和睦，邻里团结；抵制黄、毒、赌，不酗酒滋事，不信仰邪教，不搞封建迷信活动，文明殡葬，不乱埋乱葬，到指定的地方安葬，红白喜事不提倡大操大办，严禁铺张浪费。

八、村民发生纠纷时，不得采用威胁、要挟的方法，应由村调解委员会进行调解，调解不成的，村民委员会支持当事人依法向人民法院提起诉讼：对殴打他人造成伤害的，应赔偿医药费、误工费等，情节严重的，提请司法机关处理。

九、按照上级有关法规和政策文件，每个村民有义务交纳农业生产中的各项费用，如有欠交的，在为民办事过程中，涉及村民需村委会出具证明或签章的，村委会有权督促其交纳后，方可办理。

十、加强安全管理。严禁私拉乱接，生产规范操作，生活用具定期检查。

十一、凡违反本村规民约的，除触犯法律由有关部门处理外，必须在调查核实后，经村民委员会（或村民代表会议）集体讨论、决定，可作出如下处理：1、予以批评教育；2、写出悔过书，用村广播进行通报；3、责令恢复原状或作价赔偿；4、视情况提请执法部门按程序给予经济处罚。不得擅自处理。

十二、本村规民约有与国家法律、法规相抵触的，按国家规定执行；

本村规民约自村民会议通过之日起施行。

季平村村规民约

（2021年10月制定）

季平村，是宝地，育你我，报社会。
遵国法，守村规，跟党走，奔富贵。
重大事，民主议，商与量，要牢记。
爱公物，护集体，谋发展，同受益。
爱环境，讲卫生，用公筷，避疫病。
清四堆，建五园，蔬果鲜，景好看。
有秸秆，处理好，不焚烧，不乱抛。
建房子，要审批，不依规，建不了。
邻里间，和为贵，多互助，义勇为。
兄弟亲，夫妇顺，幼尊长，恩爱深。
懂科学，优生育，重教养，禁陋习。
红白事，从简办，不铺张，不迷信。
守诚信，敬岗位，加油干，争先进。
公益事，要积极，讲贡献，莫贪利。
乡亲们，团结紧，新时代，新风气。
兴乡村，齐奋进，好日子，要来临。

文明创建

20世纪80年代后期，陶庄镇开展“创十星、评三户”活动，村和单位通过橱窗、板报、网站及媒体宣传文明创建好人好事。90年代中期，陶庄镇机关、村和企事业单位积极开展创建文明乡镇、文明村、文明行业和文明单位等活动。

21世纪以来，随着小城镇建设的步伐加快，陶庄镇分别在集镇设置社会主义核心价值观的永久性宣传牌和市民文明公约。

2003年2月，制定《陶庄镇文明创建工作实施办法》。3月15日，召开陶庄镇文明创建动员会议，全面部署文明家庭、文明村、文明单位创建评选工作。2009年，加强农民教育、特色村创建、道德实践，丰富文化生活，将兴化市“乡风文明百村行”活动，融入社会主义新农村建设之中。2010年，在广大村（居）民中开展“十星文明户”宣传与评选活动。各村农户积极参加，参评率92%以上。各行政村每年评选文明户按15%的标准，评选结果及时上报镇宣传科。“文明户”实施动态管理，每年复核一次，年底根据各户实际表现和考核结果进行增减，每年春节前公布评选结果，并予以表彰发牌。

2017年6月，陶庄镇成立创建江苏省文明乡镇领导小组，对照省文明乡镇考核标准，明确创建省级文明乡镇创建的责任单位和工作目标，开展道德建设、文化建设、志愿服务、文明风尚、镇容镇貌、社会秩序的创建活动。2018年12月，南柯堡村、焦庄村、夏北村、金戈村、陶庄村、裴舍村、焦舍村、幸福庄村、三和庄村等9个村被兴化市精神文明建设指导委员会命名为文明村。2019年，加大文明村镇推进和考核力度，持续深化活动内容，定期督查，巩固取得的成果。

2020年10月，焦庄村、金戈村、铁堡村、季平村、南柯堡村、三和庄村、夏北村、仲冯舍村、陶庄村、幸福新村等10个村获批兴化市2018—2020年“文明村”。2021年8月南柯堡村、焦庄村、夏北村、仲冯舍村、铁堡村、金戈村、陶庄村、三和庄村、季平村等9个村获批泰州市“文明村”称号，占行政村（社区）60%。

文明镇

1995年，陶庄乡开展“创三优”（优良秩序、优美环境、优质服务）活动。1997年6月，陶庄乡在政府大礼堂召开文明乡镇创建工作动员会。21世纪后，陶庄镇精神文明建设创建方式灵活多样，在主要道路两侧、公路两旁、电杆抱柱增设宣传标牌、标语。

2002年，在政府五楼会议堂召开《公民道德建设实施纲要》宣讲会。2005年8月，在南柯堡村召开会议，贯彻落实兴化市在张郭镇召开的现场会议精神，着力从提高农民综合素质、加强精神文明建设、推进农村环境整治、倡导文明新风、加强农村未成年人教育等5个方面深化文明村镇创建工作；2012年，在重点单位、骨干企业新建文化长廊5个。2015年对镇区主要巷道设立宣传橱窗。2018年12月，陶庄镇获批兴化市2018年度“文明镇”。

2019年后，陶庄镇加大文明镇推进力度，出台一系列可行性措施。10月底，陶庄镇建成新时代文明实践所，15个行政村（社区）建成新时代文明实践站，加大对外宣传力度，道德讲堂镇村全覆盖。2020年10月，获批兴化市2018—2020年“文明镇”。是年10月，陶庄镇新时代文明实践所在中心校阶梯楼举办广场舞大赛。来自陶庄镇14支队伍参加比赛，评选一、二、三等奖6名，南柯堡队获得第一名。2021年，陶庄镇把创建文明镇工作继续向前推进，实施高质量考核，2021年8月，陶庄镇被泰州市委、市政府命名为2018—2020年“文明镇”称号。

文明单位

1994年，陶庄镇开展创评“三户一村”活动。1996年6月，按照兴化市精神文明建设指导委员会印发的《创“三优”、建“三户”活动意见》，分别制定“创三优、建三户”活动实施方案。1997年5月，在政府会议室召开创“三优”、建“三户”动员部署会，全面推广戴南镇在创建工作中的典型经验和做法。1999年，扎实开展“创十星、评三户”活动，把评选活动纳入文明村镇创建总体规划，协调力量齐抓共建。

2001年4月，针对行政村合并后的新情况，围绕《公民道德建设实施纲要》，研究制定陶庄镇文明单位创建和社会公德教育计划。2005年2月14日，在季平村召开现场会，对《兴化市民守则》《兴化市文明市民读本》《文明家庭标准》《文明职工标准》等规范进行解读。

2009年，陶庄镇主动融入兴化市“乡风文明百村行”活动，新农村建设取得新进展。2010年，文明村创建融入全镇小康示范村创建，形成季平、南柯堡、幸福庄村等村庄文明创建的典型。2011年后，全面开展小康示范村和环优美乡村建设，组织开展文明单位创建活动。2015年，突出优美村庄建设，改善道路环境，营造文明风气。2016年5月16日，召开文明创建工作推进会，推广季平村文明创建的做法；2020年12月，全镇14个行政村建成“百姓大舞台”。2021年8月，南柯堡、金戈、陶庄、季平等9个村被泰州市委、市政府命名“文明村”称号。

附：文明村（单位）选介

南柯堡村　20世纪80年代起，该村正常开展“五讲四美三热爱”活动，每年评选“十星文明户”“五好家庭”，营造创建氛围。2010年起，南柯堡村先后投入500多万元实施河道驳岸，巷道浇筑、林业绿化、村庄亮化、环境美化等基础设施建设，建成村党群服务中心、新时代文明实践站、道德讲堂、百姓大舞台、老年活动中心、农民健身广场。

南柯堡村始终把文明创建融入其中。2019年发动32名乡贤捐资100多万元实施龙尾池连廊建设，发动村民慷慨解囊，捐出家中保存良好的老青砖用于福星桥修复，捐出石臼、石磨、石鼓等老物件用于打造别致“景观”，精神文明建设的质态得到提升、内涵更加丰富。

2018年12月、2010年10月和2021年8月，南柯堡村先后被泰州市委、市政府、兴化市精神文明建设指导小组表彰为2018—2020年“文明村”。

季平村　地处陶庄镇北部，以精神文明建设为载体，大力开展社会主义新农村建设，2015年12月，获得“兴化市人居环境特色发展村”称号。按照新风行动的要求，认真实施五面清洁，着力打造优美环境。全村公共设施配套齐全，2018—2021年间建成党群服务中心、卫生室、健身场、停车场、百姓大舞台。

季平村强化文明宣传教育，营造良好民风，开展家风家训教育，全体党员、村民代表带头制定家风家规，养成积极向上的、健康的生活习惯，开展结对帮扶，解决困境人员的难点、堵点，给他们送去温暖。

2021年8月，季平村被泰州市委市政府命名为2018—2020年“文明村”。

陶庄中心校　秉承“养正毓德，求真致远”的校训，开设“深度阅读工作坊”“情智演讲工作坊”“探索求真工作坊”“阳光体”“规范书写”等工作坊，为学生素质提升五项工程的平台；常年开展“五好陶园儒雅娃”（读好书、写好字、说好话、健好体、行好事）评比活动，为学生终生发展奠基；定期邀请专家为学生举办法制教育讲座；定期举办“道德讲堂”；以“乡村少年宫”为平台，常年开展社团活动，学校实施“师表工程”“青蓝工程”，定期评选“年度名师”，多名教师获“泰州市教学能手”称号；2013—2014年连续被表彰为兴化市“文明单位”；2019年，被表彰为江苏省“青少年科技教育先进学校”；2020年，获兴化市“德育工作先进单位”；2021年，创建江苏省智慧校园。

文明家庭

20世纪80年代中期，陶庄乡广泛开展争创“十星文明户”“五好家庭”活动，通过开展创争评选好婆媳、好家长、贤内助、五好文明家庭等活动，推动家庭文明建设。

1995年3月，陶庄乡以兴化市《文明家庭标准》等规范贯彻落实为契机，开展宣传教育送学上门活动。

1996年，陶庄乡以文明卫生清洁户和文明家庭评选为基础，延伸开展文明单位、文明家庭评选活动，经过层层评选，评出文明村（单位）12人，文明家庭2039户；1999年，陶庄乡把创建，与“当文明市民，建美好家园”主题教育结合，开展“文明户”评选活动。陶庄乡有315人参加活动，做好事428件，许多家庭改变旧风俗，把包“压岁钱”给老人包“敬老钱”，使家庭美德在陶庄乡发扬。

2004年，陶庄镇以贯彻《公民道德建设实施纲要》为主线，开展家庭文化建设活动和“五好文明家庭标兵户”评选。

2005年，陶庄镇开展以争创“五好文明家庭”为主题的家庭文化建设，倡导社会新风尚。2006年，陶庄镇开展以争创“五好文明家庭”为主题的和谐家庭建设，提高全民争先意识；2008年8月，镇妇联与镇环保办联合举办世界环境日、绿色家庭环保大行动，向陶庄镇广大家庭发出“致力节能减排、创建绿色家庭”倡议书，56户家庭被表彰为绿色家庭。2010年5月，镇妇联与镇文明办及各成员单位举办“创建平安家庭，建设和谐陶庄”广场宣传活动，2020年向陶庄镇家庭发出争创平安家庭倡议书，营造创评活动氛围。

2021年2月26日，陶庄镇制定《关于在陶庄镇开展2021年度“十星文明户”评选活动的通知》，分别是爱党爱国星、遵纪守法星、勤劳致富星、勤俭节约星、清洁家园星、诚实守信星、孝老爱亲星、助人为乐星、文明礼貌星、移风易俗星。凡评为十星的农户为“十星文明户”，评为八至九星的为“新风户”，评为六至七星的为“遵纪守法户”。年底，经评选，评出“十星文明户”1420户，占10.2%，“新风户”8265户，占59.5%，遵纪守法户4202户，占30.3%，3528户获评“文明家庭”，占25.6%，为每个文明家庭门前挂起标牌，推进家庭文明建设。

文明家庭选介：

吴长喜家庭（陶园社区） 吴长喜（女，1963年12月出生）及丈夫郑宏兵孝敬老人，热心助人，爱岗敬业。吴长喜在镇一家服装厂工作。她把时间和精力都花在照顾家庭上，2010年3月的一天，公公突然中风瘫痪在床，失去生活自理、语言表达能力。由于婆婆早逝，服侍老人的重担都压吴长喜肩上。她帮老人洗漱、喂饭，端水送药，做饭洗衣。由于长期卧床，老人容易生褥疮，她给老人勤翻身、勤擦体、勤换衣。老人大小便失禁，她接屎接尿，照料两年多，直到老人离世。

吴长喜还对邻里乡亲帮忙。邻居许奶奶80多岁，患有糖尿病，卧床休息。吴长喜帮忙看护。丈夫郑宏兵是投递员，工作以来，将报刊、信件、邮包实现26年“零投诉、零差错”，他独创“勾、挑、核、记”投递流程，特别是投递法律文书、高考录取通知书等重要邮件，用户签收后，还要记下收件人的身份证号，有一次，他看到一个写着“急件”的包裹，便第一时间送上门，然而，连续投递五次，收件人家里都空无一人。晚上，他再一次投递终于成功。2015年被推选为全省邮政优秀投递员。2020年被评为陶庄镇“十星文明户”。

陈明俊家庭（焦庄村） 陈明俊（1967年2月生）夫妻20世纪80年代在苏南靠收旧营生，经济条件一般，但看到旁边出租房有两名孤儿，还有一个困难户的孩子因贫辍学后，两口子一致决定对其进行资助。他们夫妻十年如一日，资助孩子们的学习、生活，让他们接受良好的教育，拥有相对稳定的生活。经过帮助，有10多名困难孩子陆续走上工作岗位，分别在苏州儿童医院眼科、常州机电、南京森林公安学院、高邮开发区派出所、南京八一医院、南京农学院等单位就职。在老陈夫妻的无私奉献和倾力关心下，跳出农村、走进社会，在不同的工作岗位上，为社会做贡献。2021年被陶庄镇评为“十星文明户”。

王荣章家庭（仲冯舍村） 王荣章（1946年7月生），曾担任该村支部书记，2006年6月退休后担任村关工委常务副主任，参与村里的公益事业，担任村理财小组组长，为村集体财产把好关。2017年6月，在村级进行债权债务化解工作期间，主动参加，积极配合，带头响应，帮助做村民工作，使舍王自然村的债权债务工作得到重大突破，上任后，组织债权债务化解超过90%，为其他自然村做出榜样。

王荣章家风淳朴，孝敬长辈，关爱亲朋，团结邻里，乐于助人，热心公益事业，每当村民遇到困难，他都热心帮助，1子2女事业有成，家庭幸福美满，2020年被评为陶庄镇“十星文明户”。

许冬云家庭（陶庄村）　许冬云（女，1967年12月生）、裴海（1964年12月生）夫妇相敬如宾，许冬云承揽全部家务，三十年如一日，孝敬公婆，裴海的妹妹从小瘫痪，生活不能自理，许冬云一直精心护理，洗衣、做饭、悉心照顾。

许冬云2008年担任镇计生办主任，她开展“关爱女孩行动”，为妇女开展便民、利民、为民服务。对扶助条件的对象，认真开展调查摸底、申请登记、逐级评议、审核审批、张榜公示，确保材料无差错。2015年5月，被授予“兴化市劳动模范”称号。2020年，被评为陶庄镇“十星文明户”。

道德楷模

王甫贤（1929—2012）

陶南村潘联人。1987年8月在陶庄开办煤球厂，他致富不忘乡亲，每年除缴纳国家税金、企业管理费外，还慷慨捐赠，赞助地方生产福利事业。1988年，无偿支持潘联村抽水机一台，连同安装机器的5吨水泥船1艘，价值4000余元。献给乡政府发电机组1台，为乡政府建招待所大楼购置沙发等计8700余元。建陶庄南部通往潘联的水泥桥1座，捐款2000多元。支持潘联建学校1000元，捐资建农贸市场1000元，建陶庄中心中学5100元，投资建自来水厂5500元，陶庄南圩建闸14680元（煤球厂西边），捐资铺陶庄东南大桥下至煤球厂道路2000余元。

自1987年起，每年春节慰问村里17位五保老人，每人红包30元。自1995年起，每年春节慰问村里17位五保老人，每人红包30元，每年春节给陶庄敬老院20多位老人每人20元，此外还有香烟，糖果等礼品。每年“六一”儿童节均资助中心小学活动经费300—500元，1998年，资助300元给铁堡村卞堡的孤儿上学。王甫贤被群众公认为“致富不忘乡亲”的典范。2005—2010年连续5年被陶庄镇评为“文明家庭”称号。

顾应广

1950年1月生，梓辛村罗马人，中共党员。1968年7月，在罗家大队担任“赤脚医生”，他钻研医药知识，采草药、种草药八分地，自制草药为社员治病。自制止咳糖浆，陈子粉治疖子，蒲公英鲜汁治痤疮、痈肿、疼痛，用癞宝草塞鼻子治妇女乳腺炎等。用“地景草”治疗痢疾、慢性肠炎，治疗千人以上。

顾应广用中草药土法治病名声远扬。2003年3月，到北京参加研讨会，被中国农村卫生协会、健康报社、中国农村医药协会表彰为“全国优秀乡村医生”。

顾应广不但是村里的好医生，还关

顾应广给患者诊疗

心村公益事业，2006年，罗家村浇筑村庄东西干道的混凝路，顾应广带头出资2000元，购买材料，仅用一周时间，一条90多米长的混凝土巷道就浇筑好，村民羡慕不已，纷纷效仿。全村30多条支巷道全由村民自己浇筑完成。顾应广还出资1400元，购置12个垃圾箱。平时，经常与保洁员一起打扫村庄干道，清运垃圾，主动捐款2万元，用于村里修桥、筑路。在创建乡村采用中西医结合工作中，国家卫健委、省、市有关部门领导及专家来罗家村审定示范中医创建工作。2018年批准罗家村建立“中医阁”，设“理疗室、康复室”。村卫生室增设“罗马村残疾人之家”，退休后的顾应广继续在村“中医阁”，门诊给病人治疗仅收药物成本费。

2008年4月，顾应广入选兴化市2007精神文明十大新人新事。2019年8月，被泰州市宣传部文明办、卫生健康委员会表彰为“泰州市百名医德楷模”。2020—2021年登陶庄镇“美德善行榜”。

许粉祥

1952年4月生，金戈村人。1978年后一直从事乌金卫生室工作。他爱岗敬业，扎根在农村最基层卫生服务，遵守国家法律法规，严格执行规定的收费标准，坚持从正规渠道进药，药品价格、收费标准公示上墙，不开大处方，不乱收费，让群众花小钱就能放心就医。

刘子凡（1954—2020）

梓辛村潘洋汉人。2020年6月10日12时，隔壁对门周洪如一家三口在家中准备吃中饭。其子周干祥因琐事，刺激精神病复发，大脑发作，持刀捅杀其父亲周洪如。后周干祥又在其母杜银林身上砍，母亲大声呼救。邻居刘子凡听到呼救声，冲入周洪如家中，与周干祥搏斗抢刀，使杜银林得到脱身，逃离现场到巷口呼救。刘子凡不幸被周某捅伤倒地身亡。

2020年12月21日，泰州市第六次见义勇为表彰暨“泰州正气”先进事迹报告会上，梓辛村刘子凡被表彰为泰州市见义勇为模范。2021年4月20日被兴化市精神文明建设指导委员会表彰2020·兴化好人“特别奖”。

王茂勤

1960年3月出生，季平村人，陶庄中心校退休老师。自幼喜欢精美图书、图片和精致的像章，经常细心地保存。1989年前，家庭经济有所宽裕，王茂勤幼时的收藏兴趣骤然迸发，便利用工作之余、节假日四处寻访，收集藏品。其足迹遍及北京、上海、安徽及省内的苏州、无锡、常州、镇江、南通、扬州、盐城、如皋、海安等地。

王茂勤收集的藏品万余件，包括老

王茂勤收藏的领袖像（章）一角

农具、老家具、老工（用）具1.2万多件；地方票证6000多件；领袖像（章）4000多件；人民币纸（硬）币800多件；民国及解放区老钱币200多件；样板戏图片、摆件500多件；精品老瓷器50多件；历史重要文件、文献30多件。2019年无偿为陶庄创办“红色教育馆”，奉献藏品600余件。2021年12月登陶庄镇“美德善行榜”。

仲春荣

1962年11月生，仲冯舍仲家人。1992年7月9日下午2时40分，时任仲冯舍仲家村委会主任兼团支书的仲春荣，到中国银行兴化支行兑换1500元青年爱国有奖储蓄存单，回到住处再次清点钞票时，发现营业员误发3000元，当即将多发的1500元如数退还到银行，经手发款的营业员十分感激。2005、2007、2010、2019年登陶庄镇“美德善行榜”。

曹爱华

1965年12月生，南柯堡村人，2018年9月25日14时16分，陶庄派出所接110指令称，陶庄村裴舍一户村民家煤气罐起火。接警后民警曹爱华立即带领两名辅警队员驾驶消防车迅速到场灭火，发现村民朱忙年家西侧厨房一煤气罐正在燃烧，火苗不断喷出，如不及时消除隐患，后果将难以估量。民警迅速疏散群众，采取潮湿灭火方法无效之下，曹爱华立即抱起燃烧的罐体，迅速移到西侧河边，将罐体投到大河里，挽回村民的损失，避免可能发生的火灾爆炸事故。2018年，被兴化市公安局评为“优秀人民警察”称号。2020年登陶庄镇“美德善行榜”。

顾稳碗

1967年2月出生，陶庄镇季平村人，1991年，在村开水果店，担任志愿服务者5年，2018年，季平村一条公路受损，遇下雨天泥泞不堪，行人经常跌倒受伤，顾稳碗组织几个好友，自费修路，让凹凸不平的土路变得平平整整，受到村民的赞扬。从此以后他更加热心公益，2018年年底组织季平村义工队，着力于修路造坝，救困济贫。

他带领义工队定期举行爱心活动，为敬老院老人送温暖、为患病村民捐爱心、为残疾盲人提供生活用品。每年5月20日，因谐音是“我爱你”，也是“义工队”去陶庄镇敬老院的日子，他们带来牛奶面包，八宝粥等礼品，细心为每位老人带来鞋袜等保暖用品，为老人们演唱《父亲》，老人们热泪盈眶，从2019—2021三年来，举行爱心活动一百余次，春季送祝福，夏季送清凉，秋季送慰问，冬季送温暖。

2021年春天，顾稳碗与义友们举行《旧衣情深》公益活动，倡导村民捐献自己闲置的旧衣，用来帮助需要的人，募旧衣300多件（套），除捐给身边的五保贫困户后，将更多的旧衣委托邻县公益组织寄给青海贫困孩子，任劳任怨的精神感染家人，他的儿子也积极参加各种公益活动。2021年登陶庄镇“美德善行榜”。

许开泰

1969年4月生，金戈村人，中共党员，陶庄镇农业农村局局长。1999年从事农技推广工作，通过集中培训、科技入户、蹲点挂户、示范带动，培训农民5万多人次，发放资料近10万份，水稻育秧新技术、统防统治社会化服务实践成功后在全市推广，切实解决推广过程最后“一千米”的难题。

许开泰先后领办、创办“兴化市陶庄农机服务专业化合作社”“兴化市绿蛙植保专业合作社”“兴化市农民合作社联合社”。实行从机耕、机插、机防、机收、烘干全程机械化、专业化服务，合作社单季农机专业化服务能力1万亩以上，植保服务2万亩以上，土地全程托管服务5000亩以上，日烘干能力500吨以上。通过统一品种、统一技术、统一物资供应、统一生产服务，统一质量标准、统一加工销售“六统一”服务，促进社员增收节支。拥有有机食品认证1个，绿色食品认证2个，注册商标5个。

2017年12月，全国总社“海峡两岸农村金融交流”会议到农民合作社联社观看“土地托管”模式。兴化市绿蛙专业合作社先后被农业部命名为统防统治“示范组织”，被省植保站表彰为“十佳服务组织”，《农民日报》《新华日报》《江苏农业科技报》《泰州日报》等多家媒体相继报道许开泰在社会化服务上的成功做法。2012年3月，被江苏省人民政府表彰为“全省粮食生产突出贡献农业科技人员”，享受省劳动模范待遇；2014年2月，被泰州市农业委员会表彰为“十大创业之星”；2017年、2018年度被兴化市人大表彰为“优秀市人大代表”；2019年10月，被兴化市委宣传部表彰为“最美双创人物”称号，2021年6月被中共泰州市委授予“优秀共产党员”称号。

陶翠年

女，1971年2月生。2020年正月初八是陶庄卫生院职工陶翠年50岁生日，她晚上6点仍坚持负责值班。2019年刚结婚的儿子和儿媳回来，本想多陪陪亲人欢聚一堂，身为护士的陶翠年主动和防保所的同事一起起早贪黑、加班加点，丈夫陪同卫生院长及同事一起送蛋糕，在工作岗位上举行50岁生日庆典。2020年3月，陶翠年被兴化市委宣传部、市妇联表彰为2020年“最美兴化人·巾帼奋斗者”称号，2021年登陶庄镇“美德善行榜”。

朱秋凤

女，1978年8月生。2021年担任陶庄小学六（1）班数学老师，发现同学存在不良生活习惯，她通过家访，与家长携手，共同帮助学生。她关心留守孩子生活状况，发现有衣服脏污、破损，及时帮他们清洗、缝补。每逢传统节日，她总会买些水果、牛奶等给他们，让他们感受到母亲般的关爱。对于学困生，他在班上开展“一帮一”结对帮学活动，及时鼓励学生取得的点滴成绩。2021年被评选为兴化市优秀“教师妈妈”。

焦彩娟

女，1979年1月生，2020年担任陶庄小学二（1）班班主任。在平时家访中她得知部分留守儿童长期与父母分离，代管人多为家中老人，隔代教育溺爱现象比较严重，影响儿童健康成长。她工作中注意从心理上、思想上、学习上、行为上去教育引导留守儿童，关心帮助单亲家庭的顾智凯、胆小害羞的陶思羽、体育课上摔破额头的周捷健康成长，学业进步。2020年被评选为兴化市优秀“教师妈妈”。

华小帅

1986年3月生，中共党员，2008年9月参加公安工作，兴化市公安局陶庄派出所副所长。2020年1月，华小帅团结带领全所民警、辅警，不间断开展网格巡查、车辆核查、执勤、治安防范等工作。

华小帅驻守在乡镇，连续28天没有回家。1月28日，正月初四晚8时许，华小帅正在344国道兴化陶庄执勤，接到家中来电，得知妻子二胎顺产一子，这已是他第二次因工作原因没能在妻子分娩时守护在身旁。他深知自己作为一名党员民警，就要舍小家为大家，而妻子同样也是一名人民警察，表示理解支持。2020年，华小帅被评为兴化市人民满意十佳政法干警、“泰州最美警察”提名奖、泰州公安青春警星、兴化市优秀共产党员，记个人三等功2次，嘉奖1次。

陶海波

1988年3月生，陶庄村人。2019年7月27日上午10时许，当时瓢泼大雨、雷电交加，陶庄镇农贸市场门口有一位70多岁的老奶奶正冒雨赶路。因路滑，老奶奶突然摔倒，面部血流不止。陶海波看到这一幕，立即冲入雨中，手握雨伞蹲在地上为老人家挡雨，并结合服役时学习的急救知识，为老奶奶清理面部影响呼吸的泥浆杂物。这一蹲就是20分钟，直到老奶奶家人赶到。

随后，陶海波又协助将老人家送到镇卫生院检查治疗。之后，老奶奶家人正准备好好感谢他时，才发现做好事的青年悄悄离开，连姓名都没有留。后老奶奶家人联系派出所，派出所民警通过走访才知道这名好青年叫陶海波。

8月19日上午，陶庄派出所民警代表兴化市见义勇为基金会向陶海波颁发见义勇为确认书和奖金。2021年4月20日被兴化市精神文明建设指导委员会表彰为“2020·兴化好人”提名奖。

陈 城

1991年4月生，焦庄村人，中共党员，大专学历。系江苏丰成果蔬种植家庭农场和兴化市佳农生态农业有限公司法人代表，兼任中国登山协会户外指导员。

2014年投入资金500万元，流转土地200亩，创办“江苏省丰成果蔬种植家庭农场”，2015年开始规模化果树植业。栽种翠冠梨园80亩，黄冠梨30亩，桃园30亩，秋月梨40亩。建设和完善农场基础设施，建有500平方米农机仓库，300平方米的农药化肥储藏室以及600立方冷藏库，一片篮球场，16个集装箱袖珍客房，满足小旅游团观光采摘、垂钓烧烤、商务聚会等活动需求。

2015年以来，为群众讲解技术问题近百次，到村民家中提供服务40多次，并为他们及时进行果树病虫害防治的指导，有效防止病虫害导致的减产。他带领村民走上致富之路，吸纳失业农民到公司就业23人，让他们有稳定的收入，2019年全面脱贫。

陈城对待村民总是热心诚恳，村民有困难总是伸出援助之手，在焦庄圩建设高标准农田时，没有挖机，主动无偿提供，保质保量完成工段任务。6次深夜村民得疾病，要送诊兴化和泰州，随喊随到，2018年在兴化市创业典型评比活动中获“20佳创业能手称号”，2020年被评为兴化市“青年农民创业之星”。

陶庄镇部门单位及行政村所获市级以上荣誉一览表

表 15

名称	年份	类别	授予单位
陶庄镇	2018—2020	文明镇	中共泰州市委、泰州市人民政府
陶庄镇	2018	文明镇	兴化市精神文明建设指导委员会
陶庄镇	2018—2020	文明镇	兴化市精神文明建设指导委员会
陶庄镇	2020	卫生镇	泰州市爱国卫生运动委员会

续表

名称	年份	类别	授予单位
陶庄镇	2021	卫生镇	江苏省爱国卫生运动委员会
夏北村	2017	文明村	中共兴化市委、市人民政府
夏北村	2018	文明村	兴化市精神文明建设指导委员会
南柯堡村	2019	文明村	泰州市精神文明建设指导委员会办公室
季平村	2018—2020	文明村	中共泰州市委、泰州市人民政府
南柯堡村	2018—2020	文明村	中共泰州市委、泰州市人民政府
焦庄村	2018—2020	文明村	中共泰州市委、泰州市人民政府
三和庄村	2018—2020	文明村	中共泰州市委、泰州市人民政府
陶庄村	2018—2020	文明村	中共泰州市委、泰州市人民政府
仲冯舍村	2018—2020	文明村	中共泰州市委、泰州市人民政府
铁堡村	2018—2020	文明村	中共泰州市委、泰州市人民政府
夏北村	2018—2020	文明村	中共泰州市委、泰州市人民政府
金戈村	2018—2020	文明村	中共泰州市委、泰州市人民政府
夏北村	2018	文明村	兴化市精神文明建设指导委员会
金戈村	2018	文明村	兴化市精神文明建设指导委员会
陶庄村	2018	文明村	兴化市精神文明建设指导委员会
焦庄村	2018	文明村	兴化市精神文明建设指导委员会
南柯堡村	2018	文明村	兴化市精神文明建设指导委员会
裴舍村	2018	文明村	兴化市精神文明建设指导委员会
焦舍村	2018	文明村	兴化市精神文明建设指导委员会
幸福庄村	2018	文明村	兴化市精神文明建设指导委员会
三和庄村	2018	文明村	兴化市精神文明建设指导委员会
焦庄村	2018—2020	文明村	兴化市精神文明建设指导委员会
金戈村	2018—2020	文明村	兴化市精神文明建设指导委员会
铁堡村	2018—2020	文明村	兴化市精神文明建设指导委员会
季平村	2018—2020	文明村	兴化市精神文明建设指导委员会

续表

名称	年份	类别	授予单位
南柯堡村	2018—2020	文明村	兴化市精神文明建设指导委员会
三和庄村	2018—2020	文明村	兴化市精神文明建设指导委员会
夏北村	2018—2020	文明村	兴化市精神文明建设指导委员会
仲冯舍村	2018—2020	文明村	兴化市精神文明建设指导委员会
陶庄村	2018—2020	文明村	兴化市精神文明建设指导委员会
幸福新村	2018—2020	文明村	兴化市精神文明建设指导委员会
焦庄村	2020	泰州市卫生村	泰州市爱国卫生运动委员会
梓辛村	2020	泰州市卫生村	泰州市爱国卫生运动委员会
三和庄村	2020	泰州市卫生村	泰州市爱国卫生运动委员会
幸福新村	2020	泰州市卫生村	泰州市爱国卫生运动委员会
陶南村	2020	泰州市卫生村	泰州市爱国卫生运动委员会
南柯堡村	2021	江苏省卫生村	泰州市爱国卫生运动委员会
焦庄村	2021	江苏省卫生村	泰州市爱国卫生运动委员会
陶庄村	2021	江苏省卫生村	泰州市爱国卫生运动委员会
金戈村	2021	江苏省卫生村	泰州市爱国卫生运动委员会
梓辛村	2021	江苏省卫生村	泰州市爱国卫生运动委员会

第八篇　风土风情

一方水土养育着一方人。陶庄人吃苦耐劳，勤奋实干，遵循传统，崇尚礼仪，耕田种粮的农民，精工细作的匠人，走南闯北的商人，在长期的生产实践和社会活动中，在人与人的交往中，形成了浓厚的乡风民风，孕育纯朴的风土人情。村民勤劳、淳朴，富不喜外、穷不嫌乡。男女老幼坚持勤俭持家，遵循长幼之序，推崇文明交友。一辈做给一辈看，树清正家风，一辈带领一辈干，促兴业富民，文明风尚在陶庄蔚然成风。

习俗礼仪

生产习俗

中华人民共和国成立后，水稻、小麦、棉花、油菜一直是陶庄的农业主体，辅之手工业和屠宰行业，20世纪80年代后，随着精神文明的宣传教育，生产条件的不断改变，迷信与陋俗逐步摒弃，生产习俗也发生变化。陶庄人民主要生产习俗，表现在农业、手工业、商业三个方面。

农业习俗

陶庄历来以种植业为主。20世纪60年代，耕地多为沤田，水稻是境内种植的主要品种。80—90年代，棉花生产曾是农民的主要经济来源。农民耕种与收获靠自己辛勤的劳作。长期以来，陶庄农民在生产和生活中形成与水稻种植紧密相关的习俗，同时也带有浓厚的封建迷信色彩。中华人民共和国成立后，特别是80年代推行生产责任制后，大部分习俗已经消失。

育秧　农谚有“清明浸种，谷雨下秧”的节令和“秧好半年稻”的经验。在秧池附近置木盘，内盛炒米数升，连根葱一棵，内放“刀头”（二斤肉、豆腐两块、鸡蛋一只、连根葱一株，稻草两三根扭成扎肉的卯子）一块、炒米等供品，作祭品，烧香、焚黄元、放鞭炮祭神，祈神保佑秧苗能快速茁壮生长。播种时皆不说话，防止讲话时常有不吉利的“问”字，与“瘟”同音即为“瘟秧死苗”。

开秧门　开插之日，栽秧的当日早上主家招待栽秧师傅们吃汤圆，即圆圆满满之意。早晨说话有禁忌。习惯于妇女栽秧，男人“打秧”（挑秧、分秧）。栽上趟的师傅带头打栽秧号子，一人领唱众人和。当栽秧结束时，妇女们一起抓烂泥砸主人，主人也回敬师傅们，个个弄得像泥人，热闹非常，也预示主人家秧苗醒棵早、发棵快。

关秧门　插秧结束，主家招待大家吃一顿面条。

看风　四月初八日，刮大风，不吉。俗说：“四月八，大风刮，十条沟，九条挖。”

加苗　在水稻抽穗灌浆结实期间，农户用“刀头”和自制的圆圆的一块大月饼在田头烧香、拜神、放爆竹，希望有好的气候使稻谷粒粒饱满。有的农户在玉米麦子等作物上也用以“加苗”。这种习俗以科技的普及而自然消退。如遇青苗欠佳，农户即在田头焚香，以求苗全苗壮。

尝新　新稻登场，先在场上敬神，感谢神灵保佑，并煮食新米饭，谚云“见新不死”。

手工业习俗

20世纪60年代，境内手工行业有木匠、瓦匠、铁匠、铜匠等，尤以木匠居多。各行手艺人年初聚会，所有成员参加，焚香拜谒祖师爷。礼成之后，主办者宴请大家，或由与会者集资聚餐，各行又有各行的规矩。

木工　境内主要分为细料匠、高料匠、犁木匠、箍桶匠、雕匠，都尊鲁班为祖师爷。高料匠砌屋上梁时要说吉利话，也称说“鸽子”。雕匠在制作神龛时必须恭恭敬敬，认真严肃，事先做好各种准备，否则会亵渎神灵。箍桶匠的行规，一律在巷道上作业，不得到家中户家院子里做活儿。如果一人揽到生意，只要未曾上箍，路过的同行不需招呼，放下担子就帮忙，并平分报酬，这是同行相扶相济的表现。

铁匠　凡使用烘炉冶炼、锻打金属的匠人都尊李聃（太上老君）为祖师，源

大顾铁匠

于神话传说中老子炼丹的故事，行会称之“老君会”。铜匠手艺多为祖传，且传子不传女。铁匠只要会打帮锤，都可以留下来。主人一般管待饭食，体现铁匠师傅之间的相互扶持。

补锅匠 补锅匠挑着担子沿街叫喊：“补锅嗽！”担子的一头是风箱，一头是工具、碎铁片、小化铁炉之类。一旦有人喊“补锅”，便放下担子，拿趴趴凳儿（矮凳）坐下，把锅放在三条腿的矮架上，用小铁锤的尖端把破锅上的小洞眼敲大，然后说价，生火化铁，给破锅补铁巴子。锡碗用金刚钻在破碗磁上钻小孔，然后用小铜（或铁）勺把两边锡起来。补锅有句行话叫“修锅不断风，锔碗不断弓。”其意思只要化铁的风箱还在拉，锔碗拉钻头的弓还在“吱咕吱咕”地响，后来的补锅匠碰到即可放下担子帮忙，然后工钱对分，这是行规。

理发 分为两种，一种是有店面，有椅子，俗称“剃头店”；一种挑担子、夹刀包，走街串巷为顾客服务。20世纪60—70年代，理发师不仅为顾客剃头，还兼挖耳、捶背、拿筋，甚至还为脱臼的顾客凑膀子等。同行之间在顾客面前要说“行话”（“打哨语”“玩舌子”），即暗语。如剃和尚头谓“削青”“落苗子”，刮脸谓“掸盘子”，把长头发剪下来称“下山”，掏耳朵谓“掏井”“搂井”，反剃谓“上山”，洗头谓“浆山”，剃刀碰破脸为“打掌子”，头发剃得不清为“苍蝇脚不清”“色条不清”，毛巾谓“毛篮子”，围枷儿谓“大叶子”，剃刀谓“青子”，刮脸的刀谓“洋青子”，老式剃刀叫“本青子”，推剪称“夹包”等等。

拜师收徒 在多数手工行业中都有拜师收徒的习俗，徒弟拜师时要送礼、敬神、磕头，有的还要请“保人”。学徒期一般为3年，期间师傅管饭，不给工钱。徒弟对师傅唯命是听，声叫声应。开始帮做家务，淘米、洗菜、扫地、抱孩子。接着便是帮师傅打下手、干杂活。最后才学一点技艺。好一点的师傅还点拨一二，有的学徒3年，师傅什么也不教，其理由是“师傅领进门，修行靠各人”。满师后，有的继续跟师傅一起，按常规取得报酬；有的自谋生路，师傅赠送一套工具。

商业习俗

店铺开市必有庆贺，放鞭炮、接贺联、挂招牌等。南柯堡、潘刀庙等地有庙会。由庙会主办方筹集组织。会期以迎神为中心，伴有各种民间游艺节目。邻近各地农民、商贾、小贩纷纷前来看会，贸易，民间艺人也来卖艺。这种庙会集敬神、娱乐和贸易为一体。“文化大革命”期间停止活动。21世纪恢复后，去除封建迷信色彩，主要活动为产品销售、物资交流和民间文艺会演，规模和声势远胜当年。

陶庄屠宰牛在20世纪50—60年代

有其独特的习俗，叫遮眼杀牛。也就是屠夫杀牛时，必须蒙上牛的眼睛，保护牛心理健康。人们常说“俯首甘为孺子牛”，因为耕牛在农村承担着繁重的劳动任务。它们默默耕种土地，在农田中翻土、耙地甚至拉着牛车，身体力行为人类服务。当耕牛年老体衰时，只好将其屠宰。牛主人在宰杀的时候，蒙住牛的眼睛，有效减少意外伤害的发生。70年代之后大部分牛为外地购进，之后，蒙眼风俗不复存在。

生活习俗

涉及人们的衣、食、住、行和婚、育、寿、葬，明显刻有陈旧习俗的烙印。既体现出陶庄境内的经济水平、生活习惯和风土人情，也反映人们因循守旧的思想观念。中华人民共和国成立后，发展文化教育，崇尚科学，不少陈习陋俗被摒弃，很多生活习俗的表现形式更趋向简化和文明。

饮食 村民正常一日三餐，早晚吃米粥或烫饭，中午吃干饭。20世纪70—80年代，以籼糙米为主粮，米与大麦粯子掺和煮饭，元麦糁子煮粥，同时搭吃山芋、胡萝卜、南瓜、青菜等副食品。农忙时早饭在粥锅中“抠麦糁园子”，也叫“抠圪塔”，比单吃粥熬饥，吃中饭不慌。下午三四点钟吃“晚茶”也称“接晌”，一般是稀饭加麦糁饼或小麦面发酵油煎成的“月饼”（小铜锣大的饼）。重阳节后，白昼短、农活少、口粮紧，多数人家一日两餐。90年代，早餐多数家庭仍吃粥，但吃面条或吃粥伴以鸡蛋、牛奶、饼类等副食的家庭渐多，随着生活条件的不断改善，平时的菜肴越来越好，讲究荤素搭配，进入腊月，多数人家腌咸鱼、咸肉和灌香肠。

21世纪后，人们生活条件丰富，早上到茶馆喝茶的人渐多，逢年过节或亲友登门，称肉、买鱼、杀鸡再配时鲜蔬菜摆满方桌“聊表心意”，有大事操办的冷盘、炒菜、烧菜、甜菜、点心、水果齐全，鸡鸭鹅、长（鳝）毛（鳗）甲（鳖）俱全，螃蟹、鳜鱼、牛肉、羊肉、海鲜尽有，不下二三十道菜肴。

服饰 清代，人们穿布袜，富有男子穿长袍马褂。民国年间改穿长衫、长袍。短衣有大襟、对襟两种。一般男人穿对襟，女人穿大襟褂、套裤，系围裙。男性农民多着粗布中式短装，女性上衣为“大袄头”。头上扎顶方巾，腰里还扎个黑色“围围儿”（围兜）。方巾防风防晒，围兜方便装东西，年轻妇女还有戴银项圈的。极少数时髦妇女穿旗袍，也有穿短衣、系长裙的。1949年以后，人们的衣着逐渐改变。男性初尚中山装、学生装，棉大衣取代棉袍、长袍，女性先是列宁服，渐有中装西做。20世纪80年代后，不少青年穿西装，系领带，也有穿滑雪衫、羽绒衫、皮茄克、羊毛衫和各类毛料服装，少数男青年还穿花衬衫。女青年夏装款式新颖、色彩鲜艳，款式如公主装、T恤衫、夹克衫等，购成衣者日多。

清末民初，一般男子冬春季节戴瓜皮小帽，大户人家遇喜庆戴红缨帽。民国时期，男人戴礼帽、毡帽、绒线帽。妇女扎辫子、包头，不留髻的也戴绒线帽。鞋子多为自制，女鞋前头或鞋帮上绣花。自90年代初，大多购成品鞋。鞋的式样新颖、品种增多，有拖鞋、凉鞋、保暖鞋，按鞋料分，有泡沫底布鞋、塑料鞋、人造革鞋、皮鞋等。中华人民共和国成立前，雨天穿钉鞋，晴天穿布鞋，穷苦农民穿草鞋、蒲鞋、芦花鞋、驴毛窝，现时雨天穿球鞋、胶鞋（套鞋）、高筒靴。21世纪，人们都穿各种短筒袜，夏季青年女性多数穿长丝袜。

发型 清代男子后半头留发编辫，一般男子年过半百即蓄须。民国时期，男的开始剪发，部分老年人剃成和尚头（光头）。中青年有小分头、圆顶头、平顶头，婴儿满月剃胎发。农村妇女多蟹壳形“窝鬏”，外罩网鬏插银簪、耳扒、花朵为饰。女童留发编长辫，有单有双。少女剪发或打辫子，未婚者额前梳“刘海”。女子在出嫁前一日，用棉线绞去面部汗毛，称为“开脸”。20世纪60年代，一般男女都剪短发，女子“窝鬏”者日少。80年代后期青年妇女普遍烫发。部分女青年留“瀑布”式披肩长发，潇洒自如。21世纪，部分男青年留长发，少数人留大鬓角、烫发或染发。

首饰 旧时妇女穿耳戴环，金质或银质，臂套银镯，手戴银戒指。部分男子戴戒指，富人戒指是金的。婴儿戴银项圈或索锁，臂套银镯，镯子上有铃儿。随着生活条件的改善，孩子穿耳戴环、成人戴赤金戒指，部分青年或中年女性戴金项链、金手镯或玉镯，少数男性也戴金项链和金戒指。

居住 中华人民共和国成立初期，大多数都是土木结构，村民大多是低矮的土墙草房，土墼墙，有的住“丁头府”。“三间一厨房”为单元，堂屋居中，门向朝南，两侧卧室，门向略偏东或偏西两三度（东南向或西南向）切忌正“子午”（正南）以罗盘指北针测向。

20世纪70年代，建房用“鲁班尺”即“木尺”（木尺一尺等于市尺九尺五寸）。木匠师傅用的六尺长的木尺叫“丈杆”俗称“丈管”。堂屋是方丈四的正方形4.6米，卧室3米，檐高2-2.6米，以六为吉利数。后墙禁忌留窗户，留窗户意为收不住财。如房屋大门或堂门对着桥梁、河道、道路，在墙上嵌装一块石磨子或镌刻一块“泰山石敢当”牌子嵌上，以挡煞气，此习俗沿袭至今。

20世纪80年代后，“上梁”是新屋落成的标志，故要选择吉日、吉时。砌房者须在事先把开工和上梁日期通知至亲好友，以便到时前来庆贺。亲友必馈赠贺匾、礼品和礼金。“上梁”之时，师傅先将两边桁条投好，吉时一到，燃放鞭炮，木工将挂红、插花，贴好横幅，书写“上梁大吉”等吉祥语，口中说“鸽子”（即四言八句的吉利话），并将钱币和馒头、粽子抛向屋下，让人们争抢。仪式过后，主家置酒款待建筑工人以及贺喜的亲友。

21世纪后，建楼房者最多，不管是盖了新房子还是买了新房子，都会请亲朋好友热闹一番，给新房子添一点人气，庆贺乔迁之喜，主家则要择日设宴酬宾。

岁时习俗

当地传统节日源远流长，寓意丰富。在陶庄，传统节日的习俗与其他地方既有相同之处，也有特别的表现形式，方式变化，都充满着浓厚的人情味，维系和增进亲友等人际关系的情感纽带。

春节 从农历正月初一至初五为五天大年。初一清晨起床前先吃红枣、糖果“开口”（谓“开口枣儿”）。家人互道“恭喜”，晚辈向长辈拜年。早晨先烫两碗“汤圆”敬神，然后用烫好的生姜干丝吃茶，早餐后出门拜年。拜年活动持续到初五，每天早晚都敬神放鞭炮。初三下午才可以生火做饭，也可以洗切煮生菜。初五是“财神日子”，不少人家在夜间零时放鞭炮接财神。

元宵节 旧俗正月十三晚“挂灯”至十八日夜止。早餐圆子，晚上敲锣打鼓，举行花灯会，俗称“闹元宵”。晚上儿童在街上迎灯。元宵节正月十六日晚上主要活动有以下形式：

炸麻花 晚上家家炒蚕豆、轰玉米花。谓之“炸老鼠眼睛”。

沰糍粑 用糯米粉在锅中摊粘糍粑，有“糍粑粘，买好田”的顺口溜。

舞火把 跨火堆 夜晚人们在场头、河边，扎芦柴把子点燃挥舞，看火色预示当年水位大小。人们从点燃的火堆上跨过去以去邪气。

沰稻印 农户用蒲包装石灰，由场头或河边沿街沰灰印至家中稻摺边。谓“沰稻印”，祝当年水稻丰收。

送罐子 买一只瓦罐子送给婚后未出生男孩的人家，祝其下一胎生个大小伙。

二月二 此日已嫁闺女，夫妻双双回娘家。谚曰“二月二龙抬头，家家带活猴”。“活猴”即女儿、外孙也。

清明节 清明前，家家都担土填坟。清明中午在家设馔、焚纸钱祭奠先人。有大姓族人集体祭祖、共餐追祀先祖。门前插柳条，不少人到田野踏青，头戴菜花、杨柳絮，观赏春光。学校组织学生祭扫烈士墓，讲烈士的事迹。

立夏 立夏当日，家家吃鸡蛋，谓可免疰夏。忌座门槛，要坐石磙子，意为夏天精神好。还有称体重的习俗，看看夏天的体重是增还是减。

端午节 农历五月初五又称“端阳节”，家家吃粽子。五月是“毒月”。为辟邪，躲五毒（蝎子、蛇、蜈蚣、壁虎、蟾）。旧时家家在门口和家神柜上方插菖蒲和艾，梁上挂钟馗像。小儿带绒虎、穿虎鞋。腕系五色线编的“百索儿”，系雄黄兜儿。有的额上涂雄黄或用雄黄写“王”字。中午菜肴要有“五红”（虾、苋菜、红萝卜、红烧肉、红烧鱼等），还要饮雄黄酒，此习俗仍延续至今。

六月六　天贶节，又称姑姑节。村民有“六月六家家都带乖乖肉”和“家家吃焦屑”的习俗。此时适逢盛暑，嫁女回娘家歇夏，吃焦屑，有“六月六吃口焦屑长块肉”民谚。

立秋　立秋之日，表示夏季即将结束。秋季谷类作物开始逐渐成熟，人们在交秋时吃瓜，谓之“咬秋”，告别夏天。

中元节　农历七月十五日，家家在中午设馔、焚纸钱祭祀祖先，晚上在河边、路侧焚纸钱“斋孤”。

中秋节　农历八月十五日，早晨家家吃圆子。中午杀鸡、宰鸭、菜肴丰盛。晚上，在月下设香案、供菱藕、月饼、粘饼、水果等食品，明烛、点香，“敬月光”。中秋节又称“团圆节”，家人团聚赏月。

重阳节　旧时，农历九月初九日吃重阳糕，有“重九登高之意”。重阳一过，白昼渐短，俗有“吃重阳糕，就把晚茶搭”之说。

冬至　冬至前一日谓“小冬”，家家设馔敬先。冬至日谓“大冬”，从此进入数九寒天。此日中饭菜丰盛，谚曰“大冬大似年，小冬不值钱”。

腊八　腊月初八家家用糯米、红豆、花生米、红枣、栗子等煮成糖粥，谓之“腊八粥”，预祝来年五谷丰登。腊月进入索债期，欠债的人四处筹款还债。谚曰：“一腊八犹自可，二腊八（腊月十八）急如火，三腊八没处躲。”

送灶　腊月二十四日晚，烧香、点烛、放鞭炮，将旧“灶神”（俗称灶阁老爷）焚烧送其“上天言好事”，除夕换新“灶神”接他“下界保平安”。

对联：“年年上天言好事，月月下界保平安”。

掸尘　到了“大寒”节，家家洗擦门窗、家具、拆洗被褥，室内外打扫干净。谓之“掸尘”。

辞先　村民通常在腊月二十八日中午，设素馔、焚纸钱祭奠祖先，称“辞先”，也称“辞年”。

除夕　白天男人打扫卫生，张贴对联、年画，主妇忙丰盛的晚饭，开饭前先装一大碗富贵饭（俗称“阵饭”）供奉神灵（饭碗上插一柏树枝，小枝头上夹许多红、绿的白果，米饭上放些红枣、蜜枣、白果等），除夕一家团圆吃年夜饭。20世纪90年代前一般年夜饭16点左右开始吃早夜饭，预示着来年农活不要起早干，吃饭不泡汤，否则出门遭雨沰；晚饭后洗漱换新衣，洗漱的水不往外倒；

水缸、汤罐要装满水称“满水缸”，空盒子等物及不穿的和刚脱下的鞋子等要反过来底朝上摆着。一切安排妥当后，长辈给晚辈压岁钱，然后敬神放鞭炮，多讲吉利话，就寝后不说话，叫“闷声大发财”。每家都有人通宵“守岁”，接香。20世纪90年代后，村民们多以观看中央电视台春节联欢晚会节目辞旧迎新，零点钟声响起，家家燃放烟花爆竹迎接新的一年开始。

人生礼仪

婚姻

新中国成立前，境内男女婚嫁沿袭旧俗，程序繁琐。中华人民共和国成立后，有些婚嫁旧俗逐渐革除，但仍有不少礼仪沿用至今。

提亲 旧时全凭父母之命、媒妁之言，青年男女双方不见面，一方请媒人提亲，双方有意要经过合婚再定。有“三媒六证”说法。20世纪80年代，男女自由婚姻，请“媒人”只是个“程式”。结婚前选择吉日到民政部门办理“结婚证”。婚礼中也有许多繁缛礼节，新娘改为轿车迎娶，婚宴由男方预订，有自办家宴，有到村“阳光餐厅”，家族条件好的到大酒店，双方亲友到场，多数人家还请婚庆公司主持婚礼。自清晨出发带亲到婚宴结束全程录像，显得更为喜庆、隆重。

合婚 20世纪60—70年代，通过媒人把女子生辰八字口传给男方，此为“暗口谕”，女方再将女子庚贴发至男方，此谓“明口谕”。如八字相合，男方请人写合婚帖子，帖子是用红纸折叠成与信封一般大小的袋子，请人写上男女双方的生辰八字，男方写在左，上面写“乾”字，女方写在右，上面写“坤”字。根据出生时间字数要写“成双”，合婚贴在男方保存。21世纪后，仪式简化，双方约好父母一起互相交谈，报上自己的出生时间即可，主要看小两口对上眼就行。

访亲 女方的母亲、姐妹、嫂子、姨妈、姑母等女士或者女性朋友（女子本人不去）等人。访亲看男方的家庭状况，了解土地、财产等。如果女方无意结亲，则不在男方家吃中饭；女方同意，男方便热情招待。

定亲（做节） 一般先做个小节，旧时男方用二斤肉、三斤面、二包茶食（一包果子、一包糖）、两套布料，加上简单的仪式表示双方成为亲家。定亲时，男方需送彩礼或酒烟给女方。女方也送1—2件礼物给男方，也有男女青年自然恋爱，感情相投，便请人出面做媒，择日定亲。20世纪60—70年代，定亲后都需“做节”，有小节和大节之分。做大节一般不隔年，双方协商确定做节的日子。80—90年代还将女友和女方的亲戚带回男方与亲戚相会，叫做“会亲”，男方亲戚给女友“包喜钱”，以“1001元”或

“10001元”，寓意是“百中选1”或“万中选1”。21世纪后，随着经济发展，现在定亲做节都简化，与结婚合并进行。

追节 订婚以后几年不结婚的，女婿每年春节要到岳家看亲（2斤肉、3斤面、2包茶食）。夏季要去岳家“歇夏”，给未婚妻买一套夏装布料。如当年结婚，春节送礼用盒担；端午节送粽子66只、长鱼2斤、鸭蛋10斤、白糖2包；中秋节送6扎子藕，每扎4斤，月饼16只、鸭子两只（公母各一只，公鸭回给男方）、蹄子3.5-7斤、肚肺一领（其中猪心回给男方）。

通话 男方请媒人一道去女方家磋商结婚前一切事宜，包括给女方的彩礼，结婚大致时间及其他有关事宜。当日择定吉期（定日子）结婚，一般选在农闲，春秋二季较多，正月为多，以便亲友有时间出人情。具体日期以双日二、四、六为多。如双方年龄为双数者则选在三、五、九单日。喜期确定后，男方用大红贴通知女方，如有更改，只可提前不可推迟。

彩礼 吉期前男方给女方送衣料、首饰或现金。正日前一天送“膀酒”，其中猪蹄膀9-13斤、白酒7斤，迎亲当日还要带“娇前礼”。

待媒 20世纪90年代前，结婚前一天来亲到友，男方举宴招待来客，媒人必坐首席，称为“待媒”，90年代后逐渐取消。

娶亲（结婚） 吉日上午，新郎由陪郎相伴去女家迎亲，20世纪50—60年代，都是用船娶亲，两个人撑轿船，新郎和伴郎身穿长袍、头戴毡帽（称为“礼帽”），新郎胸挂红花，二人坐在船头两张杌子上，途中经过庙、桥和村庄时，要站起作揖（叩首行礼）放爆竹。轿船到岳家庄子停靠码头时，女家鸣炮相迎，并即闭门，新郎要给开门封（红包），经数求方开。中午岳家设宴招待，娶亲的人安排在主桌，新郎坐首席。下午各项事宜做好，请新娘上轿，轿子抬上船后新郎再返回岳家叩拜岳父母，称为“回拜”。待新郎上船后女方撤跳板，轿船放鞭炮，新郎向岸上人作揖礼拜，轿船离岸返回。

娶亲第二天，新郎的伯叔亲自去请朝客，进入90年代后，结婚的当日就请朝客，女方的家人、亲戚、朋友当晚就请到男方家一同参加男方的婚宴。

21世纪后，乡村公路四通八达，用轿车迎亲，车前结彩球，车后贴双喜，车队一直开到女方家。迎亲队伍返回，车至男方家门前，由福奶奶开启车门搀扶新娘，或由新郎抱着新娘到家。婚礼文明、喜庆、热闹。婚礼邀请男女双方亲友，大摆筵席，富裕家庭请婚庆礼仪主持，亲友们边喝喜酒，边看演出。演出内容丰富，精彩纷呈，台上演出人员与台下亲友互动。

丧葬

旧时丧礼很繁琐、贫富之家差异也很大，丧事操办大同小异，且同中有异，异中有同。富有人家将死者厚棺葬于祖茔，而贫困者则以薄皮棺材收殓。中华人民共和国成立后，境内丧俗程序依旧繁多。20世纪90年代，殡葬改革，丧事从简，遗体火化后骨灰装盒，家人多在墓地以大理石墓穴安葬死者，墓前立碑为记。

动铺 弥留者临近咽气都要从房中的床上移到堂屋一侧的地铺上，请理发师为之剃头，男的靠东侧，女的靠西侧。

净身 为即将断气者擦洗身子，谓“净身”。然后穿“寿衣”，一般是“五领三腰”，谓之“老衣、送老”。成人死亡后必须向亲戚报丧。丧母则由长子披麻戴孝去舅舅家门前下跪报丧。亡父长子向伯父母、叔父母下跪报丧。遇到村内其他长者也要跪报，并有“孝子膝盖当腿跑之谚”，21世纪后通过电话联系即可。

寿纸 嫡系晚辈到齐后，将死者移至堂屋正中，坐在椅子上，“扶重”（操办仪式的人）的师傅托其后。死者脚下放一方盘，内放斧头一把、柏树枝、茶叶等，用两根红线系于死者的手上，另一头拖到门外天井中搭的寿钱上。晚辈们披麻戴孝跪下，即点燃寿纸焚烧，儿女们哭丧。烧寿纸后，将死者移至堂屋一侧的灵床上（也叫“停床”）。如是丧父，灵床则靠东，丧母，灵床则靠西墙。脚用两只筷子撑着，头下枕一块砖，头前点油灯一盏，供奉饭菜。如是夏天高温防尸体发腐，遗体移入“水晶棺”中（其实是带电的冰柜），整个烧寿纸过程遗体均在冰柜中进行。“扶重”的师傅去土地庙给死者亡灵展铺，将亡灵羁押在土地庙内。

丧服 为哀悼死者而穿的服装，旧时代用本色的粗麻或麻布做成。丧服分五种，即“斩衰、齐衰、大功、小功、缌麻”。穿哪一种丧服就相应称作哪一种亲，这就是“五服亲”。亲者服重，疏者服轻。服制按丧服的期限及丧服的粗细严格区分，强调的就是要重视丧礼。

“斩衰”是五服中最亲、最近、最重的一种。它是儿子、未嫁女为父亲所穿，服期三年。用极粗生麻布制成不绞边，俗称“披麻戴孝”。“齐衰”在五服次一等。用次等粗生麻布制成绞边。孙为祖父母所穿，服期一年。若为曾高祖父母穿，服期分别为五个月、三个月。“大功”丧服用熟粗麻布制成。这是为堂兄弟，未嫁堂姊妹，已嫁姑，已嫁姊妹穿的丧服；已嫁女对伯叔父及兄弟也属大功，服期九个月。“小功”用较粗熟麻布为丧服，服期五个月。凡本族人为曾祖父母、伯、叔、祖父母、堂伯叔父母、未嫁的祖姑、堂姑，还有为外祖父母、母舅、母姨等都服小功。“缌麻”用稍细熟麻布为丧服，服期三个月。凡本宗族人为高祖父母、曾伯、叔祖父母，以及外姓中的岳父母等都服缌麻。

尊亲逝世，诸亲属按辈分穿戴不同颜色的孝服、孝衣、孝帽。子辈、孙辈为白色，重孙辈为黄色，玄孙辈为红色。孝子还要戴麻布帽、穿孝服、腰系草蒌子，孝媳穿孝服戴麻窝。对前来吊唁的亲戚分发孝布和白毛巾，对宾客仅赠白毛巾，称“散孝”。此习俗一直到2021年底没有改变。

入殓 主要有收殓、戴孝、上庙等仪式。尸体移于棺中，盖棺前用红纸捻子吸油点燃，照尸体让亲人们再目送一次。火化后的骨灰放入棺内，盖棺后，棺盖左边第一根扁头钉，谓“子孙钉”，将子孙的头发剪一小撮用红纸包好置于钉下准备随同钉下，谓之“挽钉”。钉钉之前要有有权的关键人摸下斧头柄谓之“执钉”，否则任何人都不可以将钉钉下。如丧母，此举则由娘家最亲的人，舅舅或表兄弟为之；丧父，则由伯、叔或子侄为之。执钉表示死者亲人对死因没有疑义批准封棺。虽然不用棺木，但仍模仿着这样程序等到死者亲人的批准才可以出殡。

出殡 旧时送棺下葬谓之“出殡”，有路祭、破土、暖坑等习俗。出殡前，请阴阳先生择地、看风水、选墓地。旧时，墓葬有“三位祖”“五位祖”的组合习俗。有两个儿子的设三位祖，大儿入祖，二儿另选墓地。有三个儿子以上的设立“五位组”，四子另选墓地。原来祖坟缺位的死者入祖，已满位的另选墓地。21世纪后绝大多数都进入各村公墓安葬点。

安葬 “扶冢”的人（抬棺时）开坑后，用大麦在坑底写“丁财两旺”四个字，送葬的亲人跨坑丢钱。棺材下葬，亲人们将兜子衣兜里泥土撒在棺上，意为家人同意填土埋棺，“扶重”的人才动“大锹”（称为“千斤”忌说“大锹”）。2015年后各村统一建设公益性公墓，骨灰火化后直接到选择好的墓块，将骨灰安放在墓中。经济条件好的用大理石铺设，事先刻上姓名，配有照片，待死者入葬后再涂上红字。

谢红 死者入墓后（旧时是馆木，现在是骨灰盒），即为送葬结束，治丧之家在当日中午设宴招待亲友，俗称“谢红饭”。席中每桌必有一盘红烧肉，每位客人至少品尝一块。此宴实际为“谢红饭”，专为答谢吊唁之人而设。丧事为白事，“红”为喜事，“红”对应“白”，隐喻送走逝者后，丧事即告结束。主家设此宴感谢所有前来吊唁的人，是希望他们去除晦气，由悲转喜，祝愿他们从吃这顿饭开始，能心情愉快，吉祥如意。

复三 下葬后隔三天，子女们去坟地担土堆坟、设祭、烧纸谓之“复山”。即培土、拍实，使之成馒头状。推行火葬后，仪式简化。亲人到墓前供奉饭菜、果品，烧纸“化钱”，将“钱缸”带到墓前下埋，也称“圆坟”。

供饭 也称“上饭”。死者入葬之日，家人便将写有死者姓名、生卒时间的白纸牌位置于堂屋家神柜左侧，后每日三餐盛饭祭供亡者，以表怀念之心。

烧七 旧时，自死者咽气之日起的第六日为“头七”。后每隔七日必祭，诵经、供饭、焚纸锞，谓之“烧七”。已出嫁的女儿请和尚为亡灵的“五七”做佛事，即做斋，死后的第六个七天（即一共42天，实际为41天）后，由儿子请和尚为亡灵的六七做斋。

脱孝 一律素色穿戴，不办喜事，不放鞭炮，春节不贴红楹联，直至满三年化牌子（满孝）。实际上是过两年跨三年便化牌子，俗称“三年牌子两年化”。化牌子时，将供饭的牌位和“牌亭”（用纸扎成的房子）一起烧掉。在放鞭炮和焚烧牌亭的时候，子孙们及其他亲戚将戴的孝等全部从火堆上面抛过，意为戴孝结束，也称“脱孝”。仪式之后设席宴请致祭的亲友，同时发红毛巾，仍以家庭人口分发，每人一条。

21世纪后，亲友、晚辈忙于各种事务，大多数人家改为四天，第一天送死信，烧寿纸、上灵床、守灵；第二天送饭，入殓、做斋、守灵；第三天出殓、安葬、结斋，下红饭；第四天六七化牌，三年的周期祭祀、化库（化房子），合并一次完成。

交际往来

民间礼仪包括家庭成员之间、亲戚之间、邻里之间、师生之间、朋友之间和同乡同学战友之间等关系相处礼仪，是社会生活中约定俗成的习惯和规则，对人们有着广泛的约束力，是陶庄人世世代代相传并遵守的最重要、最优秀的传统文化内容。

人际称谓 小辈（晚辈）对长辈不能直呼其名。而应以尊称呼之。在尊亲中对曾祖辈应称老嗲嗲、老太太（或太奶奶）；祖父母辈称嗲嗲奶奶，外祖父外祖母称婆嗲嗲、婆奶奶；比祖父年龄大的同辈称大嗲嗲、大奶奶，比祖父年龄小的同辈则按其长幼顺序称之二嗲嗲、二奶奶；长一辈称爸爸、妈妈，伯父母称大拜、大妈，叔父母称二拜、二妈；舅舅、舅母，姨丈（父）、姨娘，姑拜、姑姑（亮亮）等；对平辈称哥哥、嫂嫂，姐姐、姐夫，弟弟、弟媳妇，妹妹、妹婿，妯娌、舅子、舅母，姨子、姨丈（连襟）；表哥、表嫂，表弟、表弟媳等。对晚辈有时儿子称小伙，女儿称姑娘或丫头，另有称媳妇、女婿、侄子、侄女、侄女婿、外甥、外甥媳妇、外甥女、外甥女婿、孙子、孙女、外孙、外孙女等，21世纪后，对媳妇也称为女儿，对女婿也称为小伙。不过，对平辈和晚辈一般直呼其名，但不冠姓氏，以示亲切、随和。

对亲戚关系的长者，一般随其晚辈

（侄辈）相称，以示尊重，如陶嗲嗲、二拜等；对退休的长辈称“某老”，以示尊敬。但一般仍以其退休前最高职务相称，如王书记、陆镇长、张支书、陶主任等，副职的前面不加“副”字，以免引起对方不快。对做生意的，则称某总、某工（工程师）、某老板等。

亲戚往来 亲戚朋友间的交往，依关系的远近和感情的深浅而定。一般亲友间遇婚丧喜庆之类的大事都有往来，称之“出人情”、包“封儿”。结婚、考上大学、新房落成乔迁等一般都是直接给“红包”。贺寿，晚辈除红包外，还要备办寿桃（馒头）、衣服、鞭炮或礼花等。每逢传统节日，亲友间则需互赠节令食品、用品。亲戚间谁一时有困难，往往都会出手相帮，借钱借物，帮忙出谋划策。亲戚间若有人生病或负伤，都必须前往探望、慰问，送上红包、水果、营养品等。亲友间购房、买车、就业、升职等，也都争相祝贺。亲戚间唯对舅舅的尊重比较突出，外甥请舅舅，舅舅必坐首席，兄弟家庭纠纷，必须找舅舅上门主持公道。

尊师睦邻 陶庄人有尊师传统，视老师为尊长。小孩考上大学后，都办“谢师宴”。孩子贺二十岁，一般也请任教老师赴宴。成年后，不少人家依然不忘师恩，结婚还请当年的老师喝喜酒。老师若发生意外事故，不少学生会闻讯赶去探视、慰问。同学聚会也不忘请老师光临。

邻里之间有串门、聊家常的习惯，并有互赠小吃、菜肴、礼品的习俗。邻里间代为照看门户、带小孩、照管老人。夏日间一道乘凉时，无话不谈。遇有婚丧、建房、农忙之时，邻居间会不请自来，相互帮忙。小孩结婚、考取大学时，都会请邻居喝喜酒。

日常礼仪

早晨见面，会互致问候，“早上好”“早啊”“你好”“吃过吗？”。午饭或晚饭后见面时，也会打招呼：“吃过吗？”相熟的人见面时也互道“你好”并握手谢意。来外村或远方亲友，主人会热情泡茶接待，然后安排餐饮，让客人如沐春风，增添友情。

同乡情谊 境内村民乡情浓厚。外出打工者，同庄人或邻村人之间互相提携，一个带一个，共同致富。外出做生意，互相帮助，共同发展。一人有困难，同乡共帮扶。北部地区外出从事三产人员偶有相遇，便有暗语并知是家中人，同乡在异地相逢，更感特别亲切。

桌席礼仪 在喜庆宴席中，都讲究桌位大小，分尊卑长幼，不可混乱，不可乱坐。旧时，农村宴席多为四方桌，一面两人，一桌八客，以桌缝分大小，背缝为大，对缝为小。辈分最高或职位最大者居东北角朝南而坐。20世纪末，无论在家请客还是在饭店举办宴席，多为圆桌，除长辈或重要身份的人安坐在上席外，一般是以对门为大，其他人则随意入座。

购买新车（船）　20世纪80年代中期，境内运输业较发达，买船用于水上运输，以水泥船居多。90年代初期，代之以铁驳船，几十吨至几百吨以运载建筑材料为主。新船买来后，亲戚朋友前来祝贺。船上规矩较多，需祭河神，祈求保佑。在船上吃鱼不许翻鱼身，吃饭的筷子不允许搁在盘子上。船上晒鞋不许底朝天。开航前，在船头前系上红布，鸣放爆竹，然后起锚开航。

2000年以后，购买汽车者逐年增多。新车买来后要选吉日“挂红”，亲戚、朋友须送礼。车主设宴招待，有的设在饭店，有的设在自己家里。宴前，鸣放爆竹，新车上系红绿绸带，以示大吉大利，一帆风顺，车内挂吉祥物，如中国结等。

庙会集场

焦庄村庙会

镇域内庙会起源于明朝中期，各村的庙会，也是为了纪念某人或某事，或祷祝村庄平安、五谷丰收而举办，20世纪90年代，庙会成为物资交流会，庙会期间，村庄或集镇如同过节一般，热闹非凡。

东岳会

境内东岳会起源于明朝嘉靖二十六年（1547）。东岳会是为纪念《封神演义》中的黄飞虎（谥号东岳大帝）。相传，清嘉庆年间有个跳判官的人来到潘联（现陶南村）建庙、落成时判官舞刀迎神，故将庙名和村名称为判刀庙以资纪念。判刀庙东岳会为农历三月二十八日。焦庄东岳会为农历三月二十九日。东岳会程式大致相同，参加东岳会的民间群众成立舞蹈队、腰鼓队，各队“龙会”会旗为先导，锣鼓乐队随行。每次会期有6—10条龙，龙身花式无一相同。龙队之后，有腰鼓、花担、花船、大头娃娃等民间演唱。各大姓氏、行业公会、佛道信徒组成的献香会（拜香会），单列行进，由庙会安排的一众人等扮成皂隶衙役，擎“肃静”“迴避”牌、三角龙旗、万民伞缓缓行进。亦有装扮“判官”“阎王”，或扮成官差，带枷恶人一路游街示众。还有“四抬四扶”大轿，内坐东岳圣君（佛像）缓缓而行。“马弁”则在前后奔跑护驾。行进中龙队及诸般演唱、杂要便会轮番演出，活跃气氛。21世纪后，文艺节目增加广场舞、扇子舞，友邻村龙队、表演队，四邻八乡的香客和看会群众。会期之间，流动商贩从中面八方云集而来，销售各类小吃、花卉及农用物资。摊头多，巷道挤满、人头攒动。

龙王会

清朝咸丰六年（1856），柯家堡一带连续几个月遭受飞蝗、卤水灾害，百姓苦不堪言。龙王会时间从四月初二到初五，龙会上的人早在三月份就忙开，凡是能油漆的地方都油漆一新；各主要巷道都搭建彩门，上面还拟写对联；在走路口，墙体上还贴上“告示”。20世纪60年代，柯家堡的龙王会是境内规模最大的节场。四月初三下午节场开始热闹起来。村民们各家门前打扫得干干净净，并摆放香烛花盆，以恭迎龙王驾到。绝大多数人家都要“把信”（预约）亲戚朋友。六七十年代，因所有河面上没有一座桥，只能用船过河进庄。最繁忙的渡口是官口子至大尖子，依靠的是绳拉渡船。人多渡船容纳不下，就用木船迎接。初五下午，人们抬着龙王、都天菩萨神龛出坛，通庄游行，还有各种杂要，龙王庙、福星桥南北、中巷口一带是最热闹的地方。第二天卯时（清晨5：00—7：00）过后，活动就开始，极盛时，龙就有48条。庙会踩街队伍中，走在最前面是马皮。在踩街的过程中，常穿插老百姓喜欢的表演，如舞龙、踩高跷、荡花船、河蚌舞、挑花担、打连厢。

南柯堡龙王会马皮有5个。前面是4个小马皮，鼻子上穿着环；大马皮居后，一根长几十厘米的铁针横穿过嘴巴，在铁针的一头还点着香。他们的任务是叫路人让道。在他们之后是南柯堡龙王庙会的旗帜和敲锣打鼓的人。再后面依次有：由踩街人扛在肩上，上面写有“肃静”“回避”字样的木牌（其实是把字写在农用的板掀上）、大刀、宝剑、彩旗、佛手，紧接着是龙王菩萨、都天菩萨的座驾、众多的男女信众，还有秋千架、青龙、白龙和彩龙。“文化大革命”期间停办。改革开放后，传统的民俗风情在民间逐渐恢复，在蚌蜒河东重建龙王庙，重塑“龙王菩萨”和“都天菩萨”两尊佛像。把传统的四月初五迎菩萨提前在四月初三进行。四月初二下午三时迎接龙王菩萨、都天菩萨登殿，并请佛师举行“开光”仪式。

第二天一大早，龙王庙会踩街活动开始。举目远望，会旗招展，彩旗飞舞，锣鼓喧天，群情激奋。各舞龙队热闹非凡。80年代初五前后还有日戏、夜戏、西洋景（其实就是看幻灯片，已是几十年前的事）、电影。

都天会

清道光六年（1826），大顾庄建有都天庙。据称都天会是供奉“都天大帝”，实为张士诚，举办时间为农历八月十八日。一直持续到解放初，其规模、排场远超前述东岳庙会。每年迎会前一天，参与庙会的人抬着大锣走街串巷，不停地敲锣，热闹非凡。邻近几十庄的善男信女赶来赴会。都天庙会当天“行香”，为菩萨洗尘、整理衣冠袍服，继以仪仗队上街“预演”。同时“头锣”开道，后接2条长龙、各色彩灯、香亭等，随行马弁“清街”。当日午后，各方主事人入庙敬香，礼成后迎灯队伍上街“走场”，后随都天老爷圣驾（轿中仅置纱帽、袍服）。出会时，神轿前有马皮穿锥，手执铁鞭，鸣锣开道。随行队伍中有舞龙灯、跳狮子、挑花担、摇花船、打花鼓等。文革期间都天庙会停办。2012年后一直举办，保留部分健康民俗，增加广场舞等时尚节目，深受群众欢迎。每年都天会大街小巷聚满围观群众，各地商贩云集，日杂用品、农副产品、风味小吃等经营摊点分列主街道两侧。人们既看盛况，又选购商品。

故事传说

王寺村名的由来

清朝初期叫“岳庄”，有一位姓王的大户献地建庙，寺庙因早建而闻名，方圆周围无与伦比。庄以寺庙为王，故把“岳庄”更名为“王寺”。“文化大革命”期间，“王寺”改为“杨庄”，1983年乡村制时又恢复村名为“王寺村”。20世纪30—40年代，为中共秘密根据地，同时也是兴化独立团、溱潼独立团的常驻地之一。成为新四军的住家后院、革命根据地。从此，日伪军对王寺望而却步，不敢染指。王寺广大群众拥护中国共产党、相信新四军，广大青年踊跃参军，在抗日战争和解放战争之中，作出了积极贡献。

野马村名的由来

相传明朝初年，野马自然村一带是茫茫海滩。一日突然从天降下一匹骏马，在村东南角不断打滚，形成一个水塘，后腾云而去。不久便有两户姓马的人家来此定居，繁衍后代。令人奇怪的是水塘越来越大，水越来越深，便认为是神马留下的马槽，故称为神马村，后改为野马村。

罗家村名的由来

罗家是一块圆形的垛地，中间有一条小沟整体像一块大铜锣，形似铜锣，恰巧东北角有一条状小路约一米宽，正对着庄地，视为是敲大锣的棒槌，加之过去庄上敲锣买糖的多，故名锣家庄、“锣”“罗”同音，便写成“罗家庄”。人民公社化时称罗家大队。1983年改称罗家村（梓辛村罗家自然村）。

乌金垛村名的由来

传说，乌金向东200米处有一庄子。这庄子是一个垛田。有一大户人家在此居住，建造庄园，有良田30亩，有专放马的圪，叫马圪。在走马圪上，至今还可以捡到许多的砖头瓦砾。传说，清朝年间，姓许的三兄弟携妻儿从苏州阊门迁徙而来，择一垛安家落户。许姓三兄弟在挖塘土填宅基时，挖到深处乌黑的泥土，为图吉利，把所挖乌泥黑土称为“乌金”，寓意可发家致富，并将此垛取名叫“乌金垛”。

龙口头与乌龙班

相传，明初刘伯温曾到里下河地区察看风水，路经柯家堡，发现河南大尖儿对着官口子，是块龙地，便扮作道士对庄头们说：“此处系贵地，应出三斗三升菜籽数的官员，但必须新开一条河。”人们信以为真，便请他放样，利用农闲发动百姓开河。说也奇怪，白天挖的，夜间长满，时经两月，原地如故。正巧那位道士又到。庄头们如实反映，请献良策。他说如此如此，河保证开得出来。于是，按照他布置253人上工，下劲挑挖。晚上收工时，大锹排列一崭儿齐。每把锹柄上挂一双草鞋。次日大早，人们见到满河红水，河真的开出来。再找道士，早就不见人影。龙地破后，不过三四十年，柯姓中出现老郎神，组成戏班子，称“乌龙班”。由于文唱武打出众，受到同行排挤，不几年，班子被迫解散。有个名角改业种田，某日在兴化挑粪，也去看戏，在稠人广众中，多次指责舞台上演员演技太差。班主便邀请他上台饰关公，演《古城会》和《华容道》。他不用妆扮，自然通红，唱腔超群绝伦，观众掌声不断，交口称赞。班主表面上待以上宾之礼，暗地里施用毒计连续十八天请他担任主角。名角因劳累过度，呕血身亡。

朱龙嘴的传说

清初，某年初的一个下午，风雨大作。有一条青龙下来戏水，尾部将南柯堡东边的朱龙嘴口子一扫，那里的水突然深得多。从此以后，遇到干旱年份，人们都上朱龙嘴口子取水吃。

柯正刚的传说

光绪年间，南柯堡西北方有个柯正刚，从小父母双亡，不务正业。成年以后，络腮胡子挺如钢针，一副凶相，令人望而生畏。他专干坏事，谁家婚丧喜庆，如不请他吃酒，就在深夜用火球烧掉那家的房屋，受害者不计其数。他还伙同邻庄的歹徒到处抢劫，无恶不作，民怨沸腾。几十庄舍的群众被他弄得寝食不安。外庄的豪绅多次到南柯堡，与庄董秘密策划除害之策。某日，设筵于华藏庵，邀请柯正刚赴宴，礼之上座。酒至半酣，预先埋伏的上百人一拥而上，棍棒交加，当场把柯正刚打死，为民众除去一大害。当时，广泛流传着“打死柯正刚，太平几十庄”的民谚。

赵禄如的传说

清末民初，南柯堡河南的赵禄如水力特别大。他能在左右手上各托一斗米踩水过东大河，胸口不湿。只要带个竹筒子钻下水底能够行走四五里，才从水里钻上来。

陈宝祥的传说

清末有个陈宝祥，力大无穷赛霸王。举起石磙跑一转，单身踏车水直淌。有人跟他来打赌，二十五里东台上。挑小麦三百斤，一肩不歇到粮行。半天罱泥六大船，回来吃饭不着忙，若问他是哪里人？家住柯堡南一方。

顾山江的传说

清道光年间，铁堡村卞家堡人顾山江有一次搭乘大船渡江。这大船后面吊一只小船，上而也有乘客。要收口时，突然刮起大风，船主连忙把缆绳割断，小船吃不消风浪很快翻沉。顾山江一见，再三恳求船老板搭救，却遭到拒绝。穿过江，山江站在码头远眺，正在危急之际，恰巧后面来一条大船，随即恳求帮助打捞沉没的木船，结果只救小船上的男子汉。这人浑身湿得像落汤鸡。山江迎上去，领至当铺买衣裳给他换。还陪伴他吃饭，谈心，帮他写状词，控告见死不救的家伙。终于当官判决，赔偿损失费银子三百两。事隔二十多年，小船上的男子汉买大船，成家立业。特地开船访到卞家堡西头，感谢当年见义勇为的恩公。

罗洪太的传说

咸丰年间，夏北村三夏庄罗洪太乘船上淮阴买大麦。他在岸上拉纤，遇到土匪来劫船，一个人打退土匪11人。

瘌连和的传说

夏北村北戚庄周连和因头发稀少，人们习惯称他为“瘌连和”。他一字不识，但有惊人的记忆力和辩才。瘌连和家里穷。光绪年间，有一次邻人向他家借一副桄桔做场，不但不还，倒过来把他家一顿辱骂。周连和一气之下跑到扬州，在知府家当佣工，培植花卉。这一年，花园里的花开得特别旺盛，受到老爷夫人赏识，就问连和的来历及家庭情况。不久，便通过东台知县为他讨回公道，除责令那个邻人贴连和家农业上的损失，还给他披红插花赔礼道歉。由此，瘌连和声名远扬，加之他秉性耿直，主持正义，爱打抱不平，一直到民初，人家总请他帮助打官司，只要周连和到场，官司就会打赢。

三只脚的龟

清代，大顾庄先后建造都天、如来、关帝三座庙宇，分别在东、南、西三方，群众惯称东庙、南庙、西庙。东庙正殿塑有都天菩萨坐像，三只慧眼，看着前面观音像和柳树，来此敬香者多数是求仙方。南庙规模较大，称卢禅寺，大殿正中塑有如来佛坐像，大门左右并立四大金刚，威风凛凛，令人望而生畏，来此敬香者多数是求签问卦，祈祷平安。西厢北半部塑有雷公菩萨和闪公娘娘对视站像，来此敬香者多数是拜神和问卜。每逢初一、月半或菩萨生日，各个庙宇，恭请岳王菩萨坐正殿。为方便敬香，免得拥挤，许多人愿意捐资再建一庙。可是三个庙上的住持极力反对，说大顾庄是龟地，使人长寿。倘若再建北庙，添一只龟脚，就会游走，对人畜不吉利，因而不再有人提建北庙的事。

非物质文化遗产

到2021年底，陶庄镇有泰州市级非物质文化遗产保护项目1个：左氏正骨疗法；有兴化市级非物质文化遗产3个；分别是：左氏正骨疗法，陶庄羊肉制作技艺和兴化鳖鹤制作技艺。

左氏正骨疗法

左得怀中医骨伤科诊所，主治骨折，关节脱位、软组织伤筋及痹痿病。

1972年6月，左得怀初中毕业后跟随岳父学习中医骨伤科。婚后于1979年在本大队创办骨伤科诊所，1985年秋，参加北京光明中医函授大学骨伤科南京分院学习四年，取得大专毕业证书。1988年，经兴化市卫生局考试合格发给《兴化市个体开业医生执照》，先后6次到治水工程团帮助挑河民工治疗跌打损伤，对骨折患者，用手法整复，小夹板外固定，内外用药，不用开刀。对关节脱位、伤筋等，在祖国传统医学的基础上，独创自己的接骨12法，为民工治病，手到病除名声大振，百里八乡的人前来看病，人满为患，看病花钱少、效果好。

左得怀医师传承中医骨伤科，在中医骨伤科研究上取得丰硕成果，在正骨技艺上攻破各种技术难题。1995年秋被吸收为《世界中医骨科联合会》会员，成为中华中医药学会团体会员，首批获中医骨科国际名医（泰州市唯一获此殊荣）。2008年获国家级执业医师资格。2006年4月25日，出席第六届《世界中医骨科联合会》在马来西亚召开的第六届世界中医骨科联合会学术交流大会。2009年11月，在第三届聚医杰全国中医特效疗法暨民间中医论坛上授予“百佳名医”“百佳特色中医诊所”称号，并编辑出版大型画册《中国民间优秀名中医》。其诊所是兴化市境内唯一的骨伤科个体诊所。左得怀系苏北里下河地区较有影响的骨伤科医师。其医术2010年1月被列为兴化市非物质文化遗产；2010年12月，被列为泰州市第三批非物质文化遗产名录。他将接骨法手把手地传承

左氏正骨疗法能人左得怀

给自己儿子和女儿，更好地为当地老百姓服务。2013年，被评为泰州市基层名中医。2017年，获江苏省中医药传统知识保护名录。2020年12月，被兴化市人才工作领导小组、人力资源和社会保障局授予“乡土人才大师工作室”。2021年12月，被泰州市授予“乡土人才大师工作室”。

陶庄羊肉制作技艺

陶庄羊肉馆的“羊肉制作技艺”在苏中、苏北驰名，该馆按照清袁枚的《随园食单》和民国五年（1916）徐珂编撰的《清稗类抄》中《饮食类——全羊类》的烹制方法，菜品形状和品味总数有所增加，根据广大食客的需求，实际羊肉的烹饪也有20多种。全羊席从头至尾，在所有的菜名中不露一个“羊”字，而以优美、生动的别名代之。羊肉馆借鉴医“食药同源”的养生理论，将烹饪技艺与养身相结合，形成肉香、酱香、药香、油香融于一体的独有特色。一经揭锅、浓香四溢，十里飘香，食客争购涌如潮。2016年12月入选兴化市非物质文化遗产名录。

兴化鳖鹤制作技艺

1999年，金戈村许建民凭借童年的

记忆，在老父亲的指导下用甲鱼的骨架手工做出一只“吉祥鸟”。这只“吉祥鸟”在泰州里下河地区叫“鳖鹤”。“鳖鹤”形似仙鹤，由一只完整的甲鱼骨架组装完成。它的主要作用是用来测定风向。时常看到家里屋梁上悬挂着一只像鸟一样的物件。主要作用是用来测定风向，保障农业生产和船运安全。传说中鹤寿可至千年，于是被视为长寿吉祥的化身。而且鹤与龟一样被视为长寿之王。鳖是长寿和财富的象征，寓意吉利预示事业兴旺发达又名团鱼，亦有团团圆圆、家庭和睦的寓意，同时挂在屋梁上时，色泽洁白形状神似一只展翅飞翔的仙鹤。因此当地人又赋予它“龟鹤延年”的吉祥寓意，乡亲们俗称之为“鳖鹤”。

许建民用一套完整的甲鱼骨，不损，不散，全部洗净，精选其组装的配件，利用甲鱼骨骼天然结构巧妙组合、编接。传统的技艺是用细麻线制，许建民经研究创新，采用天然鱼皮胶粘连，其美观大方简洁。制作成“鳖鹤”，悬在梁上，栩栩如生，似一只飞来筑巢之鸟。

2020年10月被列为兴化市第三批市级非物质文化遗产代表性项目，代表性传承人。

2021年泰州市博物馆收藏“鳖鹤”作品进行保护。同年，兴化博物馆、海军

许建民

纪念馆、泰州市工艺美术馆，姜堰区博物馆均收藏，并且参展深圳国际文博会、长三角文化博览会和江苏省文博会。

为了更好地传承下去，许建民走进校园、街道传播“鳖鹤”技艺文化，精选传承人，目前确立传承人有3名。

附：许建民简介

许建民，男，1967年11月生，金戈村乌金人。“泰州篆刻”非遗代表性传承人、中国工艺美术协会会员、泰州市乡土人才篆刻大师、国家级工艺美术师（传统工艺美术）、江苏省乡土人才、高级乡村振兴技艺师，非遗“鳖鹤”制作技艺代表性传承人、江苏省民间文艺家协会会员。其篆刻作品《厚德载福》获2020年第十一届中国（深圳）工艺美术博览会“飞花奖”铜奖。篆刻作品《白翁石》获2021中国（大连）国际文化旅游产业交易博览会“中艺杯”工艺美术优秀作品大赛金奖。

1938年5月，日军火烧大顾庄，1941—1944年在南柯堡无恶不作，陶庄人对日军痛恨至极，打败日军后，人们到处欢呼，自编自演《东庄锣儿响》《秧歌》《送郎去参军》等民歌传给下一代。中华人民共和国成立后，陶庄人日出而作、日落而归，用民歌记录着生活劳动、节庆习俗，描绘着今天的大好风光，传唱着陶庄的发展史。比如《八月中秋月儿明》《数快板》《大美陶庄》等。

歌谣秧歌小调

东庄锣儿响

（记谱者：周宏祥）

送郎去参军

（男女对唱）

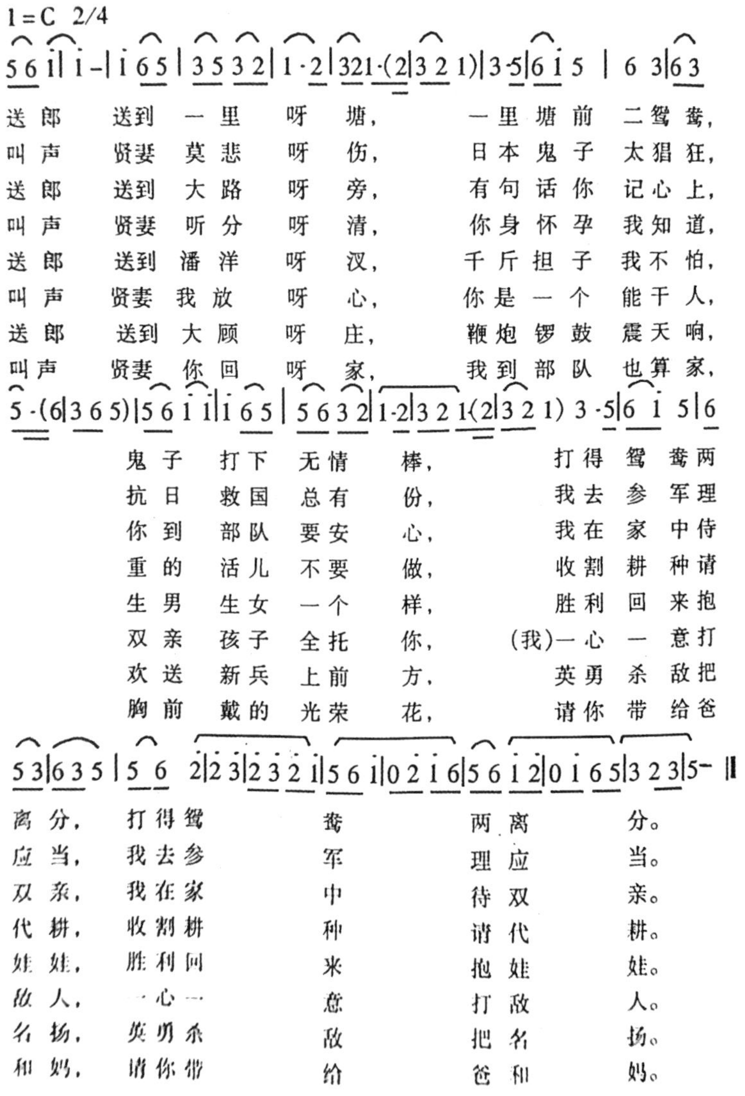
1=C 2/4
送郎 送到 一里 呀 塘， 一里 塘前 二鸳鸯，
叫声 贤妻 莫悲 呀 伤， 日本 鬼子 太猖狂，
送郎 送到 大路 呀 旁， 有句 话你 记心上，
叫声 贤妻 听分 呀 清， 你身 怀孕 我知道，
送郎 送到 潘洋 呀 汊， 千斤 担子 我不怕，
叫声 贤妻 我放 呀 心， 你是 一个 能干人，
送郎 送到 大顾 呀 庄， 鞭炮 锣鼓 震天响，
叫声 贤妻 你回 呀 家， 我到 部队 也算家，
鬼子 打下 无情 棒， 打得 鸳 鸯两
抗日 救国 总有 份， 我去 参 军理
你到 部队 要安 心， 我在 家 中侍
重的 活儿 不要 做， 收割 耕 种请
生男 生女 一个 样， 胜利 回 来抱
双亲 孩子 全托 你， （我）一心 一 意打
欢送 新兵 上前 方， 英勇 杀 敌把
胸前 戴的 光荣 花， 请你 带 给爸
离分， 打得鸳 鸯 两离 分。
应当， 我去参 军 理应 当。
双亲， 我在家 中 侍双 亲。
代耕， 收割耕 种 请代 耕。
娃娃， 胜利回 来 抱娃 娃。
敌人， 一心一 意 打敌 人。
名扬， 英勇杀 敌 把名 扬。
和妈， 请你带 给 爸和 妈。

八月中秋月儿明

（对 唱）

周宏祥词曲

1=G $\frac{2}{4}$

中速

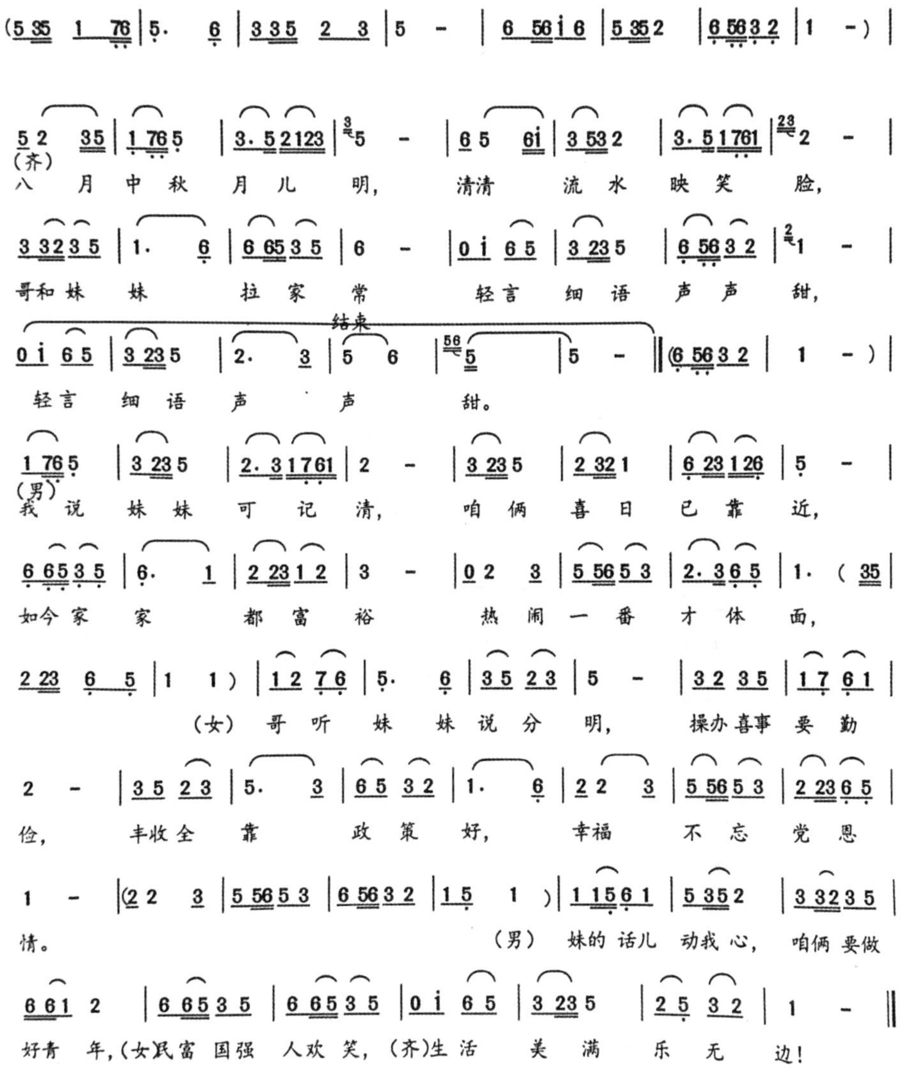

秧　　歌

1 = F2/4

5 6　5 6 | 1 6　1 | 5 1　6 5 | 3 2 3 |

扭起　秧歌　真热　闹，男女　老少都来　到，
青年们比赛　立功　劳，小孩　子来　拍手　跳，
扭起　秧歌　弯弯　腰，工农商学兵　都来　到，
齐出　力来　齐用　劲，大家　团结　紧又　紧，

3 6　5 3 | 2 1 2　2 5 3 2 | 1 6 1 |

老头　子来　哈哈　笑，老　奶　奶呀　忙慰　劳，
妇女把家庭　担子　挑，里　里　外外　少不　了，
团结　一致　忙抗　日，决　心　打败　狗强　盗，
彻底　打败　小日　本，消　灭　鬼子　得太　平，

5 6　5 | 1 6　1 | 5 6　5 | 1 6 1 |

少拉　少，　多拉　多，　少拉　少，　多拉多，
少拉　少，　多拉　多，　少拉　少，　多拉多，
少拉　少，　多拉　多，　少拉　少，　多拉多，
少拉　少，　多拉　多，　少拉　少，　多拉多，

3 2　3 2 | 1 3 2 | 1 2　1 6 | 5 6　5 ‖

老头子　来　哈哈　笑，老奶　奶呀　忙慰劳。
妇女把家庭　担　子　挑，里里　外外　少不　了。
团结　一致　忙　抗　日，决心　打败　狗强　盗。
彻底　打败　小　日　本，消灭　鬼子　得太　平。

附一：数快板

【数菜】 早种菜，晚种菜，我种小菜比你快，青菜、韭菜、汤白菜、芫荽细叶菜，吃起来人人爱。豆芽菜，街上卖。大头菜，真不坏，捧上酒席是大菜。讨厌不过是苋菜，发物不过是菠菜。老芥菜，人不爱，麻菜也能腌咸菜，芹菜也能当小菜。四叶菜，实在坏，你不薅，它肮稻。浮江菜，水上汰，到六月河里长藻菜。生菜像甜菜，甜菜长得像个莴苣苔。要吃菠菜连根挑，芫荽拌茼蒿。正月里韭菜没多高，埋在土里割头刀。生姜大蒜共辣椒，好吃不过灯笼椒，麻人不过羊角椒。瓜瓠茄子一担挑，黄瓜结头稍，西瓜结的像扭腰，冬瓜扳起来一人高。水瓜是最好，吃到嘴里又解渴，又当饱。香瓜密果瓜，吃起来起酥又泛甜。洋瓜还比香瓜甜，卖起来最值钱。三塘番瓜牵亩田，牛腿瓜，板鼓瓜，圆叽骨碌是番瓜。三种瓜，能当饭，老头儿，嬷mā嬷má子最喜欢吃个撕皮烂，梢瓜、菜瓜能腌咸，马木瓜，儿子玩。丝瓜子，长得晏，结在高处把你看，不要望，能烧汤。

【数豆】 大麦黄，小麦锈，垎头垎脑长蚕豆，塌塌坎子秧芋头，芋头棵里点赤豆，赤豆棵里塍茶头，茶豆棵里塍扁豆，扁豆靠绿豆，梅里芝麻时里豆，浪浪时里种小豆，种瓜得瓜，种豆得豆，样样东西有得收。

【生产】 农业社，多快速，男女老少都忙碌，大麦收起来割小麦，小麦收起来种杂谷，杂谷里面种荞麦，荞麦过了五六月，七月里开花一片白，到了八月就成熟。荞麦不能当五谷，磨磨粉子摊摊饼，勒疙瘩煮菜粥，放些山芋胡萝卜，一家老小吃得多快活。

大生产、小生产，干部带头来生产，又做工作又生产，日子过得派多崭。

老公公，来生产，大的活计做不动，耕田搓绳带放风，也是同样来记功。

老奶奶，来生产，孙子由早带到晚，也是同样来生产。

青年人，来生产，大小活计都不拣，争取队里做模范。

妇女们，来生产，儿子送到托儿所，由早可以做到晚。三春头，把田下，钩刀、篰子手上抓，寻猪草，挑黄花，养条猪子肥又大，猪屎猪尿能垩田，猪子长大又卖钱，年年过个大肥年。

儿童们，来生产，放学回家帮奶奶煮夜饭。

大生产、小生产，养个鸡子能生蛋，你莫把它瞧不起，一年能生三百几十几，能卖钱，能待客，大的小的都能吃。

社会主义多幸福，造楼房，砌瓦屋，早吃鱼，中吃肉，晚上弄点酒咽咽。楼上和楼下，电灯和电话，点灯不用油，耕田不用牛，水路坐轮船，旱路坐汽车，到处是电线，不管多远都能说到话，快活日子哪里来，多亏毛主席老人家。

（梓辛村潘洋汉王富存口述于20世纪60年代中期）

附二：《大美陶庄》

甲：有一个风景优美的地方，
　　它的名字叫陶庄。
乙：一道道水网纵横交错，
丙：一块块垛田油菜飘黄。
乙丙：波光映蓝天，碧水溢荷香。
丁：那金色的稻谷啊，
　　犹如娇羞待嫁的新娘；
甲：那雪白的棉花，
　　陶醉多少游子的目光。
甲丁：吹一声青青的芦笛啊，
　　那是我们迷人的家乡。
合：你是我心中的画，
　　你是我画里的诗。
　　啊，陶庄，我们的梦想从这里起航！

乙：有一个英雄辈出的地方，
　　它的名字叫陶庄。
丙：西汉的王珏，
　　为掩护战友早已把生死舍忘；
丁：大顾的徐开基，
　　越关山，过险阻，
　　追随杨靖宇将军为抗日拿枪；
甲：沈正寅、顾怀应、徐殿选……
　　一个个碧血丹心，只为人民得解放。
甲乙丙丁：一段段传奇啊，
　　划破历史的长空，千古流芳。
合：红色的情结，信仰的力量，
　　早已注入陶庄精神的每一个篇章。
　　啊，陶庄，我们的梦想从这里起航！

女生合：有一个群星璀璨的地方，
　　它的名字叫陶庄。
乙：乌金村王存玉，
　　美国国家医学院院士，
　　中国工程院外籍院士，
　　美国加州大学终身美名扬；
丙：大顾村顾坚，
　　中国作家协会会员，著名畅销书作家，
　　泰州市作家协会副主席，
　　里下河文学领军人物。
丁：盛明生、薛廷伍、丁艳锋……
　　一个个闪光的名字传遍四方。
合：谁的岁月没有攀登高峰的沧桑？
　　谁的梦想没有征战未来的豪爽？
　　啊，陶庄，我们的梦想从这里起航！

男生合：有一个开拓奋进的地方，
　　它的名字叫陶庄。
甲：你看，那新型的农业——
乙：土地托管模式不断推广，
丙：大米的品牌啊，四海名扬；
丁：你看，那现代化的工业——
甲：广奥金属、科威嘉尼、融汇钢管……
乙：一座座厂房拔地而起，
丙：一个个项目越做越强。

丁：你看，那舌尖上的美食——
合：你看，那舌尖上的美食——
甲：不论酷日，不论寒霜，
乙：名闻遐迩的全牛宴哦，
鲜美诱人的土山羊羊肉汤，
引得无数宾朋竞相品尝。
女合：名闻遐迩的全牛宴哦，
鲜美诱人的土山羊羊肉汤，
引得无数宾朋竞相品尝。
合：勇敢的陶庄人啊，
让鲜红的旗帜在各行各业高高飘扬。
啊，陶庄，我们的梦想从这里起航！
丙：一面面彩旗迎风招展，
丁：一朵朵白云碧空荡漾。
甲：今天，大美陶庄的铿锵音韵嘹嘹回响，
乙：今天，大美陶庄的绵绵情意歌中吟唱。
丙：啊，大美陶庄，
那是我迷人的家乡。
男合：啊，大美陶庄，
那是我们迷人的家乡。
丁：浪花在大海翻腾，
甲：欢乐在心中怒放。
乙：啊，大美陶庄，
那是我梦想起航的地方。
女合：啊，大美陶庄，
那是我们梦想起航的地方。
丙：滔滔幸福河，掩不尽浩浩陶庄魂；
丁：悠悠牛羊香，锁不住阵阵陶庄风。
男合：让我们，用铮铮的誓言，喊出新时代的血性担当！
女合：让我们，用拼搏的汗水，绘就高质量发展的陶庄华章！
合：壮哉，我大美陶庄，光芒万丈！
伟哉，我大美陶庄，永续辉煌！
（陶庄中心校集体创作于2020年冬月）

方言土语

陶庄境内方言均属江淮方言泰如片，但南北差异明显，梓辛河北接近兴化东乡方言，梓辛河南属东台西乡方言。例如，东汉与西汉仅一河之隔，由于在中华人民共和国成立前隶属的县不同，人们讲话时语气和声调都有差别，兴化话多“wǎ”音，东台话易发“rè”音。有些人称也有所不同，如，姑母，兴化方言称“姊子”[bū zi]，东台称“亮亮”[niang]，中华人民共和国成立后，随着教育事业的发展和普通话的推广，邮电、交通、广播、电视的发展，境内方言有向普通话发展的趋势。

方言词汇

称谓

太爷——曾祖父

老太——曾祖母

嗲嗲——祖父

奶奶——祖母

婆嗲嗲——外祖父

婆奶奶——外祖母

摆摆——爸爸、父亲

娘舅——舅舅

舅妈——舅母

姑罢——姑父

姊子——姑妈

官摆摆——干爸爸

观妈妈——干妈妈

銮将儿——男人

女将——女人

家(ga)里——夫妻间的称呼

舵小——老大

老驳子——最小的儿子

姑爷——女婿

伢伢——叔父，父亲的妹妹

姨拜——姨父

姨娘——姨母

天文时间

前呃子—— 前天

戳呃子——昨天

跟呃子——今天

门呃子——明天

后呃子——后天

万后呃子——大后天

才江呃子——刚才

打头——以前

过等呃子——马上，一会儿

凉月巴巴——月亮

变天——阴天

穿星——流星

地理、方位

壁壁孔儿——偏僻处很小的地方

河坎子——河岸向水的坡面

家后头——屋后面或村庄后面的方向

落地——地方

哪块——什么地方

四团团——周围

踢踢里头——最里头

眼睛头上——附近

庄面前——村庄前面的方向

物名

百脚——蜈蚣

垡头——大土块

河蟮——蚯蚓

河歪儿——河蚌

后鱼——乌鱼

将牛——蝉

进木——杉木

癞宝——蟾蜍

雀葵——向日葵

荣鸡——公鸡

炭球儿——煤球

田鸡 ——青蛙

蟢细珠儿——蜘蛛

玉芦粞——玉米

数量、单位

鹅眼儿——一点点

滴尕子——微量，一小撮

好处晚——好长时间

万山——极多

一捺拃——拇指与中指伸直后的间距

一庹——两臂伸直后的长度

劳作

打水——抽水机抽水

打秧——抛秧

打洋机——缝纫机

垩田——施肥

放场——把稻把散开让石磙子碾压打谷

碾场——用石磙子碾压稻

膨棉花——用弓弹棉花

飏场——利用风力扬谷物

品行、心理

半吊子——一知半解

憨憨循循——因理亏而胆怯的

惰懒——懒汉不想做事

隑奸——做事敷衍不卖力

哄人——说谎

绞赖子——相互推责，诿过于人

辣寡话——拉家常

蛮浪子——野蛮无知胡搅蛮缠

毛鸡——讹赖

没搭撒——为人做事无原则

没明堂——做事有头无尾

盘犯头——捏造事实

说相符——夸夸其谈，见人说人话、见鬼说鬼话

邪皮头子——邪恶头目

洋痢子——不能惹，厉害

样子——装着有本事的样子

者再居——刻板拘泥

动作

捣鬼——小声耳语

斗架——打架

冈嗓——吵嘴

搒——推

攻猛子——潜水

跸河——涉水过河

起雀巴——故意找麻烦、挑茬

漱嘴——刷牙

跳索——跳绳

舞水——游泳

日常用语

挨搞——难受

半边人——寡妇

半里不顿——不懂事理

不碍事——没事

不为萝卜不挑菜——有因果关系

不则声——不开口

吵咀——相骂

厨房——锅上，锅门口，灶上

出嫁——过门，把人家，成亲，结婚（女）

窗蒙——窗户

搭散儿——拖鞋

抖——胆小，害怕

嘎去——回家

搞搔——打闹

乖——听话

拐子——瘸子

光棍——单身汉

花子——要饭的

霍闪——打闪，闪电

尖算——聪明

脚鱼——甲鱼，鳖

侉求——做事泼辣，粗鲁，不求好

裩子——短裤

拉呱邋遢——不整洁，不卫生

没脚蟹——没有门路的人

没霞光——没有本事，过得不好

木粥——麻木

拿桥——摆架子

屁漏筒子——惹是生非的人

癞里麻里洋——水平不高

人儿灯——公众场合逞能的人

日白斜——瞎吹牛

跖泊——闲谈，拉寡话

刷刮——做事利索

神乎其神——神气六国，得意扬扬的样子

受夹棍气——受矛盾双方责怪

塌话——不实在，不合要求

谈谎落白——说谎

体面——标致，漂亮，靓

为事（帷事）——寻婆娘，娶亲

午槛——门槛

细麻腿子——小孩儿

小器（气）——吝啬

歇蛔子——失败 完蛋

洋而不蒯（kuǎi）——好出风头，不踏实

有喜——害宝宝，怀孕

装洋——假装不晓得

其他

大烹缸——虚张声势

陡恐的——突然的

寡闹闹的——单调、无聊

关目三——计谋，做手脚

将将好——正好，正合适

什哩门儿——什么原因

瞎很——非常

臆怪——令人作呕

谚　语

气象谚语

八月芦花汛，九月重阳暴，十月小阳春，腊月又打春。

白露不露身。

重阳无雨望十三，十三无雨一冬旱。

处暑难逢十日阴，白露难逢十日晴。

初一没得初二灵，初三下雨没好天。

春打六九头，庄稼不用愁。

春二、三月乱穿衣。

春风裂石头，不戴帽子裂额头。

春寒冻死老牛瘟。

春天不问路。

春雾雨、夏雾晴；早雾晴，夜雾阴。

春雨贵如油。

打呃春，赤脚奔。

东虹日头，西虹雨。（虹，这里读gàng）

沟里泥鳅跳，大雨要来到。下午田鸡叫，大雨马上到。

过了冬，长一葱；过了年，长一田。

黄梅天十八变，晴晴雨雨难断定。

两春夹一冬，麻布裤子好遮风。

蚂蚁搭桥，大雨先兆。

霉里西风莳里雨，莳里西风时下雨。

七阴八不晴，逢九放光明。

清明要明，谷雨要雨。

秋天怕夜睛，夜晴雨临门。

秋天无雨北风多。

人黄有病，天黄有雨。

日出胭脂红，不是雨也是风。

三九搭四九，相逢不出手。

莳里西南风，走马苦车篷。

十月中，梳头吃饭工。

天晴防雨落，丰年防荒年

头九冻河二九开，三九四九等春来。

乌云接日头，雨在眼前头。

西风不过酉，过酉连夜吼。

夏至不踏车，冬至不坐夜。

小暑头上七天阴。

银河东西收拾棉衣，银河南北收拾破屋。

早晨烧霞，等雨烧茶；晚上烧霞，热得咔咔。

生产谚语

白露早，霜降迟，秋分播种正当时。

寸麦不怕尺水，尺麦怕寸水。

稻上场，麦进仓，黄豆扛在肩膀上。

稻要热长，麦秀凉浆。

伏桃金，秋桃银。稻困十分，麦困没分。

黄秧搁一搁，到老不发作。

季节不饶人，种田起时分。

没毛稗子有毛稻，三角叶子煞狼草。

秋前不搁稻，秋后要懊恼。

头伏萝卜二伏菜，秋前种菠菜。

秧好半年稻。

种麦种到冬，完气不透风。种麦种到年，看看什么田。

种田不除草，功夫白费掉。

庄稼是枝花，全靠肥当家。

生活谚语

八败命就怕死做。

不怕慢，就怕掼。

不新鲜，不烦恼，正常处世好。

吃的盐和米，讲的情和理。

吃饭是三月，用钱是腊月。

出门看天色，进门看脸色。

丢掉翻耙拿扫帚（勤快，做了这事做那事）

冬吃萝卜夏吃姜，不用医生开药方。

儿不嫌母丑，狗不嫌家贫。

耳听千遍，不如眼见一遍。

公说公有理，婆说婆有理，媳妇有个悒悒理。

好话不出门，恶语传千里。

好天防阴天，丰年防荒年。

会做媳妇两头圆，不会做的两头盘。

酒肉朋友朝朝有，患难之中无人问。

腊月黄土贵三分。

粒米聚成箩，滴水聚成河

冷粥冷饭好吃，冷言冷语难受。

六月的债还得快。

麻油嘴，胡椒心，处世要当心。

没得个强盗贺八十。

门前扣的高头马，不是亲来也是亲。

宁可低头求土，免得仰面求人。

妻贤夫祸少，子孝父心宽

千层单抵不上一层棉。

清官难断家务事。

穷不失志，富不癫狂。

穷锅膛，富水缸。

取到鱼艎板均会说话。

热饭好吃，冷债难还。

人无横财不发，马无夜草不肥。

人无千日好，花无百日红。

人争一口气，佛争一炷香。

上梁不正下梁歪，中柱不正倒下来。

少吃多滋味，食饱无滋味。

天上飞的雁，不能当菜吃。

为人不做亏心事，半夜敲门心不惊。

羊肉吃不到，落个膻料味。

羊有跪乳之恩，鸦有反哺之义。

一夜不睡觉，十夜补不到。

有理能走天下，无理寸步难行。

有钱难买老来瘦。

至亲不抵好友，好友不抵己有。

坐得船头稳，不怕浪头颠。

歇后语

鼻孔里养儿子——哄人

补锅匠锔碗——自顾自（吱咕吱）

茶壶里下饺儿——肚里有，倒不出来

吃胡椒打嘴巴——里外发麻

出头的椽子——先烂

大葱烧豆腐——一清二白

稻褶子堆到屋梁——抵不到大会表扬

盖屋匠吃晚茶——往下爬

狗逮老鼠——多事

关老爷卖豆腐——人硬货不硬

好吃的楝树“果子”——挂不到正月半

河蟮翻筋斗——腰里玄

黄鼠狼看鸡——越看越稀

鸡子不尿尿——各有各的去处

江边上的蚊子——吃客

豇豆角子下面——清汤清水

看戏淌眼泪——替古人担忧

瞌睡送个枕头——正好

瘌子打伞——无发（法）无天

瘌子头上的苍蝇——明摆

癞蛤蟆爬上戥盘——自称自贵

老虎屁股——摸不得

老鼠钻进风箱——两头受气

聋子的耳朵——摆设

麻子搽粉——落塘（乐堂）

猫哭老鼠——假慈悲

卖布不带尺——瞎扯
茅缸里的石头——又臭又硬
没头的苍蝇——乱拱
棉花田里弹弓——不弹
泥菩萨过河——自身难保
蒲包里灌钉——个个想出头
千里送鹅毛——礼轻人意重
敲锣卖糖——各干各行
十五个吊桶打水——七上八下
水仙不开花——装蒜
四九心里喝凉水——点点在心头
四两棉花八把弓——细弹（谈）
陶家庄卖余粮——运动起呃身[1]
田鸡翻筋斗——白大肚子
铜匠的担子——挑到哪响到哪
驼子跌跟头——两头不着实
外甥子打灯笼——照舅（旧）
屋檐下的冻冻钉儿——根在上头
瞎子吃馄饨——心中有素（数）
瞎子看戏——趁笑
秀才搬家——全是书
秀才耕田——请上（墒）
哑巴见妈妈——无话可说
钥匙挂在胸口上——开心
帐子里放风筝——不得远去

①1953年动员农民卖余粮，陶家庄干部向上级汇报：运动起呃身（即群众发动起来），即将完成任务。

第九篇　人　物

陶庄人杰地灵，人才辈出，徐开基、顾浩然、顾景行等投身革命事业，或到祖国需要的地方，为国为民，倾心尽力。有为革命捐躯的王珏、沈正寅、徐宝生、徐殿选、许松元等155位烈士；特别是大顾等中学培养王存玉、刘永辉、薛廷伍、丁艳锋等一大批优秀人才走向全国各地，他们或在桑梓，也有在社会主义革命和社会主义建设中，为家乡和祖国的发展呕心沥血、无私奉献、增光添彩，树立榜样，激励后人奋进。

人物传略

家乡的水土滋养了拼搏进取的陶庄人。民主革命期间，有为之士不断涌现，他们为革命前仆后继，鞠躬尽瘁。中华人民共和国成立以来，在党和政府的培育下，涌现出一批事业有成的人民公仆、热心于科教事业的知识分子，本类目收录30位已故名人。

周子三（1822—1905）

原名才元，南柯堡人，曾任蚌蜒河两岸四十八庄（舍）图董。1902年3月，东台籍翰林夏寅官赠金字匾额，上题“年高德劭”字样。兴化籍翰林院编修成占春也赠送寿匾。周子三逝世后，由子方田（字墨卿）继任图董。周子三一生为政清廉，一秉至公，受到广大乡民拥戴。

徐献珍（1862—1927）

大顾村人。幼年好学，熟读“四书”，通读诗经、易经。尔后拜师学医。光绪十二年（1886），兴化知县命其担任大顾庄周围21庄（舍）图董。任职期间，为政清廉，遇有灾荒，便动员富家捐钱粮，救济饥民。病疫流行时，穷人无钱治疗，自己率先解囊。他开药方到药店取药，由他付账。废科举、办学堂时，他让乡民将吕祖坛里神像搬走，改办启明学堂（大顾小学前身）。由于他关心穷人疾苦，受到乡民的拥戴，民国初年继任乡董。直至废除乡董制，改为区乡制时，因年老而离任。

刘锦堂（1885—1957）

梓辛村东汉人，生于清光绪年间。幼时，父亲送他到竹泓镇刘洪文私塾馆读书。他学习勤奋，“四书”“五经”熟记善解。光绪三十三年（1907），刘洪文准备送他去省城南京应考时，因八国联军侵略中国而通知停考。

1908年，刘锦堂在村内开办私塾馆。他教学认真，受到学生家长们尊敬。

他关心国家大事，与兴化县抗日民主政府副县长张镇，兴东县抗日明主政府县长张遗和新四军新编第七纵队司令胥金城都有交往。教学时，向学生灌输爱国思想，表现高尚的民族精神。他自编宣传新四军的歌词有“新四军真平等，胜似父兄子弟们，帮助割麦又割稻，茶饭从不扰一顿”“陈毅大军真威风，七天七夜冲，打得敌人没处拱”。他自办一套锣鼓家伙，在报纸上看到新四军、解放军打胜仗的消息，立即组织学生手举三角彩旗，敲锣打鼓上街游行、呼口号。为村庄的安全，他组织学生协助民兵站岗放哨。1948年底，因年高，耳朵失聪而停教。

顾浩然（1896—1985）

原名养元，大顾村人。1918年毕业于江苏省立第五师范学校，由兴化县劝学所任命为缸顾小学校长。1920年夏到扬州，任省立第五师范附属小学教员。1925年第一次国共合作期间，经无产阶级革命家恽代英介绍加入国民党。1927年，担任兴化县督学，兼任国民党县党部指导委员会常委。1929—1936年，先后在镇江、徐州、东海、靖江等地从事教育工作。江南沦陷后，携眷到上海租界，参与筹办镇江师范，并在其中任教。1941年，日军闯入租界，毅然停办学校，到一同学开设的“三和”酱菜公司管账，以维持家计。1942年6月回到家乡，以“毋羞辱祖宗，毋遗臭后代”自勉。在中共兴化县委领导人的关怀、教育下，他不顾国民党地方当局和伪县政府威胁拉拢，坚持正确立场，接受中共的领导，赞助抗日，参加民主政权建设，于1942年12月正式参加革命工作。国民党江苏省保安第三旅（张星柄部）占领大顾庄，抓丁、抢掠、吊打群众。顾浩然发动群众抗丁抗粮，动员青年参军抗日，带领群众向苏中二分区请愿，迎来共产党领导的抗日军队，赶走“保三旅”。他受抗日民主政府的委派，在解放区筹办兴化中学，兼任大顾小学高级部导师，兴化参政会筹备主任。1945年秋，兴化城光复后，任兴化中学校长。1946年10月，随中共兴化县委机关撤至农村，任二分区联合中学简师部主任。1948年4月，任行署文教处编审。1949年1月，再任兴化中学校长。1951年11月至1966年2月，任兴化县副县长兼卫生科长、兴化中学校长。他尊重知识、尊重人才，从上海、南京、扬州等地把文化业务水平较高的教师、医生请到兴化工作。“文化大革命”中下放“五·七”干校。1978年后得到平反。1981年4月，当选为兴化县人大常委会副主任。1954年以后，连续当选为江苏省第三、五、六届人民代表大会代表。1985年3月，已近九旬之龄的顾浩然加入中国共产党。同年4月1日，因冠心病复发医治无效逝世。

顾种意（1906—1983）

大顾村人，出身农民，家境贫寒。1943年3月，经民运工作人员朱鉴民介绍加入中国共产党，先后担任车南、谢陆、大顾等乡指导员。自1945年5月起，任梓辛区委副书记、书记。解放战争爆发后任区委副书记、书记。中共溱潼县委民运部副部长、部长、县委委员。兴溱两县合并后任兴化县农委书记、县委常委，副业局、多管局局长。1983年3月因病逝世。

陈亚光（1908—1985）

原名增祥，陶庄村人，1933年毕业于武汉大学土木工程系。致力于祖国公路、铁路建设和水电资源的开发，任安徽省公路、桥梁设计工程师，粤汉铁路株韵工程局工务员、贵州省修文水力发电厂工程处主任，资源委员会副研究员、桂林区主任，贵阳、天水、西安等电厂厂长等职，中华人民共和国成立后，参加治淮工程，在淮河中游工地，精心指导工程的勘探、设计、施工。参与设计三河闸、颍河闸等水利工程，担任南京治淮总局总工程师、水利部治淮委员会技术科科长、工程处副处长、水力机械冲填筑坝试验处主任，安徽省阜阳专署水利局副局长、总工程师、顾问等职，高级工程师。先后当选为安徽省二至七届政协委员。1985年11月5日因病逝世。

尤启元（1911—1992）

三和庄村尤舍人，1942年6月加入中国共产党，同时投身革命。1943年3月，任兴化县团结乡治安员，民兵队指导员。1945年8月，调任兴化县廉贻区农抗会长，同年10月参加兴化县委工作组任组长。1946年，尤启元随武工队打游击。1948年6月，参加土改工作队。1949年3月，到炳辉县工作，先后任护杨区、杨村区副区长。1951年2月，任县供销合作总社副主任、财委秘书。1953年2月，任县工商科科长。1954年1月，任县人事科长，同年5月任县直机关党总支书记。1959年1月，任县工业局局长。1962年9月，任天长镇党委书记。1973年2月起任县工商局局长。1979年10月离职休养。1992年7月24日因病逝世。

徐开基（1912—1940）

大顾村人，出身贫苦。1928年7月，考取高邮县界首乡村师范，同年冬加入中国共产党。1929年6月，校方以宣传赤化的罪名开除他的学籍。离校后去上海劳动大学从事工人运动。1931年化名王学才进行革命活动时被捕，关在漕河泾监狱，被判处有期徒刑五年。1933年，经组织营救提前获释，出狱后组织上安排他到广州《萌芽》杂志社任编辑，笔名鸿度、万里。1934年春调往杭州从事工运工作，化名德才。不久又被捕入狱，惨遭严刑拷打，但他坚不吐实，因逼供未成，两周后获释。同年秋，调往上海复旦大学从事学运工作。1935年，江苏省委在上海遭到大破坏，开基被叛徒出卖，第三次被捕，关押在上海市公安局看守所候审，虽受各种毒刑而坚强不屈。一次提审时，该局会计处主任石凌汉（兴化人）听到徐的口音，知是兴化东乡人，便于当晚到牢房私访，尔后设法营救，将徐开基保释回家。后在大顾小学以教书作掩护，与无锡、南京等地党组织秘密联系，先后收到不少进步书刊。1936年春，他到南京与组织接上关系，便在南京从事学运工作。1937年春，江苏省委派一批干部到山东工作，开基分配在山东省教育厅，化名徐明楚。卢沟桥事变发生后，他与同去山东的几位党的干部一道到泰安会见冯玉祥将军，请他出山抗日，以后又到卢沟桥前线慰问抗日将士。回到济南后，开基以黄河工程局的信笺寄信给堂叔徐保和，提到上述情况，并且说明将去东北杨靖宇部帮助抗日等语。

1943年春，兴化县抗日民主政府第九区成立（后改为梓辛区），教师刘醒民将开基的信件和进步书刊呈送给区委书记张学敦，并转呈给县长蔡公杰。经中共兴化县委和县抗日民主政府研究，认定徐开基与杨靖宇将军的部属一同蒙难。1943年，中共兴化县委和县抗日民主政府研究认定为烈士，并派员到大顾庄探望和慰问徐开基的母亲。同年秋，徐母病故，县长蔡公杰亲临大顾庄参加追悼会。在实行“新乡制”时，兴化县抗日民主政府决定将仁渠乡第三保更名为开基村，以资纪念。

仲长俊（1918—1998）

仲冯舍村仲家人，早年就读私塾，私塾读完后先后在三夏、仲家大队办私塾馆。1953年在大队小学任教。1956在大队干部、群众的支持下改造破庙为学堂。坚持自力更生办学，开垦园地，发展养殖，实现办学经费自给自足。学生也从最初的26名，发展到近200名学生，5个班级，学校办成初具规模的完全小学，有教室、宿舍、操场围墙。《人民日报》曾于1959年11月17日第7版以《民办学校的一面红旗》为题作报道。1960年5月12日，出席江苏省文教群英会，被授予“江苏省劳动模范”。1960年5月25日，出席全国教育、新闻、体育、卫生等方面群英会，受到国家领导人的接见和嘉奖，被授予“全国教育先进工作者”。1980年12月退休。先后当选为兴化县第三、四届政协委员，第三、四、五、七届人大代表。1998年11月病故。

周民（1918—1983）

王寺村人，原名周宝鼎。1943年参加

革命，同年加入中国共产党。抗日战争、解放战争时期，曾任廉贻区乡长、区长和溱潼县团情报站站长、苏中二分区司令部情报总站参谋等职。1949年3月23日参加渡江战役后，任丹阳县公安局保政科科长，负责解放上海总前委的保卫工作。中华人民共和国成立后，曾任镇江地区公安处刑侦科科长，历任溧阳县公安局局长、宜兴县公安局局长、丹阳县公安局局长、丹阳县委政法委书记。1981年，当选为丹阳县第八届人民代表大会常务委员会副主任。1983年2月28日因病逝世。

王鹤皋（1920—1994）

梓辛村西汉人，1942年10月加入中国共产党。1942年10月后历任乡民兵大队长、乡长、指导员、区民政助理，兴化县文工团团长、叶甸区区长、溱潼区区长、书记，泰县县委宣传部长、副书记，1959年任高邮县委副书记、泰县县委副书记、扬州市万头电厂党委书记、扬州市革委会副主任。1974年10月任宝应县委书记、县革命委员会主任。1977年10月兼任宝应县委党校校长。1978年1月任扬州地区革命委员会农水办公室副主任，兼任扬州地区革命委员会农业局局长。1994年5月12日因病逝世。

王乐（1920—2008）

王寺村人，1944年3月参加工作。1944年2月加入中国共产党，在抗日战争和解放战争期间，历任乡长，县独立团内勤、情报站站长，兵站库主任。1949年3月至1959年1月历任苏南行署公安处政治侦察员、侦案科科长、政保组长，公安处副处长、处长。1959年8月至1963年任镇江地委工业部副部长、地监委副书记。1963年5月至1969年任镇江地区公安处处长。1970年1月至1973年2月下放宜兴县，任和乔镇党委书记。1973年4月后历任地区公安处处长、地委常委、地革委会副主任。1975年6月至1979年1月任江苏省公安厅副厅长、党组成员兼劳改局党委书记。1980年至1982年任镇江地委常委、行署副专员。1982年12月离休。

王乐出身贫寒，幼年和少年时代饱受战乱之苦。参加革命工作后，立场坚定、机智勇敢，参加渡江战役。全国解放后长期从事政法工作。无论在战争年代，还是在和平建设时期，王乐仍然一如既往，关心党和国家大事，关心镇江的建设和发展。2008年3月16日因病逝世。

秦斌（1920—1986）

金戈村乌金垛人，1941年入党，1943年3月参加工作。1943年后历任游击队指导员，溱潼县独立团三连支部书记、指导员。1949年南下入湘后担任长沙市军管会交通接管部铁路处（含衡阳铁路管理局）株洲公安分处副协理员，后任长沙公安分处教导员、上海铁路局公安处处长。1954年支援广州铁路公安局处任组织干部科科长。1957年5月任衡阳铁路检察院检察长，后改任衡阳铁路第一工程队党委书记。一度任衡阳铁路办事处党委常委。1958年10月任长沙铁路工程队党委书记。1960年调长沙铁路地区任指导员，后先担任长沙铁路第五工程段副段长，后任第二工程段副段长。1964年后先后任衡阳铁路办事处常委、工程队副队长、地区工作委员会、分局韶山干青队队长。1972年任长沙铁路干部培训队第一副主任兼总支书记。1981年退休。1986年6月13日因病逝世。

顾景行（1921—1989）

大顾村人，家庭出身中农，少年时代上过四年小学。后因家中劳力少，弟兄五人中他是老大，所以父母让他在家中种田。1942年冬参加革命工作，历任大顾乡民兵大队长、谢陆乡乡长、指导员，兴东县梓辛区委组织科科长、区委委员、副区长等职。1946年秋，解放战争爆发后，任溱潼县梓辛区副区长、江都县小纪区区长、扬州市西区区长。扬州城解放后，任中共扬州市委组织部科长、槐泗区委书记、扬州专署血防指挥部副组长。1966年后历任六合专区巡视员、六合县卫生局长、六合镇党委副书记、镇长、六合县委宣传部副部长兼卫生局局长。1989年4月19日因病逝世。

黄怀存（1922—1949）

陶庄村周刘庄人，出身贫农。1943年秋参加革命，任团结乡民兵大队长。1944年春加入中国共产党。同年秋，任团结乡指导员。1946年春，任溱潼县梓辛区民政股股长。同年秋自卫战争爆发后，回团结乡任指导员。1947年秋调任梓辛区民政股长。1948年7月任梓辛区区长。1948年秋调任溱潼县政府支前科科长。他带领全县民工赴淮海前线参加支前工作，组织民工运粮草、抬担架、救伤员，废寝忘食，积劳成疾，患严重胃炎。淮海战役胜利后，组织上安排他回区休养治疗。由于当时医疗条件差，病情恶化，医治无效，1949年5月13日逝世。

夏敏（1922—1978）

夏北村三夏庄人，启东高中毕业，1941年参加革命工作。在抗大毕业后，历任新四军一师连长、营长、副团长等职。解放战争期间，历任某部后勤部负责人，山东501军工厂厂长。中华人民共和国成立后，任外交部外国专家局保卫科科长。1958年，调任贵州省林业厅厅长，1978年7月19日病故。

朱子新（1922—1978）

原名馥桂，大顾村人。1929—1939年间，入私塾和小学读书。后因父去世而辍学在家，从事田间劳动。1943年4月参加革命工作，先后任由之乡青抗会长、副乡长。同年7月加入中国共产党，后任谢陆乡乡长。1944年10月，任梓辛区民兵队部政治干事。1945年2月调苏皖边区建专学习。1946年3月，调回原单位工作。历任溱潼县梓辛区民兵区队部干事、副区队长，圩北区公安股长兼区队长。1947年1月，任廉贻区副区队长。1947年4月，任溱潼县民兵总队部干事、股长、军事科政治指导员，直至渡江南下。1950年2月，先后任镇江市公安大队组织股股长，苏南公安总队干部处助理员，公安军十一团干部处处长，政治处主任，句容县人武部副部长、泰州市人委财贸办公室副主任，泰州市商业局局长、党委书记。1978年任泰州市革委会财办副主任，同年8月12日病故。

许小海（1923—1983）

又名道善，金戈村乌金人。1946年春参加新四军，他由班长、排长、连长晋升营长、团长、副师长。参加中国人民志愿军赴朝作战。1968年任中国人民解放军杭州市军管会生产组组长。1983年11月5日因病辞世。

沈正寅（1924—1947）

陶庄村人。1944年参加革命。1945年加入中国共产党。曾任陶判乡民兵中队长、指导员等职。他身材高大魁梧，粗壮结实。在武装斗争中，他积极带领民兵，传教军事技术，操练队伍，提高素质，为保护家乡做出贡献。在土改工作中，他积极带领人民群众斗地主、分田地。1947年农历2月17日，沈正寅协助税务所赵寿山，与王寿昌、王太庆、王鸭等人前往东里堡征税，不幸被国民党还乡团抓捕。

“还乡团”对沈正寅先用皮鞭抽打，又坐“老虎凳”逼他投降。沈正寅威武不屈，敌人挖去他的眼睛，割他的耳朵。在他身上狂刺四刀，头上戳一刀，沈正寅虽被敌人折磨得死去活来，却坚贞不屈，不吐一言，最后被敌人活埋，英勇牺牲。1950年8月在部队公布为革命烈士。

徐宝生（1924—1942）

大顾村人，出身贫苦。幼年丧母，他学习认真，在大顾小学读书时各门成绩都名列前茅，尤其是大小楷均有功底。因无钱买纸练习大字，他便用罗底砖磨平后蘸水练字。有识之士和学校教师认为宝生是棵好苗子。1940年10月，黄桥决战胜利后，新四军一师老二团进驻东台城，宝生瞒着父亲到东台报名参加新四军，被分到一连任文化教员。1941年夏，担任连部文书兼文化教员，不久被吸收加入中国共产党。

1942年春，部队驻在海安附近的青浦镇，突然遭日伪军的袭击，在转移途中中弹负伤。同志们要抬他走，他大声喊："我不行，你们快走！"凶残的日军赶上来用刺刀戳他头顶，并用硫酸灌入他口中。1958年3月追认为革命烈士。

徐殿选（1925—1947）

幸福新村徐家舍人，1941年参加革命，同年4月加入中国共产党，任谢陆乡民兵大队长。1946年任梓辛区公安股股长，同年冬担任溱潼县独立团通讯联络站站长。他爱憎分明、立场坚定，在对敌斗争中沉着勇敢。1947年3月26日，在戴窑镇侦察敌情时，被"还乡团"便衣队逮捕押到丁溪镇，遭到严刑拷打。敌人对他施用老虎凳，针刺10个指甲等酷刑，逼其招供。徐殿选坚贞不屈，被敌人用厨刀砍下头颅，壮烈牺牲。1950年8月被部队公布为革命烈士。

孙友志（1925—1992）

三和庄杨思垛人，1942年2月参加工作，1942年5月加入中国共产党。1942年后历任溱潼武工队队长，双枪手，和敌人展开面对面斗争。1953年5月，先后担任大垛、竹泓两镇副镇长及兼任两镇派出所所长等职，同时也任职过溱潼县公安局治安股长，被组织调离到福建省任土改工作团团长。后因敌我双方仍未停战即随大部队渡江留仪征县地方任职。1965年3月任仪征县公安局局长，1971年4月任仪征县检察院检察长。1986年1月离休。1992年10月逝世。

周学山（1926—1992）

铁堡村袁庄人，1943年3月参加革命，同年加入中国共产党，先后担任乡民兵大队长、乡长指导员、区委副书记等职。历任中共东台县廉贻区委组织科长、区委书记，溱潼县廉贻区区委书记兼区长。1947年12月，任中共溱潼县委宣传部长。1949年11月，任中共兴化县委宣传部长，后任中共靖江县委宣传部长、福建省清流县土改工作队队长，大田县委第一副书记，外交部人事司第五科科长，中共杭州化工学校总支书记，化工专科学校党委书记，浙江工学院党委书记兼校长等职。1976年，为故乡创办农药厂，开发新产品提供技术援助，并委派学院教授任农药厂常年顾问。1990年离休后，当选为浙江省第七届人大代表。1992年7月2日因病逝世。

王珏（1927—1947）

梓辛村西汉人，1944年春入朱严师范学习，同年秋结业，分配在梓辛区任武装干事。同年冬，经区委书记李英介绍加入中国共产党。1945年5月至1947年8月，历任廉贻区武装干事、区队副、区队指导员等职。他经常带领区队深入敌占区活动，伺机打击敌人。解放战争爆发后，他带领区坚持原地斗争，用游击战术打击敌人。1947年初，率领区队配合主力部队攻打“还乡团”东里堡据点，摧毁敌区公所。王珏十分重视群众工作，走到哪里，宣传到哪里，经常将标语贴到敌人据点附近。1947年8月12日，王珏随廉贻区委书记周学山带领区队、联防队到边区活动，当夜在东里堡宿营，突然遭到敌保安队、“还乡团”200余人袭击。王珏率部突围，掩护区委干部和部队转移，不幸被俘。凶残的敌人对王珏百般拷打折磨。王珏大义凛然，坚贞不屈。在东台西溪，敌人用刀挖去他的眼睛，割去鼻子、耳朵，最后又砍下他的头颅。为纪念王珏烈士，东台县人民委员会于1958年决定，将王珏被捕的地方东里堡西村更名为王珏大队。

顾怀应（1928—1946）

大顾村人，1942年春，兴化县独立团第三营活动于梓辛河北岸一带。年仅14岁的怀应就向营长张镇报名参军。张营长认为他年纪虽小，但个头大，志气高，便收留在身边做通讯员。不久被分到五连任文书。

1943年冬，调任兴化独立团参谋处书记员。由于表现突出，15岁时被团党委破格发展为中国共产党党员。1945年秋，他参加攻打伪二十二师盘踞的兴化城，在战斗中机智勇敢，受到军分区嘉奖。同年冬，又随团上升到军分区四团任参谋处书记员。1946年7月21日，在驻地樊川南侧，随同团长、参谋长用望远镜察看国民党军队在扬泰公路行军情况时，对方突然打来“六〇”炮，顾怀应中弹牺牲。1950年10月，被部队公布为革命烈士。

夏永龙（1928—1953）

夏北村三夏人，1937年私塾读书三年。后因家中劳力少，经济困难，便回家参加劳动。次年替人家看牛做帮工。1944年7月，参加兴化县独立团，不久任班长。1945年秋，随部队参加攻打兴化城时，带头冲杀，立三等功，并加入中国共产党。1946年秋，解放战争爆发，随团编入华东野战军第十一纵队提升为排长，参加邵伯、伍佑和涟水等阻击战。1948年秋，淮海战役中提升为连长。1949年4月参加渡江战役和解放上海战斗，立三等功。1950年10月赴朝作战，晋升为副营长。1953年在上甘岭战役中牺牲，被部队公布为革命烈士。

邓成美（1928—1988）

铁堡村下堡人，出身在一个普通农民家庭。少年时期只上过三年私塾，后在家种田。1948年10月，参加中国人民解放军，先后担任班长、排长、营长，后编入东海舰队，任高速艇艇长（正团级）。后积劳成疾，1988年春离职休养，同年12月10日因病逝世。

吴金（1939—2020）

王寺村人，1961年8月，于江苏省泰州畜牧兽医学校毕业。1961年9月，分配到兴化县副业局畜牧股工作；1966年12月，到扬州地区多管局工作；1968年10月，到扬州地区五七干校学习；1970年1月，到扬州地区农业处、多管局工作；1977年8月，任扬州地区多管局畜牧科副科长。1977年10月，先后任扬州地区红旗良种场生产科副科长、办公室主任、副场长、场长、党委副书记；1988年10月先后任县级泰州市政府副市长、副书记、人大常委会主任。1996年9月任泰州市人大常委会秘书长，海陵区人大常委会主任。1996年11月，任泰州市人大常委会党组成员、秘书长。2003年6月退休。2020年7月因病去世。

谢云鹏（1953—2011）

梓辛村罗家庄人，1973年舟山某海军部队服役，1975年加入中国共产党。1996年转业后分配至舟山市民政局，先后担任优抚办处长、双拥办副主任等职。在主持舟山市双拥工作时，舟山市连续六次被评为全国双拥模范城市。主笔撰写的电影《鱼水情》上映后受到浙江省政府和民政部嘉奖，并获三等功两次。2008年6月，因患癌症去上海动手术后，一直坚守在双拥工作第一线。2011年3月病情恶化，6月23日经医院抢救无效逝世。

许松元（1961—1984）

仲冯舍村仲家人。1981年1月应征入伍，编入中国人民解放军35316部队炮兵第九师十六团三连电话班电话员。第二年任班长，他所在的班连续两年被评为全团模范班、标兵班。他本人被评为优秀班长，学雷锋积极分子。1983年5月，许松元加入中国共产党。1984年7月，随部队开赴云南前线，参加对越自卫还击。许松元奉命率全班战士架设观察所至前沿阵地之间的电话线路。线路架通后，屡遭越军破坏，7月27日，许松元跳出掩体冒着枪林弹雨维护电话线路，不幸遭越军偷袭，中弹牺牲。被评为革命烈士，追记二等功。

人物简介

国家恢复高考制度，为优秀人才脱颖而出提供机遇，从陶庄走出众多的业绩显著人士，他们通过高考，自己刻苦学习和勤奋工作，成为有关领域的知名专家、领导和有一技之长的人才。本目收录35人。

周兆臣

1933年5月生，铁堡村卞堡人。1939年在原卞堡读私塾。1947年底在原溱潼县廉贻区货管所参加革命工作。1955年7月加入中国共产党，先后在原溱潼县廉贻区货管所、溱潼县货管科、扬州专署税务局、江都县检察院任职。1975年7月调任江都县化肥厂党委书记、厂长。1980年1月任江都县工业局局长。1984年任江都县物价局任局长。1986年4月任江都县人大常委会任公交财务委员会主任。1993年10在江都县物价局离休。

陆荫棠

1940年11月3日生，季平村陆家人。1961年9月就读南京大学中文系。1966年4月加入中国共产党。1966年5月在江苏省委政策研究室写作组从事写作。1967年1月在南京市雨花台区铁心桥公社先后任农业中学教员、革委会主任。1975年4月历任扬州地委（后改称市委）党校教研室主任、教务科长、校务委员。1988年7月任政协扬州市委员会任教科文卫与社会法制专委会副主任、教科文卫委员会主任、政协三、四届常委会委员。2002年12月退休。

季爱加

1942年4月生，季平村谢家人。1973年9月加入中国共产党。1990年任陶庄乡水利站站长。2001年退休。其一生酷爱文学，退休后为圆少年文学梦，开始写回忆性散文，继而进行小说写作。

出版有《难忘旧时光》《黄村一叟文集》(含小说《刘来根正传》《二修子和他的女人们》)、《十年一觉文学梦》《暮年背包客》《皓首回眸》作品集。2016年4月《难忘旧时光》获首届“板桥文学奖”。

赵彩明

1953年4月生，南柯堡村人。1971年6月兴化县大顾中学毕业。1971年11月大垛区革小组工作。1975年7月加入中国共产党，同年10月调任陶庄公社团委书记、党委委员。1983年7月任陶庄乡经联委副主任。1985年11月任陶庄镇党委副书记。1987年12月任昌荣镇党委书记。1989年兴化市委党校在职中专毕业。1993年9月任北郊乡党委书记。1995年12月调任中国人民保险公司兴化分公司经理。1998年扬州大学经济管理专业大专毕业。2002年12月任中国人民保险公司泰州分公司副总经理，党委委员；1991年因抗洪救灾受到江苏省委省政府的奖励。2013年从泰州退休。2013年3月任兴化市每第二届、第三届乒乓球协会会长。

赵彩明退休后心系故土，始终把南柯堡村的发展摆在重要位置，经常搭便车到家乡调研，和年轻干部交流分享工作体会，谈家乡建设的远景规划，关心弱势群体生活。2019年7月20日在南柯堡村发动召开乡村振兴恳谈会，请各界人士以及该村乡贤能人畅所欲言，献计献策，慨以解囊，当场捐款百余万元。多次奔走在职能部门，争取建设项目资金达千万元，协助组织实施道路、桥梁、古迹打造，福星桥修旧，建成南柯堡村“百姓大舞台”、牌坊、景观大道、民生广场、龙尾池、龙口岛，实施低压线架空线路下埋项目。南柯堡村先后获得“泰州市文明村”“江苏省卫生村”“江苏省传统村落”。

尤如贵

1953年4月生，三和庄村尤舍人。1972年12月兴化县大顾中学高中毕业。当月应征入伍，分配到海军温州水警区，历任国防部命名的“赵尔春班”班长、政治指导员、政治协理员。1975年3月加入中国共产党；1981年毕业于大连海军政治学院；1986年获“电大”汉语言文学专业大专毕业。

1988年10月，转业扬州市人民检察院工作，历任科员、副科长、政治部主任、副检察长；其间在职继续学习，获法律大专、法律本科毕业；1996年荣立三等功一次；2000年荣立二等功一次。

2001年任扬州市委政法委常务副书记、社会治安综合治理办公室主任；选任扬州市政协第五届、第六届常委。

尤如贵长期从事政法与社会管理工作，多篇论文在国内外刊物发表或参加专题论坛活动并获奖。2011年，被江苏省委和省政府评为“社会治安综合治理先进工作者”，享受市级劳动模范待遇。

仲永龙

1957年10月生，仲冯舍村仲家人。历任南京陆军指挥学院国际军事教育交流中心首席教授、中国人民解放军军事教育学会会员、学院干部工作咨询委员会委员、学术委员会委员、教学专家组专家等。

1974年7月毕业于兴化中学高中部。1975年9月任教于仲家小学。1976年2月应征入伍在济南军区。1979年1月加入中国共产党，同月自愿报名去昆明军区，参加中越边境“自卫还击保卫边疆”作战。1979年8月，入济南军区步兵学校战斗骨干队学习。1981年8月，毕业于济南陆军学院，获优等生，留校任战术教研室教员。1986年8月，调陆军指挥学院任教员，历任外训教研室副主任、主任，战争动员理论教研室主任，外训系首席教授，中共外训系党委委员和战争动员系党委委员。2002年12月任南京陆军指挥学院教授，同时聘为战争动员学硕士研究生导师。2003年6月晋升大校军衔。2011年6月取得博士研究生学历，获战争动员学博士学位。2011年12月聘为战争动员学博士研究生导师、学科专家。2013年1月聘为学院军事教育交流中心（外训系）首席教授。2014年12月晋升正高、大校军衔。

仲永龙主要从事内训（中国国防动员系统军官培训和硕士、博士研究生）和外训（外国军队中高级军官培训和外国军官军事硕士研究生）的教学科研工作。荣立三等功一次，多次获得学院以上级嘉奖。被评为学院优秀教员2次、优秀专业技术干部、优秀共产党员，获中国人民解放军院校育才奖银奖、中华人民共和国援外奉献奖银奖，享受军队优秀专业技术人才二类岗位津贴。主编中国人民解放军出版社出版的《陆军汉英词典》，填补中国人民解放军大型工具书的空白。主编中国人民解放军军事科学出版社出版的《国际军事合作研究》，获第五届中国人民解放军军事科学优秀成果一等奖。《合同战术训练沙盘微机控制演示系统》，开创解放军沙盘训练的先河，获中国人民解放军军队科技进步三等奖。其他军队级学术科研奖4项。在《解放军报》《中国国防报》《外国军事学术》《军事历史》等军队报纸杂志发表学术论文186篇。主编并出版《国防动员法概论》《中外战争动员比较研究》等专著教材31本。指导培养博士研究生6名，硕士研究生16名，外军军事硕士研究生19名。2019年8月退休，2020年2月聘为陆军指挥学院教学质量评价专家库专家。

陈正义

1950年5月生，南柯堡村人。大专文化。1969年3月应征入伍，历任战士、班长、排长、副指导员、指导员等职。1970年12加入中国共产党。1982年4月转业至兴化市检察院工作，任书记员、检察员、科长。1996年11月调泰州市检察院工作，任反贪局副局长（主持工作）、反渎职侵权局局长、检察委员会委员等职。在主持泰州市检察院反贪局工作期间被省委、省政府记个人一等功，所主持的反贪局被省委、省政府记集体二等功。2011年1月退休。

郑德志

1958年1月生，幸福新村新洋人。1976年2月入伍。1979年1月加入中国共产党。1979年2月参加中越自卫还击战，战场上立三等功。同年九月保送西安陆军学院深造两年后毕业，历任排长，军务参谋、连长。1991年6月，任甘肃省军区边防营副营长。1994年10月，任甘肃省酒泉军分区教导队队长、武装部军事料长。1995年4月，任甘肃省酒泉市军分区、司令部侦察科长（副团）、武装部副部长等职，先后荣立三等功4次。1999年10月转业至扬州工商行政管理局。2018年2月退休。

刘永辉

1958年2月19日生，幸福新村顾北人。原中国人民解放军海军兵种指挥学院教授、部长。

1975年7月，刘永辉毕业于兴化县大顾中学。1976年12月加入中国人民解放军海军，为南海舰队训练团战士。1978年考入海军大连舰艇学校师资班（本科）。1980年10月加入中国共产党。1982年毕业后历任海军广州舰艇学校教员、讲师。1992年任海军广州舰艇学院副教授。1998年任教授。2003年任海军兵种指挥科研部部长、教授、海军大校，专业技术四级。

刘永辉长期从事海军院校主干军事学科教学、科研和科学研究管理工作，是海军知名专家、海军作战指挥和作战训练专业的学科带头人、海军作战指挥与决策学科硕士生导师，长期受聘为全军和海军电子信息技术科技进步奖评委和技术评审专家，担任中国军事系统工程专业委员会副主任委员。是国务院政府特殊津贴获得者，立二等功一次，三等功2次。

1986年，刘永辉在海军院校中首次主持开设海军舰艇作战指挥学科，率先主编海军舰艇作战指挥和水面舰艇作战指挥系统教材，开设海军作战指挥与决策硕士研究生点，先后发表论文60余篇，出版《国外航空母舰作战指挥》等专著5部。主持攻关研究军事科研课题数十项，获得国家级科技进步奖二等奖一项，军队科技进步奖一等奖一项、二等奖四项、三等奖十余项，军队级优秀教学成果二等奖2项。2018年3月退休。

薛廷伍

1962年2月生，南柯堡村人。1980年毕业于兴化戴南中学。1985年3月加入中国共产党。1985年毕业于南京农业大学。薛廷伍一直从事农业领域工作，先后任职于农业部全国畜牧兽医总站、广州华穗种鸭场、中国种畜进出口公司、中国牧工商（集团）有限公司等国家机关和国资委大型中央企业，担任中国现代畜牧业职教集团、中国畜牧兽医学会、中国畜牧业协会、中国兽药协会、中国兽医协会、中国饲料工业协会、中国奶业协会、中国马业协会、全国高校宠物行业校友联席会等行业协会、社会团体的主要负责人。工作后先后获得高级兽医师、高级经济师等技术职称，担任对外经济贸易大学和北京第二外国语学院客座教授及研究生导师。2013年，任中国牧工商（集团）有限公司董事、总经理，2016年，任中国牧工商（集团）有限公司总经理、中牧实业股份有限公司副董事长、MATAURAVALLEYMILKLIMITED董事长、BODCOLIMITED董事长。薛廷伍在农牧业国际国内贸易方面，将新西兰乳业项目建成世界知名的乳制品加工厂MVM马陶拉和具有婴儿配方系列的奶粉灌装厂BODCO宝多可。在走出去、国际化、投融资、资本运作、农业产业化、国际国内贸易、新工厂建设、团队建设和海外企业经营管理等方面具有丰富的经验和实际操控能力。主编出版《实用犬病防治技术》《实用猫病防治技术》《实用鸟病防治技术》等专著。

周宏贵

1963年6月生，铁堡村卞堡人。1981年10月入伍。1984年9月加入中国共产党。2001年，创办唐山市海丰线缆有限公司，拥有固定资产2.5亿元，年生产能力15亿元，向国家纳税1.2亿元，安排就业500余人。2008年，当选为唐山市丰南区商会副会长。2010年，当选为丰南区人大代表。2012年，被河北省人民政府授予“河北省就业创业优秀个人”。2013年，当选为唐山市人大代表。2014年，被评为2012—2013年度唐山市劳动模范。2014年，被评为“全国模范军转干部”，受到习近平等党和国家领导人的亲切接见。2016年，被评为唐山市第十四届人民代表大会“优秀市人大代表”。2019年，被授予“路南区优秀退役军人”“唐山市优秀退役军人”“河北省优秀退役军人”称号。积极投身社会公益事业，先后在唐山市及陶庄镇捐资助学、扶贫帮困、救助灾区、植树修路等社会公益事业中捐献资金500余万元。

王存玉

1963年8月生，金戈村乌金人。1979年兴化县大垛中学高中毕业，1985年毕业于南京医科大学口腔系。1995—1998年在北卡罗来纳大学攻读分子生物学和遗传学博士。2007年后任加利福尼亚大学洛杉矶分校牙学院讲席教授和工程学院生物工程系教授，口腔生物学和医学系主任，副院长。

1989年，获北京医科大学（现北大医学部）临床医学博士学位。1990—1995年，在美国波士顿福赛思研究所从事博士后研究。1998年，获北京大学分子生物学和遗传学博士学位后，受聘为密歇根大学教授。1999年，进入密歇根大学任教，并建立独立研究所，获国际牙科研究协会（IADR）“青年科学家奖”。2009年，获国际牙科研究协会（IADR）“杰出科学家奖”。至2010年，在加州大学洛杉矶分校任职。先后在美国《科学》、英国《自然一医学》等世界一流学术期刊上发表大量具有影响的科研论文。2011年10月17日，王存玉当选美国国家医学院院士。2013年12月19日，当选中国工程院外籍院士。

王存玉是北京大学口腔医学院长江学者讲座教授，任香港大学、上海交通大学、四川大学、北京大学、南京医科大学等国内多所科研院校的客座教授或名誉教授，参加国家自然基金会早期的评审工作，以及科技部、教育部相关领域奖项的评审工作，是美国加州大学洛杉矶分校口腔生物学和医学系主任、教授。王存玉在国际顶尖杂志如《科学》《自然》《细胞》《新英格兰》《柳叶刀》等发表一系列文章。王存玉在信号传导与细胞凋亡和肿瘤发生发展的关系、成人干细胞永生化等领域进行一系列国际前沿性研究，取得国际同行公认的创新性研究成就。他获得IADR的“年青调查者”奖和“GieAward”（JDR最佳论文奖）。他领导的实验室在干细胞、肿瘤、炎症方面获得美国国立卫生研究院资助。在国际一流杂志*Science Nature Medoclne Nature Cell Biology Nature Biotcchology Cancer Cell*等发表50多篇文章。

王日根

1964年4月生，铁堡村袁庄人。厦门大学人文学院历史系教授、博士生导师、厦门大学人文学院副院长。

1978—1980年在兴化县大顾中学读高中。1980年9月转入兴化县戴窑中学，1981年9月考入厦门大学历史系。1987年5月加入中国共产党。1988年6月获历史学硕士学位，留校任教。1990年任讲师，

1991年9月至1994年10月在职攻读博士学位，1994年破格晋升副教授，1997年8月至1998年8月在菲律宾雅典耀大学社会学与人类学系访问者，1999年晋升为教授。2001年起任博士生导师、历史研究所副所长。2002年2月至8月，在加拿大多伦多大学亚洲研究所高级访问学者。2006年12月，任历史研究所所长。2007年，入选教育部“新世纪优秀人才支持计划”。2009年9月，赴美国加州大学圣地亚哥分校历史系访问学者，被评为福建省优秀青年社会科学家。2012年10月，任厦门大学人文学院副院长。2016年9月，赴日本创价大学任高级访问学者，赴香港、澳门、台湾地区和英国、韩国、日本等国进行学术交流，入选福建省哲学社会科学领军人才。2020年，任国务院第八届学位委员会中国史学科评议组成员。2021年12月，任福建省五缘文化研究会会长。

至2021年底，先后发表学术论文205篇，出版著作22部。在明清社会经济史、科举制度史、历史人物研究、海洋史研究等领域均有所建树，代表作有《乡土之链：明清会馆与社会变迁》《明清民间社会的秩序》《明清小说中的社会史》《康熙传》等。任国家十四五文化工程《新编中国通史·社会史》主编。

顾　坚

1964年5月生，大顾村人。1991年秋辞教经商。2000年弃商从文。2003年开始创作长篇小说《元红》。在新浪读书频道拥有4000多万的点击量。该书2005年9月北京十月文艺出版社隆重推出单行本，名列各大文艺类图书销售排行榜前列。

2005年12月，应邀到各大门户网站与全国网友展开互动，讨论作品，成为早期新浪“名人堂”中的一员，以及网易、腾讯的专栏作家，配合北京出版社去东三省开展新书签售和文学讲座，与北京天星影视公司签订电影版权转让协议，被江苏作家协会吸收为会员。《元红》分别获得扬州市第六届和江苏省第七届精神文明“五个一工程”奖。2007年3月，北京出版集团推出《元红》完整版；2009年3月，顾坚被北京鲁迅文学院第十一届全国中青年作家高级研讨班录取。在校期间修改定稿第二部长篇小说《青果》，先在大型文学杂志《钟山》上首发，华夏出版社正式出版单行本，在2010年北京图书订货会上进入文艺类图书推荐榜单前六位。2011年，《青果》入选第八届茅盾文学奖81名提名榜单，获首届施耐庵文学奖特别奖。《青果》被视为《元红》的姊妹篇。

顾坚作为特殊人才被泰州市文广新局从扬州日报社引进，成为剧目工作室专业作家。2012年3月，推出第三部长篇小说《情初开》（再版后更名《黄花》）。《元红》《青果》《黄花》组成“青春三部曲”。2012年6月，《元红》由江苏人民出版社推出第三个版本，畅销国内外。2015年11月，顾坚作为中国大陆地区唯一的长篇小说作家应邀参加在泰国泰国曼谷诗丽吉国家会议中心召开的“世界华文文学论坛暨第七届文心作家（曼谷）笔会”，发表重要演讲。《元红》和《青果》分别获得2016年、2017年江苏省优秀版权奖，《情初开》获得泰州市第七届精神文明“五个一工程”奖。

长篇小说《爱是心中的蔷薇》由译林出版社正式出版，荣获泰州市第八届精神文明“五个一工程”奖。

2019年，顾坚第五部长篇小说《运河逐梦》入选第二届中国网络文学周“歌唱祖国——全国网络文学优秀作品联展”，获首届大运河网络文学征文大赛最佳主题创作奖。

2020年8月，顾坚推出向中国共产党建党100周年的重要作品——长篇抗战小说《火苗》。

崔毓桂

1964年10月出生，大顾村人。医学博士，江苏省人民医院生殖医学中心研究员、教授，博士生导师，生殖中心党支部书记。

1979—1982年兴化县大顾中学高中毕业。1982—1988年上海医科大学（复旦大学上海医学院）医学系毕业。1988—1992年进入江苏省人民医院内分泌科。1992—1995年成为中国医学科学院北京协和医科大学研究生。1998年3月加入中国共产党。1995—2000年回到江苏省人民医院内分泌科。2000—2001年赴香港中文大学生理系（访问学者），2001—2004年赴美国洛杉矶UCLA-Harbor医学中心学习（访问学者）。2004—2006年江苏省人民医院中心实验室工作，南京医科大学博士研究生（在职）。2006年1—6月赴美国克利夫兰CCF（访问学者）。2006年10月回江苏省人民医院生殖医学中心。

从事生殖内分泌基础与临床研究，重点研究男性生殖和男性不育、干细胞，培养硕士、博士研究生和博士后人才。承担完成国家973课题、重点研发计划课题和国家自然科学基金课题6项，获发明专利2项、实用新型专利4项，获得过卫生部（卫健委）和江苏省科技成果6项，参编专著8部，在国际和国内学术期刊发表论文150多篇。

陈宝生

1965年1月生，陶庄村人。1979年7月兴化中学高中毕业。1983年7月东南大学毕业，机械专业学士学位；1985年底获机械学硕士学位，并留校任教。1989年底赴美留学，1994年获机械工程博士学位。

1999年6月，陈宝生在美国福特汽车公司担任技术经理，主要从事研发与技术管理，组织领导开发车身冲压、机器人焊接制造、物流与零部件传运、模拟整车组装等项目。2007年陈宝生回国创业，与江苏顺大电子材料科技有限公司合作，参与建立年产1500吨以上的多晶硅生产线。该项目被作为国家新能源高技术产业化样板工程。2008年作为首席科学家，承担省级“高纯多晶硅产业化”科技攻关项目，国家发改委“电子级多晶硅研发及产业化”等重大项目；2020年开始纳米电子材料的产品开发与研究，合作创立江苏印势新材料集团有限公司，担任董事长。

1986年6月陈宝生获国家科学技术进步三等奖；1987年5月获江苏省科学技术进步一等奖，2009年5月被授予“江苏省劳动模范”，2009年11月被评为“江苏省双创人才”。至2021年，陈宝生发表学术论文26篇，研究生教材1本，发明专利7项授权。

许巧祥

1965年6月生，金戈村乌金人。1986年12月加入中国共产党。1988年7月河海大学计算机应用本科毕业获学士学位，同年参加工作。1999年3月河海大学硕士研究生毕业，获硕士学位。

先后在南京市长江河道管理处、南京长江第二大桥建设指挥部、南京地铁集团有限公司任职，历任科长、副处长、处长、副总工程师等职。2007年被评为研究员级高级工程师。2019年后任南京地铁集团有限公司副总经理、党委委员，南京地铁资源开发有限责任公司党委书记、总经理，兼任南京市住房和城乡建设部城市轨道交通标准化技术委员会委员、中国土木工程学会城市轨道交通技术推广委员会副秘书长、城市轨道交通绿色与安全建造技术国家工程实验室副主任、《都市快轨交通》杂志编委会委员、中国土木工程学会轨道交通分会第一届专家委员会委员。承担国家科技攻关课题及省市多项科研项目，先后获得国家发明专利、实用新型专利4项、华夏建设科学技术一等奖、北京市科技进步二等奖、江苏省科技进步奖3项、南京市科技进步奖8项。被评为南京市第七批中青年行业技术学科带头人，获江苏省突出贡献中青年专家称号，享受国务院政府特殊津贴。

盛云生

1966年1月生，梓辛村西汉人。中共南京市雨花台区委教育工委书记、教育局局长、一级调研员，兼任江苏省教育学会中学物理教学专业委员会理事、南京物理学会常务理事、南京大学教育研究院硕士生导师、南京师范大学物理科学与技术学院硕士生导师。

1979年9月就读于兴化县大顾中学，1986年南京师范大学物理学系毕业后，在兴化县戴窑中学工作。1997年6月加入中国共产党。1998年起，在南京市雨花台中学历任教师、教务处副主任、教务处主任、校长助理、副校长等职。2010年任南京市板桥中学校长。2013年起，在南京市雨花台区教育局历任副局长、纪工委书记、工委书记、教育局局长等职。长期从事教育管理和教学研究工作，为江苏省物理特级教师、江苏省“333”工程培养对象、南京市物理学科教学带头人，主持参与多项国家省市级课题研究，至2021年，在《物理教师》《中学物理》《江苏教育》等专业期刊发表教学研究、教育管理论文40余篇。

丁艳锋

1966年4月生，梓辛村西汉人。中共党员。1979年在陶庄乡西汉初中毕业。1982年6月兴化县大顾中学高中毕业。1989年获南京农业大学作物栽培学与耕作学硕士学位。1996年获南京农业大学农学博士学位。1997—1998年赴日本千叶大学进行合作研究。2000年任南京农业大学科技处副处长。2000—2002年获日本科技厅资助在日本农水省农业研究机构作物研究所做STA博士后。2002年8月回国。2003年任南京农业大学农学院副院长。2005年任南京农业大学农学院副院长（主持工作）。2006年任南京农业大学农学院院长。2011年后任南京农业大学党委常委、副校长、教授、博士生导师。农业部南方作物生理生态重点开放实验室主任，中国作物学会常务理事。2021年12月27日，当选全国农业专业学位研究生教育指导委员会副主任委员。

丁艳锋主要从事水稻栽培生理生态及高产栽培技术研究。主持或参加国家自然科学基金、科技支撑计划、行业科技专项等各级课题20项、国际合作课题3项，在国内外刊物发表论文60余篇，主编教材2部，参编教材2部。主持参加省部级课题20余项，国际合作课题3项，在国内外发表论文60余篇，主编教材2部，参编教材2部。至2021年，丁艳锋先后获江苏省科技进步一等奖一项，江苏省、教育部、农业部科技进步二等奖各一项。先后入选全国高校优秀青年教师资助计划、江苏省普通高等学校“青蓝工程”优秀青年骨干教师和江苏省高校“青蓝工程”中青年学术带头人培养对象，获全国粮食生产先进个人标兵、江苏省第九届青年科技奖、江苏省第四届青年科技标兵等称号。

仲金华

1966年8月生，仲冯舍村仲家人。1984年至1991年在河海大学获工程水资源水文系专业学士、硕士学位。1991—1995年，于河海大学留校工作。1995—2001年，获美国佛罗里达大学电子工程硕士、土木工程博士学位。2001—2021年在美国Qorvo 、Microchip.等著名芯片设计公司任高级主任芯片设计工程师，在Qorvo以第一发明人申请有美国专利US9379604，用此专利的芯片用于全球近半智能手机中。2021年10月，任上海麓慧科技有限公司技术合伙人、总经理。

顾维萍

1968年4月生，大顾村人。笔名残阳。1990年毕业于河海大学社会科学系。2000年脱产进修于苏州大学文学院，供职于兴化中学。出版诗集《走过青春》《我若潺潺》，小说集《雨季校园》《花开的声音》《城市白乡村红》，长篇小说《水香》《荡漾》《我已亭亭》《大河之上》，评论集《在守望中飞翔》。作品获得"第八届长江杯江苏文学评论奖""泰州市政府文艺奖""郑板桥文艺奖"等奖项。系中国作家协会会员，江苏省文艺评论家协会会员，泰州市文艺评论家协会副主席，兴化市作家协会副主席，泰州市高中语文学科带头人。

陈宝兴

1969年1月生，陶庄村人。1985年7月兴化中学高中毕业，1989年南京大学物理系理论物理专业本科毕业。1989—1992年 在南京大学攻读硕士。1992—1997 年在美国密歇根大学获物理学博士，电子工程硕士，博士论文获 Kent M. Terwilliger 最佳奖。1997 年加入半导体公司Analog Devices, Inc.，2010年被评为公司首位华人院士。2011年起在美国东北大学电子计算机工程系任兼职教授。2012—2021年担任IEEE电力电子学报编辑和哈佛大学NSF集成量子材料中心顾问。2021年底当选为IEEE （国际电气电子工程师学会）会士，任ADI 公司技术副总裁。

陈宝兴是多种IEEE专业期刊的审稿者，多次组织国际会议并作主题或邀请报告。拥有58项美国发明专利，涉及磁集成，磁隔离，能量采集，半导体设计及工艺制造等众多领域。在物理评论、物理评论快报、IEEE电力电子学报等期刊发表论文40余篇。

谢凤友

1969年3月生，梓辛村罗家人。1989年7月毕业于兴化中学。1989年10月应征入伍到武警安徽总队服役。1993年10月入党。历任战士、文书、排长、指导员、干事、股长、政治处副主任、主任、政治委员、泰州市信访局督查专员、副局长。部队服役期间，曾发表诗歌、散文及新闻作品千余篇，立个人三等功3次。2016年7月安徽省委党校研究生毕业。2016年12月转业到地方工作。2017年，被派驻上海招商期间，积极对外宣传泰州的投资环境及招商政策，广泛联络企业，推介招商项目，推动两个签约项目落户海陵和泰兴。

2018年12月，完成泰州市信访局新办公大楼装修改造及搬迁工作，参与起草6项《泰州市信访基础业务办理工作规范》，组织修订和完善10余项内部管理制度等规范性文件，年均指导受理办理人民来信、书记来信及复查复核事项近万件。

王金九

1969年4月生，梓辛村东汉人。1987年9月考入中国人民解放军军事经济学院军需本科专业。1991年经济学学士毕业。1991年11月加入中国共产党。先后在原南京军区第一集团军基层团队、联勤部队基层任职，历任排长、财务、军需助理员、后方仓库管理处长、军区机关二级部副处长、正团职助理员、联勤部队团单位主官。2007年7月晋升上校军衔。参加总部、军区组织的大项演习和抢险救灾活动。担任基层主官8年，单位先后被总后勤部表彰为“全军先进军需仓库”“全军军需物资油料各级保障实体信息化建设先进单位”，被联勤部表彰为“先进团单位”“后勤训练先进单位”“军事训练一级单位”，被分部表彰为“先进党委”和“安全工作先进单位”。2009年6月个人被军区表彰为后方仓库建设先进个人。2011年在全军后方军需仓库规范化建设任务部署会上做专题经验交流。解放军总后勤部《后勤文艺》（2012年第6期）介绍他的事迹。2014年12月被联勤部表彰为优等军官，先后两次立三等功。2015年10月转业江苏省技术监督局特种设备安全监管局工作，任副处级调研员。2018年后机关体制改革，合并为江苏省市场监督管理局，任省市场监督管理局特种设备安全监管局副局长。

顾春元

1970年2月生，三和庄村豆子人。上海大学硕士生导师、博士，国家自然科学基金委及教育部评审专家。1993年、2001年获油气开发工程学士学位，曾就职于中石油/化江苏油田分公司，从事油田注采工艺方案设计、分层注水工艺和增产增注技术等生产应用研究，现场工作经验丰富。2002年12月加入中国共产党。2005年进入上海大学攻读博士学位。2008年获工程力学博士学位，同年进入上海大学机电工程学院从事博士后研究工作，兼任上海大学博士后联谊会会长。2010年后，一直就职于上海大学力工学院，主要从事能源工程力学研究，致力于智能分注、纳米流体提高采收率技术及微纳米流动可视化研究。主持和参与国家自然科学基金、中国博士后基金等项目6项。至2021年底，校企合作项目20余项，发表论文40余篇，获授权发明专利10余项。曾获宝钢特等奖学金、上海市（博士论文）优秀成果奖、上海市科技进步一等奖和中海油上海分公司科技进步一等奖。

沈海涛

1970年9月生，陶庄村人。中国新闻漫画研究会会员，江苏省漫画协会会员。1991年开始发表作品，至今已有近万幅作品散见于全国的报纸杂志，获奖五十余次。《三国战“疫”》入选“子恺杯”第十三届中国漫画大展。《呼救》入选“子恺缘”第十四届中国漫画大展。《蛙声一片》入选庆祝2020年中国农民丰收节“全面建成小康社会”漫画大展。《叮嘱》入选第二届浙江桐乡法治漫画大展。《紧张的比赛》获长城群英绘·北京冬奥主题漫画征集二等奖。《唱支“山”歌给党听》获“红色漫画致敬百年风华”二等奖。《友情提醒》收录于《中国漫画：再次发现中国》一书。著有《常用法律漫画读本》《生而自由》等。2017年和2018年被聘为北京《现代教育报》《婚姻与家庭》杂志特约漫画作者。

仲玉梅

女，1970年11月生，仲冯舍村仲家人。教育硕士，副教授，顺德职业技术学院医药卫生学院党总支书记兼副院长。

1991年毕业兴化大垛中学。1995年毕业扬州大学。先后就职于扬州旅游商贸学校、顺德职业技术学院酒店与旅游管理学院、顺德职业技术学院轻化与材料学院。2008年6月加入中国共产党，担任学院教研室主任、副院长、党总支书记等职务。

1995—2021年，仲玉梅潜心职业教育研究，是首届中国职业院校教学名师、全国职业院校技能大赛优秀指导老师、国家级职业教育教师教学创新团队食品质量与安全专业项目负责人、全国餐饮业一级评委、国家级裁判、国家职业技能鉴定质量督导员、教育部1+X技能等级证书标准与教材编写专家，教育部高职本科专业教学简介与教学标准研制专家、国家人力资源和社会保障部职业标准研制专家、广东省人力资源保障厅题库专家、广东省高级教育教师创新团队烹饪工艺与营养专业项目负责人、顺德食品药品质量监督局专家顾问、顺德市场监督局团体标准研制专家。主编国家人力资源和社会保障部职业资格培训、教育部十三五规划等教材。主持全国餐饮职业教育教学指导委员会、广东省教育厅教育教学改革与研究项目以及大学生创新创业项目21项。在《江苏教育》《广东教育》《职教论坛》等期刊发表15篇专业论文。

谢奎华

1971年9月生，梓辛村罗家人。1989年11月入伍，安徽省委党校经济管理在职研究生学历。1993年10月加入中国共产党，1994年7月毕业于武警合肥指挥学校，历任战士、班长、排长、副指导员、指导员、股长、大队长、教导员等职。2008年1月任武警芜湖市支队副政委。2008年7月授予武警中校警衔。1991年8月和1998年12月分别立三等功。1999年12月任指导员期间先后被武警安省总队，武警部队表彰为“优秀带兵干部”立二等功。

2011年11月转业。2011年12月1日任芜湖经济技术开发区市容管理局副局长。2018年3月后任芜湖经济技术开发区社会事业局副局长，四级调研员。

王金龙

1972年12月生，梓辛村东汉人。1992年于兴化市大垛高级中学毕业招飞入伍。1994年5月入党。本科毕业后分配到南京73602部队，先后担任机械师、排长、代理中队长、助理员、质控主任等职务。在部队任职期间，先后获得全国计算机等级考试二级合格证书，通过地方工程师、高级工程师计算机考试。2007年因工作突出获三等功一次。2015年因阅兵工作成绩突出，被陆航阅兵指挥部表彰为装备质量控制保障先进个人。先后参加“米-17突击运输型直升机内载油箱安装设备改进”获军队科技进步三等奖，被陆航部队推广使用；研究的《直升机定检换件管理系统》《直-10、直-8B直升机故障数据库软件》等项目通过总部评审鉴定。撰写的《浅析直升机外挂载货》《陆军直升机接装需把握的几个问题》等论文被总部机关刊物录用发表。牵头撰写的《直升机基本维护标准》《陆军航空兵部队维修一线标识规范》纳入陆航装备法规。先后参加过部队组织的东海六号演习、组织并协助总部机关完成《陆军航空兵应急作战装备保障能力建设》现场会、《陆军航空兵部队装备维修一线秩序规范化建设》现场会。2015年参加纪念抗日战争暨世界反法西斯战争胜利70周年阅兵任务。

仲兆祥

1979年8月生，仲冯舍村仲家人。是博士、教授、博士生导师、国家级人才计划获得者、国家重点研发计划项目首席科学家、江苏省杰出青年基金获得者。南京工业大学环境科学与工程学院副院长（主持工作）、党委副书记，主要从事功能膜材料及其应用技术开发研究。2012—2013年澳大利亚莫纳什大学访问学者，入选江苏省六大人才高峰、江苏省333人才工程、江苏省青蓝工程、南京市中青年拔尖领军人才等。兼任石油和化工行业气体净化膜及装备工程实验室主任、*Membranes*（SCI期刊）编委、*Chinese Journal of Chemical Engineering*（SCI期刊）青年编委、*Advanced Membrane*编委、《膜科学与技术》编委、中国膜工业协会特种分离膜专业委员会主任、中国膜工业协会疏水膜专业委员会副主任、中国材料学会多孔材料分会副秘书长、中国环境科学学会常务理事。

获江苏省科学技术一等奖、中国石油和化学工业联合会技术发明一等奖、中国膜工业协会科学技术一等奖等。主持国家重点研发计划项目、国家自然科学基金项目、国家科技支撑计划等20多项项目，发表期刊论文150余篇，申请中国专利40余项，国际PCT7项，已授权中国专利30余项，美国专利3项。

周炎根

1981年1月生，铁堡村下堡人。心理学博士，三级教授，常熟理工学院师范学院副院长，校学前研究中心主任，南京师范大学研究生导师，国家二级心理咨询师。

2004年6月加入中国共产党。2013任江苏省心理学会理事，南京师范大学泰州学院教科院院长、党总支书记。2016年任泰州市心理学会副理事长。2021年任中国学前教育协会健康与保育分会副会长和江苏省教师教育学会常务理事。

2010年获评江苏省青蓝工程优秀青年骨干教师。2012年获评泰州市第四届“十佳青年教师”。2014年获评江苏省青蓝工程学术带头人和泰州市突出贡献专家。2016年获评江苏省333人才培养对象和泰州市第四期“311工程”培养对象（第一层次）。

主持国家社科基金项目1项、省部级项目5项，在SSCI、SCI和CSSCI等国内外期刊发表学术论文50余篇，出版专著和教材各1部。2016年在国内率先组织实施“4+1”人才培养模式，《光明日报》和《中国教育报》等媒体对该模式进行报道。2017—2021年义务接受社会心理咨询案例200多起，举行公益讲座近100场。

朱学康

1981年2月生，大顾村人。2003年6月华中科技大学研究生毕业。2005年9月加入中国工产党。2018年1月任中国船舶集团七一九所一室主任。2019年12月任研究员、党总支部书记。

朱学康长期从事船舶与海洋结构物设计与制造。2009年在《船舶工程》第B09期发表《大深度潜器耐压圆柱壳的多目标优化设计研究》，在《舰船科技技术》杂志第7期发表《船舶系统可靠性指标分配的多目标优化方法》等4篇论文，2010—2021年先后获国防科学技术进步奖一等奖、部队科技进步二等奖，多次荣获中国船舶集团科技进步三、二、一和特等奖。

邵进军

1986年8月生，王寺村人。2001年考入兴化中学。2004年考入苏州大学，2007年11月加入中国共产党。2008年进入新加坡国立大学（NUS）攻读博士。2013年获得博士学位。之后分别在新加坡国立大学（NUS）、新加坡南洋理工大学（NTU）从事研究助理、博士后研究员工作。2015年9月加入南京工业大学柔性电子（未来技术）学院，历任副教授、教授，硕士生导师，主要研究功能染料创制及其应用。先后获国家自然科学基金面上项目、青年项目、江苏省自然科学基金青年项目、江苏省自然科学基金优秀青年项目、江苏省双创博士等资助，参与科技部国家重点研发计划“变革性技术关键科学问题”重点专项、国家自然科学基金重点项目等。发表SCI论文60多篇，8篇入选ESI高被引论文，获得2018年江苏省科学技术奖一等奖（排名第三）、2018年教育部高等学校科学研究优秀成果奖二等奖（排名第三）等。担任ChineseChemicalLetters青年编委。

孙小龙

1989年1月生，陶庄村人。江苏省农业科学院农业经济与发展研究所副研究员，兼任农业产业化国家重点龙头企业评审专家。

2013年11月加入中国共产党，2018年毕业于中国农业大学经济管理学院，获管理学博士学位。同年9月，作为高层次人才引进到江苏省农业科学院农业经济与发展研究所。2019年2月入选江苏省农业科学院三级重点人才计划青年拔尖人才。2020年11月破格晋升副研究员。

主要从事农业经济、土地经济、数字经济等方面的研究。2006-2021年，以第一作者/通讯作者身份在《农业经济问题》《中国土地科学》以及*Science of The Total Environment*、*International Journal of Environmental Research and Public Health*等CSSCI/SCI/SSCI期刊发表10多篇研究论文。主持国家自然科学基金项目、全国第三次农业普查课题等国家级、省部级课题5项，同时作为主要成员参加国家社会科学基金项目、国家自然科学基金项目、教育部人文社科项目、农业农村部软科学项目等课题研究；参与撰写国务院发展研究中心、农业农村部等机构委托的研究报告。2016年5月获国务院总理李克强重要批示2次。2020年6月获江苏省委书记娄勤俭、省委副书记任振鹤批示。2021年3月获江苏省常务副省长樊金龙、副省长赵世勇批示，先后获省部级及相关奖励10余项，包括“江苏发展研究奖”一等奖、江苏省乡村振兴软科学课题研究成果一等奖、中国农林经济管理学术年会“十大优秀青年作者奖”。担任《经济学（季刊）》（权威CSSCI）等学术期刊外审专家。

顾婷婷

1989年7月生，大顾村人。笔名顾天玺。鲁迅文学院第十三期网络作家班学员（曾用笔名：海陵仙子）。江苏省作家协会会员、江苏省网络作协会员，泰州市网络作家协会副秘书长兼理事，中国网络作家村村民。

2018年创作网络文学。2021年入驻七猫中文网平台，成为签约作家。至2021年底创作总字数近400万字。擅长悬疑刑侦文、公安文、官场文、婚恋文。代表作有《尖锋》《追凶三十三天》《指尖有光》《沉默之刃》《二胎妈妈向前冲》《她和他的星辰时光》《白苒的后青春期》等，尤以现实题材见长。其中刑侦悬疑类作品广受用户追捧，在七猫中文网累计人气值200万+。各部作品网站评分均为9.2以上的高分，成为平台悬疑推理类新秀作家。此外，作品有较好的影视改编潜力，立意高，故事主体和情感具有情绪的广谱性，故事和人物的辨识度较高。《尖锋》2021年进入华策奔腾计划Top10，成为七猫中文网版权重推的IP作品。作品《尖锋》获“2021年第一届七猫中文网现实题材征文大赛”分类二等奖等3个奖项。作品《追凶三十三天》入围爱奇艺大型悬疑推理综艺《最后的赢家》推荐爆款悬疑小说书单和七猫高分悬疑作品。作品《指尖有光》荣获七猫高分现实题材作品，《沉默之刃》获七猫高分悬疑作品。

名人履痕

纵观镇史，陶庄这个平凡的水乡小镇与若干名人有着千丝万缕的联系。他们与当地名人交相生辉，为陶庄增添一抹重彩。

陈邦华血战韩家垛

陈邦华（？—1944），江苏省丹阳县人。早年参加革命。1940年随军渡江北上，参加黄桥决战。1942年编入苏中二分区四团二营五连任连长。他作战英勇顽强，不怕牺牲，屡立战功。1944年4月，伪军侵占南柯堡附近的韩家垛，抓夫抢粮，烧杀奸淫无恶不作。同年7月15日，二分区首长陈海云下达拔除韩家垛据点的命令，决定以四团主攻，新七纵队和兴化独立团配合打援。深夜，尖兵连在陈邦华率领下，迫近敌人的碉堡。在战斗中陈邦华不幸中弹牺牲。指战员们在“为陈邦华报仇”的口号声中，发起总攻，两小时全歼守敌。为纪念陈邦华烈士，兴化县抗日民主政府决定将柯堡乡更名为邦华乡。

英名永存的季平

季平（？—1946），南通市唐镇人。1945年加入中国共产党，受党组织派遣到新区溱北一带组织民兵基干队和区队，任区队长。1946年6年秋，任溱潼县独立团一营一连指导员。同年11月4日深夜，中共溱潼县委，县民主政府工作人员在谢家庄宿营，一连负责警卫。凌晨突然遭国民党军主力部队袭击。一连掩护机关人员转移，完成任务后奉命后撤，由季平率领的机枪班掩护，歼敌30余名。后在转移途中因谢家庄桥梁倒塌，不幸溺水牺牲。为纪念季平烈士，溱潼县民主政府于1947年1月决定，将谢陆乡和大顾乡合并更名为季平乡。1958年9月季平乡合并为梓辛公社。2001年4月将原陆家、谢家、十八河合并为季平村。

朱鉴民在大顾秘密开展工作

朱鉴民(1915-1953),女,上海市人。学生时,秘密参加地下党活动。1937年加入中国共产党。1938年党组织调朱鉴民到大丰白驹做地下工作。1940年黄桥战役胜利,新四军某部一、六团负责帮助兴化成立苏中分区,戴窑属苏中分区九区,张镇任区长。大顾戴窑九区(九区先后改称兴东行署,梓辛区廉贻区)当时缺少干部。1941年春中共华东局决定从大丰调一批干部支持苏中地区,朱鉴民便随调来到苏中,分配到戴窑、大顾庄。当时朱鉴民认潘从生母亲为干妈妈作为掩护,在大顾秘密开展工作。组织上配一只小木船给朱鉴民作为交通工具,每天早出,夜深划小船来到小舍干妈家过宿。在大顾期间先后发展11名共产党员。朱鉴民先后担任乡指导员、区民运助理、区宣传科长、戴窑镇党委书记等职。1945年10月,在获垛镇郑周庄开会,宣传成立溱潼县,朱鉴民任县委秘书,后任县妇联委书记。朱的爱人洪天成任县委书记。1946年,国民党大举进攻解放区,北撤时,朱奉调回上海。回沪前几天都没露面,由顾种意负责为朱鉴民化妆,一切适应城市上层人物生活,做绸缎花旗袍,烫发做发型等。一切就绪后,选派精干人员护送到大丰。再由地下交通站负责秘密护送到上海。1949年,朱鉴民调任句容县妇联委主任,1951年,先后在杭州中医学院、杭州美术学院、浙江农业大学等院校书记、院长等职。1953年因病去世。

人物名录

陶庄人文荟萃，特别是从大顾中学走出去的学生在各界都有重大影响。同时，众多陶庄百姓子女通过高考进入高等学府深造，走出一批研究生、博士生，奋斗在祖国的大江南北，充分展示陶庄儿女的形象。该录收集91名人士。

同时本类目辑录受国家、江苏省、泰州市级以上表彰的先进人物18人次和155名烈士名录。限于诸多原因，未能收录齐全，有待今后增补。

陶庄镇部分在外各界人士一览表

（按出生年月排序，职务为2021年时任）

表16

姓名	性别	出生年月	籍贯	工作单位、职务及职称	备注
杨　斌	男	1925.2	大顾村	退休前系南京军区工程兵南京工区后勤处长	
陈志余	男	1926.10	铁堡村袁庄	退休前系上海建工局副局长	
顾自强	男	1927.4	大顾村	退休前系海军北海舰队政治部保卫部部长	
金　星	男	1927.5	三和庄豆子	退休前系江苏省盐业公司南京分公司经理	
顾维堂	男	1928.4	三和庄豆子	退休前系厦门市劳动局长	
潘锡康	男	1928.12	大顾村	退休前系扬州师范附中、高级教师	上海教育出版《情理结构接通线索》、大庆市百家作文指导《组合·选择·评价》

续表

姓名	性别	出生年月	籍贯	工作单位、职务及职称	备注
顾　坚	男	1929.4	大顾村	退休前系江苏省商业专科学校校长、副研究员	
顾伟如	女	1935.1	大顾村	退休前系上海财经大学法学院教授	1981年劳动人事部出版《经济法概论》、1983年上海人民出版《谈谈企业经济合同》、1986年上海人民出版《商标应用必读》、1990的法律出版《简明经济法词典》、1990年上海人民出版《中国行政法词典》南京大学出版《新编中国涉外经济法》
金　生	男	1935.3	大顾村	退休前系江苏省仪器仪表电工专业委员会副主任、高级工程师	
顾进修	男	1936.5	大顾村	退休前系杭州市机械科学研究院高级工程师	
顾景龙	男	1937.11	大顾村	退休前系上海市南汇县中学高级教师	
刘麟仲	男	1938.3	大顾村	退休前系紫金山天文台行星物理组长、副研究员	1988年上海科技出版《现代行星物理学》(合著)、1988年上海少儿出版《太阳及其家庭、宇宙》(科教电影编导)
顾维新	男	1940.3	大顾村	退休前系深圳航空技术进出口有限公司总经理	
王云生	男	1940.7	梓辛村潘洋汉	退休前系江苏省劳改工作局副处长,高级工程师	

续表

姓名	性别	出生年月	籍贯	工作单位、职务及职称	备注
顾自春	男	1940.7	大顾村	退休前系江苏省农学院副教授	
周根维	男	1943.6	大顾村	退休前系航空航天部第33研究所 技术公司总工程师、高级工程师	
张桂山	男	1945.2	王寺村	退休前系苏州阀门厂高级工程师	
吴正怀	男	1945.8	南柯堡村	退休前系滁州师范大学教授	
王正方	男	1946.10	季平村 十八河	退休前系上海海军工程机械厂	
王法恒	男	1949.1	梓辛村 潘洋汊	退休前系中国人民解放军82医院 外科主任，文职2级、技术4级， 大校军衔，正军职	
张竹山	男	1951.12	夏北村	退休前系中国科学院生物物理研究 结晶学首席科学家 美国伊鲁大学博士后研究员	
顾龙秀	男	1952.7	铁堡村 卞堡	退休前系泰州市维稳办副主任	
盛明生	男	1952.12	梓辛村 潘洋汊	退休前系石家庄陆军指挥学院 正军级少将	
周泽民	男	1953.05	南柯堡	退休前系南京海军指挥学院	
曹松旺	男	1953.10	仲冯舍	退休前系广东国际经济技术合作 公司经济师，广州市荔湾区西望 敬老院院长	
丁皖苏	男	1953.12	三和庄村	退休前北京丰台区第四军休所	
孙　雨	男	1956.2	王寺村	退休前系苏州市委综合处处长	
焦宝祥	男	1963.8	焦庄村	盐城工学院教授	
潘金华	男	1964.6	大顾村	泰州市自然资源和规划局副局长	
夏安东	男	1964.6	夏北村	北京邮电大学理学院教授	
陈红香	女	1964.8	三和庄村 豆子	江苏大学计算机学院副调研员、 五级职员	
王茂松	男	1964.9	季平村 十八河	兴化人医心脑科主任	副教授

续表

姓名	性别	出生年月	籍贯	工作单位、职务及职称	备注
石炳华	男	1964.10	陶庄村周刘	徐州矿务集团公司总经理	
周松涛	男	1964.10	南柯堡	中国水产总公司研究室主任	
孙宏进	男	1964.10	大顾村	江苏省农业委员会畜牧兽医局副局长	
沈存根	男	1964.10	季平村谢家	扬州市税务党校	博士
王永广	男	1965.12	铁堡村袁庄	扬州大学环境科学与工程学院副教授	
邵俊年	男	1966.4	铁堡村袁庄	中国气象局气象宣传与科普中心业务科技处（总编室）正研级高级工程师	
仲玉琪	男	1966.7	三和庄村龙舍	南京市统计局党组副书记、副局长、二级巡视员	
陈　刚	男	1967.01	南柯堡村	江苏省高速公路经营管理中心总会计师、副主任	
季新年	男	1967.1	陶庄村周冯	江苏省交通厅综合执法大队	
张志强	男	1968.12	铁堡村卞堡	上海创景科技有限公司董事长、陶庄商会会长	
王启旺	男	1968.12	铁堡村袁庄	徐矿集团人才培训中心副主任、党委副书记	
阮长荣	男	1969.2	幸福新顾北	北京市海淀区玉泉山路15号青龙桥办公中心办公室主任	
顾村言	男	1972.2	铁堡村卞堡	澎湃新闻艺术主编、书画家	
徐建军	男	1972.05	大顾村	南京医保局一调	
仲春辉	男	1973.7	仲冯舍村	上海交通大学研究生美国加州旧金山VISA公司高级系统工程师	
朱国华	男	1975.10	南柯堡村	镇江市国安局党委委员、副局长	

续表

姓名	性别	出生年月	籍贯	工作单位、职务及职称	备注
朱国平	男	1978.3	南柯堡村	中国能源建设集团江苏省电力建设第一工程有限公司副总经理	
翟建锋	男	1981.10	陶庄村	东南大学博士后 东南大学信息科学与工程学院 副研究员、硕、博士生导师	博士
袁志勇	男	1981.12	陶庄村	上海大学研究生 上海华虹宏力半导体有限公司 工程师	
沈　伟	男	1985.7	季平村 谢家	南京农学院研究生 常熟市人民政府	
沈苏敏	男	1986.8	季平村 谢家	西安长安大学研究生 南京建筑工程师	
杨　兴	男	1987.10	铁堡村	上海理工大学研究生 五矿国际信托有限公司 高级信托经理	
焦凌云	男	1987.10	陶园社区	中国科技大学研究生 苏州建设银行	
王文华	男	1987.11	铁堡村 袁庄	上海理工大学研究生 施耐德（法企）	
柯　杰	男	1988.2	陶园社区	湖南大学研究生 泰州市海陵区发改委	
张淼淼	女	1988.12	夏北村	中国矿大、美国伊利诺伊大学 北京普华永道会计事务所	
陈鲲扬	女	1989.2	陶园社区	南京大学法学院研究生 南京新农农发集团有限责任公司 市场部主管	
顾蓉蓉	女	1989.5	季平村	北京大学环境科学与工程学院 南京大学工作	博士
余　勇	男	1989.8	南柯堡村	南京工业大学研究生 九号科技有限公司	
陆　霖	男	1989.10	陶园社区	苏州大学研究生 上海银行	

续表

姓名	性别	出生年月	籍贯	工作单位、职务及职称	备注
赵小晴	女	1990.3	南柯堡村	哈尔滨工业大学研究生 博能传动苏州有限公司	
柯晓芳	女	1990.4	南柯堡村	扬州大学研究生 常州24中教学	
景国彬	男	1990.10	铁堡村 卞堡	成都理工博士研究生 华为上海研究所高级工程师	
陶文剑	男	1991.10	陶园社区	南京大学研究生、中国工商银行股份有限公司数据中心（上海）	
王金荣	男	1990.10	铁堡村	浙江大学博士（博士后） 浙江昌盛机电股份有限公司材料加工装备研究所所长	
夏　洋	男	1991.3	夏北村	江南大学计算机系研究生 杭州工商银行	
夏鹤鹏	男	1992.5	夏北村	扬州大学研究生 江苏省水利工程设计	
焦林森	男	1992.10	陶园社区	东南大学研究生 中核安科锐（南京）	
薛荣明	男	1992.11	季平村	苏州大学博士研究生 广州高新区应急办	博士
陈兆华	男	1992.12	夏北村	常州大学研究生 卡特彼勒公司高管	
丁　一	男	1993.1	陶园社区	上海大学研究生 深圳大疆公司	
冯星星	女	1993.2	陶园社区	德国洪堡大学研究生 无锡梁溪区商业局	
周俊杰	男	1993.8	铁堡村	北京大学研究生 鹏华基金管理有限公司高级研究员	
王婷婷	女	1993.9	陶园社区	南京大学研究生 浙江省杭州市生态环境局余杭分局	

续表

姓名	性别	出生年月	籍贯	工作单位、职务及职称	备注
焦莹竹	女	1993.9	焦庄村	英国剑桥大学地产与金融专业硕士 现美国旧金山硅谷从事金融投资	
韩丽萍	女	1993.9	南柯堡村	南京工程信息大学研究生 攻读南京航天航空博士	
余郎泽	男	1993.9	陶园社区	浙江大学研究生 蚂蚁集团	
柯文静	女	1993.10	南柯堡村	北京航空航天大学研究生 赛灵思（北京）科技有限公司 工程师	
赵　亮	男	1993.10	南柯堡村	长春理工大学研究生 杭州新华山	
柯华兵	男	1994.4	南柯堡村	大气物理学与大气环境博士	
韩国江	男	1995.8	南柯堡村	扬州大学研究生 泰州中国移动	
丁莹莹	女	1995.9	焦庄村	浙江海洋大学研究生 浙江省舟山市海洋环境监测预报 中心	
徐　萌	女	1995.12	陶园社区	天津农学院研究生 淮安区石塘镇人民政府	
陈　胜	男	1996.1	南柯堡村	南京农业大学农业资源与环境 研究生 江苏原起智慧科技有限公司	
赵天豪	男	1996.3	南柯堡村	澳洲国立大学 中国邮储银行网络	
夏逸雯	女	1996.6	陶园社区	南京大学研究生 南京秦淮区政府	
王　浩	男	1996.9	南柯堡村	哈尔滨工程大学研究生 苏州微软	
王玉萍	女	1996.11	季平村	上海大学研究生 意法半导体有限公司	
赵亚伟	男	1996.11	南柯堡村	上海大学研究生 张江高科技园区	

陶庄镇先进模范人物名录（截至 2021 年）

表 17

表彰年月	被表彰人	职务	表彰单位	表彰内容
1960.5	仲长俊	仲家小学教师	省政府	劳动模范
1960.6			国务院	文教先进工作者
1960	徐巧女	北戈大队妇女主任	全国妇联	三八红旗手
1982	夏志福	公社科长	省政府	农村科普先进工作者
1982	赵桂宝	周刘农民	省政府	农业劳动模范
1983	徐春红	大顾大队妇女主任	全国妇联	三八红旗手
1985.6	顾达成	铁堡村卞堡	中国人民解放军 35316 部队政治部	二等功
1985.6	王增山	仲冯舍村舍王	中国人民解放军 35316 部队政治部	二等功
1987.5	陆中来	团委书记	团省委	优秀团干部
1988.9	朱德余	人武部长	省政府 省军分区	记三等功、立功证书、 武装工作先进个人
1987 1988 1990			扬州市人民政府 扬州市军区	优秀预备役军官 两个文明建设先进个人 民兵预备役工作先进个人
1989	吉日泉	陶庄农药厂厂长	扬州市人民政府	优秀农民企业家
1989	许正其	乌金村农民	扬州市人民政府	优秀农民企业家
1993	张宝尧	中学教师	扬州市人民政府	优秀教育工作者
1993	朱家海	中学教师	扬州市人民政府	优秀教育工作者
1994	陈林祥	中学教师	扬州市人民政府	劳动模范
1995	许茂德	小学教师	扬州市人民政府	优秀教育工作者
1997	刘源茂	小学教师	江苏省教育厅	优秀班主任
2004	徐淑萍	中学教师	江苏省教育厅	省优秀教育工作者
2012.3 2021.6	许开泰	农科站站长 农业农村局局长	省人民政府 泰州市委	江苏省粮食生产突出贡献农业技术人员（享受省劳模待遇） 优秀共产党员

陶庄镇烈士名录一览表（截至2021年）

表18

姓名	性别	出生年月	籍贯	参加革命年月	入党(团)年月	牺牲时所在单位及职务	牺牲时间地点原因	备注
赵邦立	男	1896	南柯堡	1944	1944入党	乡长	1946年南柯被捕牺牲	
嵇步银	男	1896	大顾庄	1947		新四军某部战士	1947年周庄战斗牺牲	
冯金如	男	1898	仲冯舍冯家庄			民工	1949年渡江战役牺牲	
盛洪远	男	1898	梓辛村潘洋汊			民工	1949年渡江战役牺牲	
郑恒圣	男	1898	季平村谢家庄			谢家村贫农团代表	1947年东台被捕牺牲	
王登山	男	1899	三和村杨思垛			民工	1947年周庄因战牺牲	
张芝足	男	1899	幸福新小顾庄			民工	1946年横家垛因战牺牲	
娄成章	男	1903	大顾村娄家庄			民工	1947年周庄因战牺牲	
焦长明	男	1906	焦庄村	1945		溱潼县廉贻区队班长	1948年涟水因战牺牲	
张荣昌	男	1908	梓辛村潘洋汊	1946		溱潼团二营司务长	1949年渡江战役牺牲	
刘仁福	男	1910	季平村谢家庄		党员	西杨乡农会长	1947年东台被捕牺牲	
徐开基	男	1912	大顾庄		党员		1943年中共兴化县委和县抗日民主政府研究认定为烈士	
王成新	男	1912	仲冯舍村舍王庄			民兵	1948年11月淮海战役牺牲	
李家祥	男	1912	三和庄村豆子庄			民工	1947年周庄因战牺牲	

续表

姓名	性别	出生年月	籍贯	参加革命年月	入党(团)年月	牺牲时所在单位及职务	牺牲时间地点原因	备注
谢德宽	男	1913	梓辛村罗家庄	1943		华东野战军七纵队战士	1944年丁蜀山因战牺牲	
武家驹	男	1913	大顾庄	1944	党员	乡武装委员	1945年大垛被捕牺牲	
刘锡和	男	1914	梓辛村潘洋汉	1943	党员	山西省某行政区负责人	1947年山西因公牺牲	
杨安本	男	1914	大顾庄	1940		新四军苏中老二团战士	1940年宝应曹甸战斗牺牲	
景日晴	男	1914.5	铁堡村下家堡	1946		区武工队战士	1946年卞堡被捕牺牲	
仲旭曙	男	1915	仲冯舍村仲家庄			民工	1947年兴化大垛战斗牺牲	
陈岳山	男	1915	三和庄村豆子庄			民工	1947年周庄因战牺牲	
吴春太	男	1916	大顾村娄家庄	1942	党员	华中野战军七纵队六连排长	1946年江都邵伯战斗牺牲	
陈广珍	男	1917	仲冯舍村冯家庄		党员	地方联防队战士	1947年东台梅贯庄战斗牺牲	
夏元和	男	1917	梓辛村潘洋汉	1943		华东野战军九纵队战士	1945年郝舍因战牺牲	
王康乐	男	1918	幸福新塌扒洋	1947		华东野战军十一纵队二师六团战士	1948年宝应氾水	
裴金华	男	1918	陶庄村裴家舍	1943.4		兴化独立团班长	1945年沙垛因战牺牲	
赵继来	男	1918	幸福新村小顾庄	1947		老四团战士	1947年北芙蓉因战牺牲	
毛金桂	男	1918.9	陶庄村冯湾	1947	党员	华东野战军十一纵队三十三旅九十七团排长	1948年东台战斗牺牲	
柯风根	男	1919	南柯堡村	1943		村干部	1945年兴化因战牺牲	
王国珍	男	1919	南柯堡村		1944入党		1946年南柯被捕牺牲	

续表

姓名	性别	出生年月	籍贯	参加革命年月	入党(团)年月	牺牲时所在单位及职务	牺牲时间地点原因	备注
丁德才	男	1919	铁堡村卞家堡			翻身组长	1947年卞堡被捕牺牲	
顾连根	男	1919	梓辛村罗家庄			民兵	1948年罗家因战牺牲	
许银桂	男	1919.4	金戈村乌金垛	1946			失踪	
崔世周	男	1920	仲冯舍仲家庄	1947		老四团战士	1947年盐城伍佑战斗牺牲	
戴锦余	男	1920	陶南村戴家舍	1943		华东野战军七纵队副连长	1946年泰县因战牺牲	
黄有华	男	1920	大顾庄	1946		溱潼独立团战士	1948年高邮界首战斗牺牲	
焦以才	男	1921	铁堡村卞家堡	1944		华东野战军七纵队十二旅九十四团三营八连战士	1946年大丰因战牺牲	
徐　超	男	1921	铁堡村袁庄	1940.10	1943.7入党	溱潼团三连二排副排长	1947年唐刘藕池战斗牺牲	
王礼和	男	1921	幸福新塌扒洋	1942	党员	华东野战军一纵队九十四团二营四连副连长	1948年海安曲塘战斗牺牲	
丁永余	男	1921	季平村十八河	1946		溱潼团排长	1946年沈论因战牺牲	
张乾广	男	1921	季平村陆家庄	1944		华东野战军战士	失踪	1958年4月追认
陆凤成	男	1921	季平村陆家庄	1945	党员	华东野战军十一纵队三十二旅九十四团一营一连班长	1946年阜宁因战牺牲	
余友旺	男	1922	王寺村	1945	党员	老四团排长	1945年兴化因战牺牲	
王来宝	男	1922	王寺村	1940	1940入党	老四团三营六连三排战士	1947年盐城伍佑战斗牺牲	

续表

姓名	性别	出生年月	籍贯	参加革命年月	入党(团)年月	牺牲时所在单位及职务	牺牲时间地点原因	备注
陶维贤	男	1922	陶庄村陶庄	1943		华东野战军十一纵队三十二旅九十四团侦察员	1945年江都邵伯战斗牺牲	
裴洪山	男	1922	陶庄村裴家舍	1944		华东野战军一纵队一师一团战士	1947年山东台儿庄战斗牺牲	
钱万元	男	1922	陶庄村周刘庄	1942		解放军某部战士	失踪	1958年4月追认
盛金生	男	1922	梓辛村潘洋汊			民工	1949年三江营因战牺牲	
张长银	男	1922	三和庄村杨思垛	1941	党员	苏中二分区老二团	1944年宝应曹甸战斗牺牲	
顾长荣	男	1922	大顾庄	1944	党员	溱潼独立团排长	1948年高邮界首战斗牺牲	
张长华	男	1922	大顾庄	1944		站长	1946年高邮病故	1949年12月追认
顾春喜	男	1922	大顾庄	1945		溱潼团战士	1948年东台时埝十八河口牺牲	
顾恒铸	男	1922.3	铁堡村卞家堡	1944.3		江都独立团战士	1946年泰兴黄桥战斗牺牲	
冯春芳	男	1922.3	陶庄村冯湾	1942.2	党员	兴化独立团战士	1945年大垛何家战斗牺牲	
陈兆根	男	1923	南柯堡		1944入党	村农会干事	1946年南柯被捕牺牲	
周高年	男	1923	铁堡村卞家堡	1947.8		二十九军八十七师二五九团战士	1949年厦门因战牺牲	
赵云松	男	1923	陶庄村周刘庄	1941	党员	苏中二分区老二团指导员	1946年宝应柳堡因战牺牲	
冯耀倩	男	1923	陶庄村冯　湾	1942.11		江都团战士	1944兴化因战牺牲	

续表

姓名	性别	出生年月	籍贯	参加革命年月	入党(团)年月	牺牲时所在单位及职务	牺牲时间地点原因	备注
景日保	男	1923.2	铁堡村卞家堡	1945		县武工队战士	1947年卞堡被捕牺牲	
王根林	男	1923.2	铁堡村袁庄	1945	1944入党	华东野战军十一纵队三十二旅九十五团指导员	1947年盐城伍佑战斗牺牲	
王连珠	男	1923.5	铁堡村袁庄	1944		华东野战军一纵队一师一团战士	1948年10月淮海战役牺牲	
韩邦基	男	1924	南柯堡	1944		苏中二分区老二团战士	失踪	1958.12追认
焦长银	男	1924	焦庄村	1944		新四军某部战士	1946年黄河边战斗牺牲	
周如圣	男	1924	夏北村北戚庄	1939	1941入党	新四军某部指导员	1945年涟水因战牺牲	
冯长春	男	1924	仲冯舍村冯家庄	1944	党员	溱潼团战士	1944年盐城伍佑战斗牺牲	
倪井高	男	1924	陶庄村周刘庄	1943		张镇区队战士	1943年戴窑因战牺牲	
赵三松	男	1924	陶庄村周刘庄	1944		新四军某部战士	1946年失踪	1957.12追认
菊家干	男	1924	陶南村焦家舍	1944		华东野战军十纵队八十七团炮兵连班长	1946年江都邵伯战斗牺牲	
宋干仁	男	1924	梓辛村潘洋汊	1943		华中野战军七纵队五十七团二营排长	1947年涟水因战牺牲	
盛洪珍	男	1924	梓辛村潘洋汊	1943		志愿军二十军战士	1951年朝鲜因战牺牲	
谢德珍	男	1924	梓辛村罗家庄	1944		华东野战军战士	兖州因战牺牲	
杨正善	男	1924	大顾庄	1942		苏北二分区老二团战士	1949年失踪	1958年3月追认
赵继俊	男	1924	幸福新村小顾庄	1943	党员	兴化独立团侦察排长	1947年东台九里岸被捕牺牲	
徐宝生	男	1924	大顾庄	1942	党员	新四军苏中二分区老二团文化教员	失　踪	1958年3月追认

续表

姓名	性别	出生年月	籍贯	参加革命年月	入党(团)年月	牺牲时所在单位及职务	牺牲时间地点原因	备注
沈正寅	男	1924.2	陶庄村陶庄	1944	1945.7入党	梓北乡指导员	1947年东台被捕牺牲	
王开义	男	1924.6	陶庄村陶庄			陶庄民兵中队副中队长	1947年陶庄被捕牺牲	
陶正高	男	1924.10	陶庄村陶庄	1944.8		华东野战军七纵队五十四团二营六连一排战士	1945年江都邵伯战斗牺牲	
赵　英	男	1925	王寺村	1948		三野十兵团后勤战士	1949年福建因战牺牲	
王春保	男	1925	仲冯舍村舍王庄	1946	1947入党	老四团二营战士	1949年福建因战牺牲	
周可大	男	1925	铁堡村卞家堡	1947	党员	二十九军八十七师二五九团排长	1949年上海因战牺牲	
陈云龙	男	1925	铁堡村袁庄	1944		兴化独立团战士	1945年8月兴化因战牺牲	
韩有高	男	1925	铁堡村袁庄	1944	党员	苏中二分区四团副班长	1947年盐城伍佑战斗牺牲	
陶维高	男	1925	陶庄村陶庄	1944		华东野战军七纵队战士	1947年周庄因战牺牲	
裴凤昌	男	1925	陶庄村裴家舍	1944		华东野战军一纵队一师一团炊事员	1945年东台八庄因战牺牲	
纪正林	男	1925	陶庄村周刘庄	1941	党员	苏中二分区老二团副连长	1945年宝应曹甸战斗牺牲	
郑汝宏	男	1925	陶南村判刀庙	1944		华东野战军七纵队班长	1948年淮海战役牺牲	
曹立德	男	1925	陶南村判刀庙	1944		华东野战军七纵队司号员	1948年淮海战役牺牲	
杜正良	男	1925	陶南村判刀庙	1944		华东野战军七纵队战士	1946年宝应李堡战斗牺牲	
张银珍	男	1925	三和庄村杨思垛		党员	二十九军八十七师民运员	1949年浙江舟山因战牺牲	
杨丙高	男	1925	大顾庄	1947	党员	解放军某部班长	1948年淮海战役牺牲	

续表

姓名	性别	出生年月	籍贯	参加革命年月	入党(团)年月	牺牲时所在单位及职务	牺牲时间地点原因	备注
顾存山	男	1925	大顾庄	1945	党员	解放军某部二团排长	1949年上海因战牺牲	
顾德茂	男	1925.2	铁堡村卞家堡	1944.8		苏中二分区老二团战士	1945年宝应曹甸战斗牺牲	
曹宏祥	男	1925.3	金戈村北戈堡	1942		溱潼区侦察员	1948年泰县溱潼战斗牺牲	
郏成高	男	1925.3	陶南村判刀庙	1946		溱潼独立团战士	1946年十八河口战斗牺牲	
杨成义	男	1925.4	金戈村北戈堡	1947.8		老四团九连	1947年北芙蓉因战牺牲	
马玉柱	男	1925.6	陶南村判刀庙	1946		溱潼独立团战士	1946年十八河口战斗牺牲	
刘文元	男	1925.7	陶南村判刀庙	1945	党员	华东野战军十一纵队三十二旅九十四团副排长	1946年宝应李家堡战斗牺牲	
王国中	男	1925.10	三和村杨思垛	1943	党员	华东野战军七纵队排长	失踪	
徐殿选	男	1925.11	幸福新村徐家舍	1941	1941入党	溱潼通讯联络站站长	1947年戴窑被捕牺牲	
刘长兴	男	1926	王寺村	1945		老四团战士	1948年泗阳因战牺牲	
许金明	男	1926	金戈村乌金垛	1944		老四团战士	1947年因战牺牲	
吴景才	男	1926	陶庄村陶庄	1945		华东野战军十一纵队三十三旅九十七团战士	1947年枣庄因战牺牲	
周春法	男	1926	梓辛村潘洋汉	1943		华东野战军九纵队战士	1946年江都因战牺牲	
潘玉林	男	1926	大顾庄	1944	党员	华东野战军十一纵队副连长	失踪	1958年3月追认

续表

姓名	性别	出生年月	籍贯	参加革命年月	入党(团)年月	牺牲时所在单位及职务	牺牲时间地点原因	备注
黄洪宝	男	1926	季平村十八河	1942		华东野战军七纵队战士	1947年圩南田家庄战斗牺牲	
顾恒淦	男	1926.3	铁堡村卞堡	1944.8		民兵中队长	1947年卞堡被捕牺牲	
王　珏	男	1927	梓辛村潘洋汊	1943	党员	区队指导员	1946年东台被捕牺牲	
张生龙	男	1927	王寺村	1945		老四团战士	1948年山东枣庄战斗牺牲	
田广生	男	1927	王寺村	1946		溱潼团战士	1947年陶庄三夏战斗牺牲	
许鹤云	男	1927	金戈村乌金垛	1947.8		二十九军八十七师战士	1949年6月上海因战牺牲	
王二小	男	1927	陶庄村裴家舍	1944		七纵队战士	1944年宝应战斗牺牲	
余阿信	男	1927	梓辛村潘洋汊	1943		华东野战军七纵队战士	1947年涟水因战牺牲	
徐国兴	男	1927	幸福新村塌扒洋	1942	党员	华东野战军十一纵队九十四团三营八连排长	1947年宝应李堡战斗牺牲	曾用名宏善
顾永泉	男	1927	季平村陆家庄	1944	1944.8入党	老四团连长	失踪	1958年3月追认
高　进	男	1927	季平村陆家庄	1944		溱潼团排长	1947年黄岱庄因战牺牲	
赵锦高	男	1928	南柯堡村	1945		新四军某部战士	1945年兴化因战牺牲	
赵庆保	男	1928	南柯堡村	1944		溱潼团战士	失踪	1949年12月追认
朱淦仁	男	1928	南柯堡村	1942		华东野战军七纵队十九师五十七团二营战士	失踪	1958年12月追认

续表

姓名	性别	出生年月	籍贯	参加革命年月	入党(团)年月	牺牲时所在单位及职务	牺牲时间地点原因	备注
焦国祥	男	1928	焦庄村	1945	1946入党	地方游击连排长	1948年郭家堡因战牺牲	
周如坤	男	1928	夏北村北戚庄	1947		苏北二分区六团战士	1949年江都下窑战斗牺牲	
夏增服	男	1928	夏北村三夏庄	1944	1946入党	华东野战军十一纵队三十二旅九十四团三营司号员	1947年盐城因战牺牲	
王成俊	男	1928	王寺村	1945		老四团战士	1947年山东枣庄战斗牺牲	
张正华	男	1928	仲冯舍村仲家庄	1943		新四军第二师十二团一营一连战士	1945年天目山战斗牺牲	
姜步典	男	1928	仲冯舍村冯家庄	1945		溱潼团班长	1947年张庄战斗牺牲	
王　义	男	1928	仲冯舍村舍王庄	1944		华东野战军战士	1947年山东因战牺牲	
张程根	男	1928	铁堡村下家堡	1944	党员	兴化独立团排长	1945年8月兴化因战牺牲	
许乃武	男	1928	金戈村乌金垛	1945.8	1948.3入党	老四团二营机枪连二排五班战士	1948年淮海战役牺牲	
许龙发	男	1928	金戈村乌金垛	1947.8		老四团战士	1947年8月盐城伍佑战斗牺牲	
沈正荣	男	1928	陶庄村陶庄	1945		溱潼团六连战士	1946年王营因战牺牲	
周桂山	男	1928	陶南村焦家舍	1947		华东野战军十一纵队战士	1947年盐城伍佑因战牺牲	
刘文远	男	1928	陶南村判刀庙	1944		华东野战军十一纵队战士	1946年宝应柳堡战斗牺牲	
王小龙	男	1928	梓辛村潘洋汊	1947		兴化梓辛区队战士	1947年东台东里堡战斗牺牲	

续表

姓名	性别	出生年月	籍贯	参加革命年月	入党(团)年月	牺牲时所在单位及职务	牺牲时间地点原因	备注
顾怀应	男	1928	大顾庄	1942	党员	苏皖边区第二行政区区队书记	1947年江都樊川战斗牺牲	
夏永龙	男	1928	夏北村三夏庄	1945	党员	志愿军二十军五十九师一七七团一营二连连长	1953年朝鲜因战牺牲	
王九皋	男	1928	大顾庄	1947		老四团二营二排九班战士	1947年盐城伍佑战斗牺牲	
张八银	男	1928	幸福新小顾庄	1947		解放军某部战士	1948年海安角斜战斗牺牲	
王庭法	男	1928	季平村十八河	1942		华东野战军七纵队二营五连战士	1947年高邮临泽战斗牺牲	
朱昌后	男	1928.6	金戈村北戈堡	1944.3		溱潼团战士	1949年周庄因战牺牲	
张恒荣	男	1929	金戈村北戈堡	1944		兴化独立团战士	1947年周庄因战牺牲	
裴登宽	男	1929	陶庄村裴家舍	1947	党员	二十九军八十七师二五九团通讯班班长	1949年淞沪因战牺牲	曾用名裴登祥
季细根	男	1929	大顾庄	1947		江都独立团战士	1947年盐城伍佑战斗牺牲	
顾种元	男	1929	大顾庄	1947		二十九军八十七师二五九团	1949年渡江战役牺牲	
李太荣	男	1929	大顾庄	1942		溱潼团战士	1945年茅山因战牺牲	
周兴旺	男	1929.7	铁堡村卞家堡	1947		华东野战军十一纵队三十三旅九十团战士队	1947年5月卫龙因战牺牲	
张和生	男	1930	焦庄村	1945	1946入党	志愿军警卫三团一营战士	1951年10月朝鲜因战牺牲	
卜玉山	男	1931	大顾庄	1947	党员	二十九军八十五师二五四团班长	1949年上海因战牺牲	

续表

姓名	性别	出生年月	籍贯	参加革命年月	入党(团)年月	牺牲时所在单位及职务	牺牲时间地点原因	备注
陈启恒	男	1932	仲冯舍冯家庄	1946		溱潼团战士	1947盐城伍佑战斗牺牲	
顾种发	男	1932	大顾庄	1947		老四团战士	1947年大垛因战牺牲	
陶玉福	男	1936.3	陶庄村陶庄	1957.3		一〇七三部队战士	1960年福建因公牺牲	
冯应昌	男	1939	仲冯舍冯家庄	1959		三十一军九十一师二七二团汽车连班长	1962年福建邵武因公牺牲	
柯汝明	男	1940	南柯堡	1959	1960入党	九九八二部队战士	1963年福建因公牺牲	
许松元	男	1961.4	仲冯舍仲家	1981.1	1983.5入党	三五三一六部队炮兵第九师十六团三连电话班电话员	1984年中越自卫还击老山因战牺牲	
焦履新	男		焦庄村			三十六师一〇六团战士	1949年大西南因战牺牲	
周梁大	男		铁堡村卞家堡			二十九军八十七师二五九团副排长	1949年上海因战牺牲	
杨正富	男		大顾庄			联络员	1947年兴化被捕牺牲	

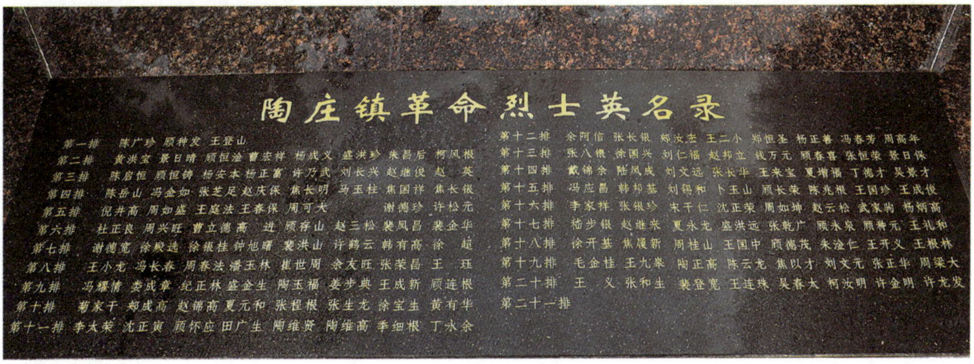

陶庄镇革命烈士英名录

编后记

《陶庄镇志》经过两年多时间的编纂，终于出版面世，这对于人们全面系统地了解陶庄镇历史、风土人情、地方文化和社会经济发展变化等各个方面，具有重要意义。

2022 年5月，根据市政府办公室《关于实施镇村志编纂文化工程的通知》（兴政传发〔2022〕28号）精神，陶庄镇作为第二批乡镇（街道）志编纂之一，《陶庄镇志》的编纂出版，首先得到镇党委、镇政府的关心和重视。镇党委成立以党委书记、镇长为主任、人大主席、党委副书记、纪委书记等为副主任，领导班子其他成员为委员的镇志编纂委员会，同时落实人员，成立《陶庄镇志》编辑部。编委会及时做好组织发动、人员培训和编纂资金落实等具体事项，并对《陶庄镇志》初审稿、复审稿进行审核，提出修改意见。其次，得到各村、各单位的支持和配合。各村各单位均成立修志领导小组，由主要负责同志分管，同时选择一名政治素质好、业务水平高的副职干部作为联络员，协助镇志编写组多次召开座谈会、填报相关表格和核实镇志中涉及本村本单位的内容，尽可能地避免出差错。最后，是全体编写人员和审稿人员的勤奋工作。《陶庄镇志》涵盖自古至今近1000年历史，涉及经济、文化、习俗、人物等方面，内容繁多，信息丰富。镇志编写人员发扬一丝不苟、认真负责的精神，多次深入村庄和单位召开座谈会，广泛收集信息，仔细考证和整理史料，寻找和补拍图片，既有具体分工，又有整体协作，数十次修改文稿，为编写高质量的《陶庄镇志》付出辛勤劳动。

《陶庄镇志》顺利出版，是与泰州市、兴化市两级党史方志办专家领导的精心指导和认真审稿分不开的。兴化市党史方志办专家领导根据陶庄地方特色，为《陶庄镇志》拟定篇目大纲，之后又多次督促到陶庄检查编写序时进度和志稿质量，2023年3月15日陶庄镇召开初审会，2023 年9月25日兴化市史志办进行复审，2024年3月29日召开《陶庄镇志》终审会，兴化市史志办副主任陈莉、指导科科长陈辉、副科长贺益梅对志稿进行严格评审，在充分肯定志稿质量的基础上，并提出综合性的修改意见和建议，《陶庄镇志》顺利通过终审。编写组根据专家组的评审意见，对志稿进行第四轮修改。2024年6月14日，经泰州市党史方志办验收通过，确保《陶庄镇志》如期完成。泰州、兴化市党史方志办等有关部门，为《陶庄镇志》的编写及时提供有关数据和史料。在此，我们一并表示衷心的感谢!

《陶庄镇志》的编纂，是一项系统的文化工程，跨越年代久远，涉及范围广泛，须注重历史与事实。由于编者水平和参考资料所限，时间紧迫，疏漏不足在所难免，敬请读者批评指正。

《陶庄镇志》编辑部

2024年10月8日